U0905388

普通高等教育经济管理类专业规划教材

项目管理

主　编　骆　珣

副主编　冉　伦　张淑玲

参　编　卢婵君　岳鹏飞　吴建红　徐　璐

　　　　施正恺　王红彬　那　鑫　赵洪武

主　审　戚安邦

机械工业出版社

本书是根据美国项目管理协会(Project Management Institute, PMI)的项目管理知识体系指南(第3版)(A Guide to the Project Management Body of Knowledge, Third Edition, PMBOK)为主体框架进行组织的。全书共分2篇13章，第1篇为项目管理的理论和方法，分别为绪论、项目整体管理、项目范围管理、项目组织与人力资源管理、项目进度管理、项目成本管理、项目质量管理、项目采购管理、项目沟通与冲突管理、项目风险管理、项目验收与项目后评价；第2篇是依据第1篇中项目管理的思路所进行的应用实例分析，以房地产开发和生产技术信息系统开发两个项目为例，分别从项目管理知识领域角度和项目生命期四个阶段角度展开介绍。

本书条理清晰，实用性强，内容全面丰富，每章均配有自测题、思考题，且书后附有自测题答案，以便帮助读者较好地理解和掌握项目管理的知识体系。

本书适合于高等院校项目管理、管理工程、工业工程等专业的本科生、研究生和工程硕士阅读参考，同时也可供从事项目管理、相关技术管理的人员培训时使用。

图书在版编目(CIP)数据

项目管理/骆珣主编. —北京：机械工业出版社，
2008.1(2011.9重印)
普通高等教育经济管理类专业规划教材
ISBN 978-7-111-21541-7

Ⅰ.项… Ⅱ.骆… Ⅲ.项目管理—教材 Ⅳ.F224.5

中国版本图书馆CIP数据核字(2007)第074397号

机械工业出版社(北京市百万庄大街22号 邮政编码100037)
责任编辑：张敬柱 版式设计：霍永明
责任校对：闫玥红 责任印制：乔 宇
北京铭成印刷有限公司印刷
2011年9月第1版第5次印刷
169mm×239mm·22.25印张·2插页·383千字
标准书号：ISBN 978-7-111-21541-7
定价：28.00元

凡购本书，如有缺页、倒页、脱页，由本社发行部调换

电话服务
社服务中心：(010)88361066
销售一部：(010)68326294
销售二部：(010)88379649
读者购书热线：(010)88379203

网络服务
门户网：http://www.cmpbook.com
教材网：http://www.cmpedu.com
封面无防伪标均为盗版

普通高等教育经济管理类
专业教材编审委员会

编者的话

新世纪伊始，北京地区部分高等院校联合成立了管理类专业教材编审委员会，组织编写、出版一套适合各校情况、满足本科层次教学需要的管理类专业系列教材。在各校管理学院、系领导及教师的大力支持和参与下，经过一年多的努力，系列教材终于面世了。

改革开放以来，我国管理学科的发展极其迅猛。在这种形势下，各高等院校普遍设置了管理专业，其发展速度之快，规模之大，也是前所未有的。而教材建设一直是专业建设和教学改革的瓶颈。

编委会认为，集中各校优势，通过合作方式实现教学资源优化配置，编出一套适合各校情况的教材，对加强各校的合作交流，推动师资培养，促进相关课程的教学改革，是一件一举多得的好事。

“质量第一，开拓创新”是我们编写这套教材的指导思想，出版精品是我们的奋斗目标。现阶段应该从教材特色做起。有特色才能有市场，才能为各校师生所接受和欢迎。这套教材具有以下特点：一是内容上有创新，在继承的基础上，反映了当代管理学科的新发展；二是适用、好用，教材编写精练，并留有余地，各教材每章后都附有相配套的作业题；三是有理工科特色，合作院校的教学对象多数是理工科学生。

为了确保教材质量，经过编委会遴选，各门课程教材都由资深的教授担任主编，同时各教材编写组成员相对稳定，教材根据使用情况会及时修订，使其常用常新，不断提高。

为了配合各校开展多媒体教学的需要，某些教材编写组将合作制作与教材配套的课件，以方便广大师生使用。

机械工业出版社是我国于20世纪50年代初成立的国家级出版社，数十年来，曾出版过许多在国内外有重大影响的科技类和经济管理类图书，改革开放以来曾经负责全国理工科院校管理工程专业全国统编教材的出版发行，为我国经济管理类专业的建设和发展作出了重大贡献。本套系列教材的出版得到了机械工业出版社的大力支持，谨表示衷心的感谢！

普通高等教育经济管理类专业教材编审委员会

前　言

作为管理学的重要分支，项目管理是第二次世界大战后期发展起来的重大新管理技术之一。它最早出现于20世纪30年代的美国，是从建设和管理、费用高、进度要求严的大型项目中发展起来的，如美国军方研制原子弹的曼哈顿计划。20世纪60年代，在西方工业发达国家，项目管理逐步应用于航空航天、国防工程、建筑工程、科学研究和生产实践中。20世纪80年代以后，由于项目管理知识体系的不断完善、本身强大的跨行业适用特性以及两大国际性项目管理研究体系的努力推广，项目管理的应用也从传统的军事、航空航天领域逐渐扩展到更多的行业中，如软件开发业、制造业、金融业、保险业、计算机业、电信业等，甚至成为政府和大企业日常管理的重要工具。进入20世纪90年代后，随着现代科学技术的飞速发展，管理科学领域内部革新与知识结构重组日益增多，相关理论与方法也不断发展，并日趋成熟，项目管理已经成为集多领域知识为一体的综合性交叉学科，被公认为是一种有生命力并能实现复杂的企业目标的良好方法。

随着我国经济日益融入全球经济体系，市场竞争日益激烈，项目无处不在。我国涉外项目的比例也将越来越高，国内外形势的发展迫切要求项目管理采用国际通用方式，而这已成为我国企业快速、健康发展的“瓶颈”。所以，项目管理知识和方法，已成为我们开拓思维方法、提高工作效率的必修课。

全书由骆珣策划、构思并总纂定稿。全书分为2篇共13章。第1篇中的第1、2、3、6、8章由骆珣编写；第4、9、11章由张淑玲编写；第5、7、10章由冉伦编写。第2篇中的第12章在骆珣的指导下，由徐璐、卢婵君、王红彬、岳鹏飞、施正恺协助整理形成；第13章是根据邢鑫所提供的素材整理形成。此外，吴建红、卢婵君、王红彬、岳鹏飞、施正恺、赵洪武、王隽时等分别参与了本书第 1 篇中的资料整理和全书的校对工作。王建强、文永胜、高正鹏为本书的实例提供了宝贵的资料和建议，中国管理科学学会人力资源管理专业委员会副主任朱昉为本书的出版做了大量的工作。南开大学教授、博士生导师戚安邦在百忙之中对本书进行了审定，在此致以诚挚的谢意！

为能够全面、系统地介绍项目管理领域的知识和方法，在本书编写过程中参阅了大量的相关资料和论著。在此，对这些相关资料和论著的作者表示衷心的感谢。

由于项目管理是一门不断发展的学科，加之作者的水平有限，书中难免有错误、疏漏或不妥之处，恳请读者批评指正。

编 者

于北京理工大学

目　录

第1篇

项目管理理论与方法

第1章

绪　论

主要内容

- 项目概述
- 项目管理概述

学习目标

理解项目的含义与基本特征；理解项目生命期阶段的划分；理解项目里程碑、可交付成果及项目干系人的含义；理解项目管理的含义、特征、要素及工作过程；了解项目生命期阶段与项目管理工作过程的关系；了解项目管理知识领域的构成。

1.1　项目概述

1.1.1　项目的含义

许多相关组织及学者都曾对项目的含义进行过阐释，其中具有代表性的有：

(1) 美国的项目管理协会(Project Management Institute，PMI)认为，项目是为创造特定产品或服务的一项有时限的任务(其中，“特定”是指一个项目所形成的产品或服务在关键特性上不同于其他相似的产品和服务；“时限”是指每一个项目都有明确的起点和终点)。

(2) 德国 DIN69901 认为，项目是指在总体上符合如下条件的惟一性任务：

1) 具有预定的目标。

2) 具有时间、资金、人力等限制条件。

3) 具有专门的组织。

(3) Harold Kerzner 博士认为，项目是具有以下条件的活动或任务的序列：

1) 具有根据某种技术规格完成的、特定的目标。

2) 有确定的开始和结束日期。

3) 受经费限制。

4) 消耗资源(如资金、人员、设备等)。

(4) R. J. 格雷厄姆认为，项目是为了达到特定目标而调集到一起的资源组合，它与常规任务之间关键的区别是，项目通常是一次性的；项目是一项独特的工作或努力，即按某种规范及应用标准导入或生产某种新产品或某项新服务。这种工作或努力应当在限定的时间、资金及人力资源等项目参数内完成。

(5) Joan Knutson 和 Ira Bits 认为，项目是为达到某项目标而精心组织的某项过程，该目标起初只有抽象的开始、抽象的结束、抽象的移交物。

(6) J. R. Meredith 和 S. J. Mantel，Jr. 认为，项目是具有以下特性的、必须完成的、特殊的有限任务：

1) 目的性。

2) 相互依赖性。

3）独特性。

4）冲突性。

5）寿命期。

（7）R. K. Wysocki，R. beck，Jr.，D. B. Crane 认为，项目是由一些独特的、复杂的和相关的活动所组成的一个序列，它有一个必须在特定时间和预算之内，并根据规范完成的目的或目标。

（8）John Bing 认为，项目是一件事、一项一次性任务，在一定的时间和一定的预算内达到预期的目的。

综上所述，尽管不同的组织或个人对项目的定义有所不同，但这些定义均从不同程度上揭示了项目的本质特征，并具有一些共性，如都有明确的起止时间，都有一些预定目标，都受到经费和人力的限制，都要消耗资源，都要为达到目标而付出努力，而且都是临时性、一次性的活动。

因此，我们认为项目是在一定的时间、资源、环境等约束条件下，为了达到特定的目标所完成的一次性任务或付出的努力。我们也可从如下三个层面来理解其含义：

（1）项目是一项有待完成的任务或努力，有特定的环境与要求。

（2）在一定的组织机构内，利用有限资源（人力、物力、财力等）在规定的时间内完成的任务或付出的努力。

（3）任务或努力应满足一定性能、质量、数量、技术指标等要求。

项目可以是一个组织中各个层次的任务或努力，它可以只涉及一个人，也可以涉及数万人。有的项目仅用很少的工时即可完成，而有的项目则需要成千上万的工时才能完成。典型的项目可以是新产品或服务的开发、技术改造与技术革新、组织模式的变革、科学技术研究与开发、系统软件的开发、建筑物的建设等等。项目侧重于过程，它是一个动态的概念，例如，我们可以把一个火力发电厂的建设过程视为项目，但不可以把火力发电厂本身称为项目。

1.1.2 项目的基本特征

项目具有以下基本特征：

（1）一次性。一次性是项目与日常运作的最大区别。项目有明确的开始时间和结束时间，项目在此之前从来没有发生过，而且将来也不会在同样的条件下再发生。而日常运作则是一系列无休止或循环重复的活动，如制造企业的生产车间日复一日地重复加工某一零部件的工作。

（2）独特性。每个项目都有自己的特点，每个项目都不同于其他的项目。项目所产生的产品、服务或完成的任务与已有的相似产品、服务或任务在某些方面有明显的差别。项目自身有具体的时间期限、费用限制和性能质量等方面的要求。因此，项目的过程具有自身的独特性。

（3）资源制约性。任何项目都会在一定程度上受到资源的制约，包括人力资源、财力资源、物力资源、时间资源、信息资源和技术资源等。如果一个项目在资源方面受到了严重的制约，则该项目成功的可能性就会很小。

（4）组织的临时性和开放性。项目开始时需要建立项目组织，项目组织中的成员及其职能在项目的执行过程中将不断地变化，项目结束时项目组织将会解散，因此项目组织具有临时性。一个项目往往需要多个甚至几百上千个单位共同协作，它们通过合同、协议以及其他的社会联系组合在一起，可见项目组织没有严格的边界，即项目组织具有开放性。

（5）后果的不可挽回性。项目具有较大的不确定性，它的进程潜伏着各种风险。它不像有些事情可以试做，或失败了可以重来，即项目具有不可逆转性。

由上可知，项目与日常运作（Ongoing Operations）有着本质的区别。项目是一项独一无二的任务，而日常运作是连续不断、周而复始的一系列活动。表 1-1 可以更好地帮助我们深刻地理解项目的基本特征。

表 1-1　项目与日常运作的比较

比　较 ＼ 名　称	项　目	日常运作
责任人	项目经理	部门经理
时　间	有限的	相对无限的
管理方法	风险型	确定型
持续性	一次性	重复性
特　性	独特性	普遍性
组织机构	项目组织	职能部门
考核指标	以目标为导向	效率和有效性
资源需求	多变性	稳定性

1.1.3　项目生命期

作为一种提供独特产品和服务的一次性活动，项目是有始有终的，项目由始至终的整个过程就构成了一个项目的生命期。美国项目管理协会(PMI)对项目生命期的定义为："项目是分阶段完成的一项独特性任务，一个组织在完成一个项目时会将项目划分成一系列的项目阶段，以便更好地管理和控制项目，更好地将组织运作与项目管理结合在一起。项目各个阶段的叠加就构成了一个项目的生命期。"最为典型的项目生命期划分如表 1-2 所示。

表 1-2　典型的项目生命期阶段划分

名　称	主　要　内　容
启动阶段	确定需求目标；项目立项；可行性研究；项目批准；建立项目组织；确定项目经理等
规划阶段	初步设计；估算费用和进度；订立合同条款；详细规划和设计等
执行阶段	项目实施；项目监理；项目控制等
收尾阶段	项目收尾；文档整理；项目交接；项目后评价等

项目生命期划分的四个阶段具体是：

第一个阶段是启动阶段。项目启动阶段是确立项目及其最终可交付成果的阶段。在这个阶段主要的工作任务是：项目识别、项目团队或组织根据客户需求提出需求建议书、项目立项。其形成的文字资料主要有项目建议书或可行性研究报告。

第二个阶段是规划阶段。项目规划阶段主要是界定并改进项目目标，从各种备选方案中选择最佳方案，以实现项目事先预定的目标。这一阶段主要的工作任务是：解决如何、何时、由谁来完成项目的目标等问题，即制定项目计划书，确定项目工作范围，进行项目工作分解；估算各个活动所需的时间和费用，作好进度安排和人员安排；建立质量保证体系等。

第三个阶段是执行阶段。项目执行阶段是协调人员和其他资源来执行计划。这一阶段主要的工作任务是：具体实施解决方案，执行项目的计划书；跟踪执行过程和进行过程控制；采购项目所需资源；合同管理；实施计划；进行进度控制、费用控制和质量控制等。

第四个阶段是收尾阶段。当项目的目标已经实现，或者项目的目标已不可能实现时，项目就进入了收尾阶段。这一阶段的主要工作包括：最终可交付成果、质量验收、费用决算和审计、项目资料整理与验收、项目交接与清算等。

但是，项目生命期的阶段划分并不惟一。最为典型的就是如上的四阶段划分法。根据项目的不同，有些项目的生命期可以划分得很笼统，而有的则划分得很详细。如有些项目的生命期可分为五个、九个甚至更多阶段，建设类项目生命期与非建设类项目生命期的阶段划分就相差很大。

项目生命期与产品生命期的含义不尽相同。如某一新产品的生命期包含研发、设计、制造、销售、使用直至报废的全过程。该新产品的研发工作则可视为一个项目，作为研发项目它有自己的生命期(启动、规划、执行、收尾)，而这只是该新产品生命期中的一个具体阶段。

1.1.4　项目里程碑与可交付成果

里程碑(Milestone)——项目中的重大事件，通常是指一个主要可交付成果的完成。它是项目进程中的一些重要标记，是在规划阶段应该重点考虑的关键点。里程碑既不占用时间也不消耗资源。

在项目具体实施过程中，将会有多个里程碑。里程碑计划就是将那些对项目实施进度有重要意义的关键事件、按时间顺序加以排列的文档。关于项目里程碑计划的表示方法有多种形式，包括文字法、图表法等。在此我们以软件开发项目为例，在例1-1中分别给出项目里程碑计划文字法和图表法的表示形式。

例1-1　某一软件开发项目历时为1年，在其生命期中共有以下6个里程碑。该软件开发项目的里程碑计划文字法的表现形式：里程碑1：项目启动时间为2005年1月1日；里程碑2：需求确认完成时间为2005年2月13日；里程碑3：方案设计完成时间为2005年6月2日；里程碑4：软件的系统测试时间为2005年10月7日；里程碑5：试运行启动时间为2005年11月9日；里程碑6：项目验收时间为2005年12月31日。

上述该软件开发项目的里程碑计划也可以用图表的形式来描述，也称为图表法具体如图1-1所示。

里程碑事件	1月	2月	6月	10月	11月	12月
项目启动	▲1月1日					
需求确认完成		▲2月13日				
方案设计完成			▲6月2日			
软件的系统测试				▲10月7日		
试运行启动					▲11月9日	
项目验收						12月31日▲

图1-1　软件开发项目里程碑计划的图表法示意图

可交付成果(Deliverable)是指某种可以核实的工作成果或事项。一般来说，项目有阶段可交付成果和最终可交付成果两种形式。

以表1-2所示的典型项目生命期为例，启动阶段结束时，批准可行性研究报告是第一个里程碑，其可交付成果就是可行性研究报告；规划阶段结束时，批准项目计划是第二个里程碑，其可交付成果就是项目计划文件；执行阶段结束时，项目完工是第三个里程碑，其可交付成果就是有待交付的完工产品(基本完成的项目)或文件、软件等；收尾阶段结束时，项目交接是最后一个里程碑，其可交付成果就是完工产品和项目文件。

上文描述的项目里程碑和可交付成果的图例见图1-2。

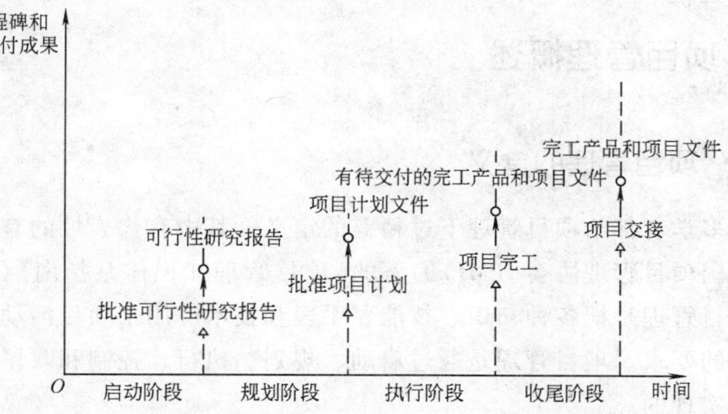

图1-2　项目里程碑和可交付成果

注：△表示里程碑事件，○表示可交付成果。

1.1.5　项目干系人

一个项目的完成需要许多方面的人员或组织参与才可能实现。项目干系人(Stakeholder)也可称为利益关系人，或利益相关者，是指积极参与项目、其利益受到该项目影响的个人或组织。

一般地，下列人员或组织可能成为项目的干系人：

(1) 项目经理，即对保证按照客户的需求完成项目全面负责的个人。

(2) 客户，也称为委托人，即项目最终成果的需求者和使用者，也是项目实施的资金提供者。客户可能是多层次的。

(3) 项目团队，即完成项目工作的集体。

(4) 供应商，即为项目提供原材料、设备、工具、服务等资源的个人或组织。

(5) 其他与项目有利益关系的组织或个人，如政府有关部门、新闻媒体、商业伙伴、社区公众等。

由于不同的项目干系人对项目的期望和要求不同，他们不可避免地具有不同的利益区域，如客户希望尽量降低项目的造价，供应商则希望提高所供资源的价格，项目组织(承包商)更关心的是如何降低成本、提高承包合同价。对项目干系人进行分析的目的，是为了深入了解他们对项目的需求、利益、影响等，以便针对他们的利益、问题和需要进行沟通。只有这样才能很好地协调利益关系人各方的利益冲突，确保项目获得成功。

1.2　项目管理概述

1.2.1　项目管理的含义

许多学者都给项目管理下过精辟的定义，其中有代表性的有如：

美国项目管理协会(PMI)编著的《项目管理知识体系指南》(PMBOK)认为，项目管理是把各种知识、技能、手段和技术应用于项目活动之中，以达到项目的要求。项目管理是通过启动、规划、执行、控制和收尾等项目管理过程来实现的。

毕星、翟丽在其主编的《项目管理》中认为，项目管理是通过项目经理和项目组织的努力，运用系统理论和方法对项目及其资源进行计划、组织、协调、控制，旨在实现项目的特定目标的管理方法体系。

白思俊在其主编的《现代项目管理》中认为，项目管理是以项目为对象的系统管理方法，通过一个临时性的、专门的柔性组织，对项目进行高效率的计划、组织、指导和控制，以实现项目全过程的动态管理和项目目标的综合协调与优化。

邱菀华等在其编著的《项目管理学》中认为，项目管理是运用科学的理论和方法，对项目进行计划、组织、指挥、控制和协调，实现项目立项时确定的目标。

刘荔娟在其主编的《现代项目管理》中认为，项目管理是指项目管理者按照客观规律的要求，在有限资源条件下，运用系统工程的观点、理论和方法，对项目涉及的全部工作进行管理。

综上所述，本书认为项目管理是以项目及其资源为对象，运用系统的理论和方法，对项目进行高效率的计划、组织、实施、协调和控制，以实现项目目标的管理方法体系，即：

(1) 项目管理的目的是实现项目的目标——提供符合客户要求的产品或服务，其任务是对项目及其资源进行计划、组织、协调和控制。需要注意的是，项目管理的任务与项目的任务含义是不同的。

(2) 项目管理的主体是项目经理，项目管理的客体是项目本身。项目经理受客户的委托，在时间有限、资金约束的情况下实现项目目标，独立进行计划、调配、协调和控制，使项目组织成为一个配合默契、具有积极性和责任心的高效的群体。

(3) 项目管理的职能是计划、组织、实施、协调和控制。

1.2.2　项目管理的特征

项目管理与日常运作管理相比，有如下固有特征：

(1) 项目管理具有创造性。项目的一次性特点，决定了每实施一个项目都要具有创新性。项目管理的创造性包括两个方面：一是项目管理是对于项目所包含的创新的管理；二是项目管理必须通过管理创新来实现对项目的有效管理，因为项目的管理没有一成不变的模式和方法可以直接利用。

(2) 项目管理具有复杂性。项目一般由多个部分组成，工作跨越多个组织、多个学科、多个行业，可供参考的经验很少甚至没有，不确定因素很多，而项目管理要在各种约束条件下实现项目目标，因此，项目管理的复杂性远远高于一般生产管理。

(3) 项目管理需要专门的组织、团队和项目经理。项目一般由多个部分组成，工作涉及多个组织、学科和行业，所以项目管理通常要跨越部门的界限，在工作中将会遇到许多不同部门的人员，因此，需要建立一个不受现存组织约束的项目组织，组建一个由不同部门专业人员组成的项目团队。项目经理应在有限的资源和时间的约束下，运用系统的观点、科学合理的方法对与项目相关的所有工作进行有效的管理。可以看出，项目经理对项目的成败起着非常重要的作用。

1.2.3　项目管理的要素

项目管理的要素随着项目管理的发展，从最初的三要素逐渐发展为四要素、五要素，进而发展为六要素。以下是它们所包括的内容。

项目管理三要素，也称为项目管理的铁三角，它包括质量、进度和成本。项目管理的目的就是追求进度快、质量合格和成本低的有机统一体。

项目管理四要素是在三要素的基础上扩展的，它除了包括质量、进度和成本三项以外，还将项目的范围添加进来，目的是使得质量、范围可以与成本、进度相互协调。例如，范围增减、质量改变均会引起成本和进度的相应变化。

项目管理五要素包括质量、进度、成本、范围和组织。在这五个要素中，范围与组织是必不可少的，没有范围就无法作项目计划，没有组织就无法实施项目。

项目管理六要素包括工作范围、进度、成本、质量、组织和客户满意度，而客户满意度是项目管理的核心。

1.2.4　项目管理的工作过程

一个项目的实现需经历一系列的阶段或工作过程，与之对应，项目管理是由若干相互关联和相互作用的管理工作或活动所构成。通常，人们按项目生命期的进程将这些管理工作划分为如下五个基本过程，如图 1-3 所示。

项目启动过程：定义一个项目或阶段的工作与活动；侧重需求分析；确定下一阶段是否继续进行。

项目规划过程：分解项目目标；确定项目必须完成的各项任务；选择最优的行动过程以达到项目或阶段的目标和范围要求；编制进度计划、资源计划、费用预算；形成项目管理计划文件。

项目执行过程：组织和协调各项任务与工作、人员和其他资源；激励项目团队完成既定的工作计划；形成项目可交付成果。

项目控制过程：制定标准、定期监控和测量项目进展情况，寻找实际情况与计划存在的偏差；依据项目计划控制质量、风险、成本和进度等状态；采取纠正措施等活动。

项目收尾过程：编制项目或项目阶段移交文件；正式接收项目的产品、服务或结果；使项目顺利结束。

从图 1-3 也可以看出，项目管理工作过程之间不仅是一种前后衔接的关系，同时还是相互交叉、相互作用的关系。其中，规划过程首先为执行过程提供具体的工作计划，继而执行过程又为规划过程反馈更新的信息。而控制过程为了确保各个阶段按预定计划进行，它贯穿于项目的整个生命期。

1.2.5　项目生命期阶段与项目管理过程的关系

虽然项目管理过程(启动过程、规划过程、执行过程、控制过程和收尾

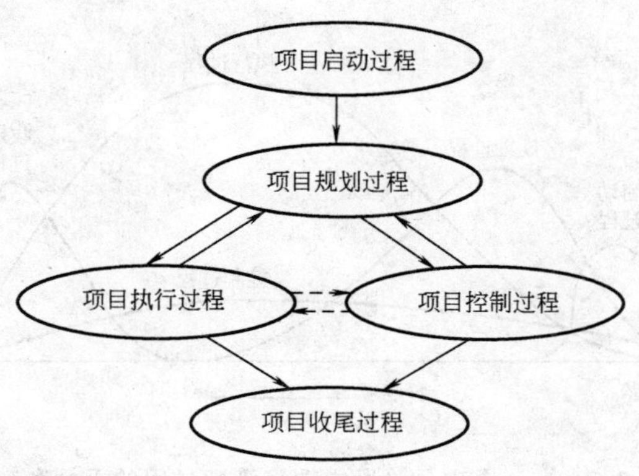

图 1-3　项目管理工作过程

过程)的名称有时和典型项目生命期阶段(启动阶段、规划阶段、执行阶段和收尾阶段)的名称是相同的，但是它们的含义却是不同的。项目生命期所包括的四个阶段没有重复，是从项目实现过程的角度考虑的。而项目管理的五个工作过程并不是独立的一次性过程，它贯穿于项目生命期的每一个阶段。项目的任何一个阶段都包含一个或几个"启动—规划—执行—控制—收尾"的管理工作过程。项目生命期阶段和管理工作过程的关系如图1-4所示。

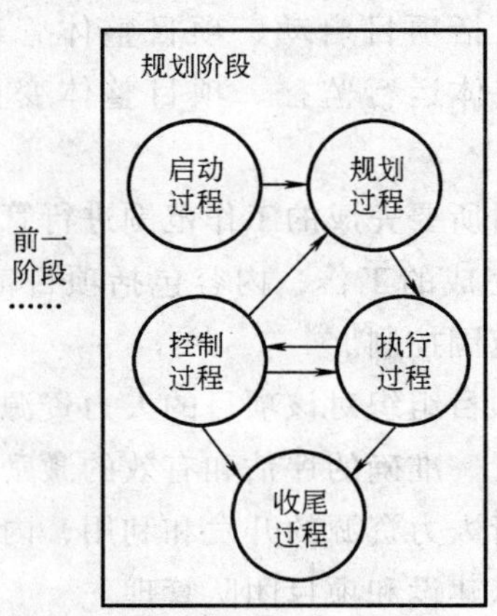

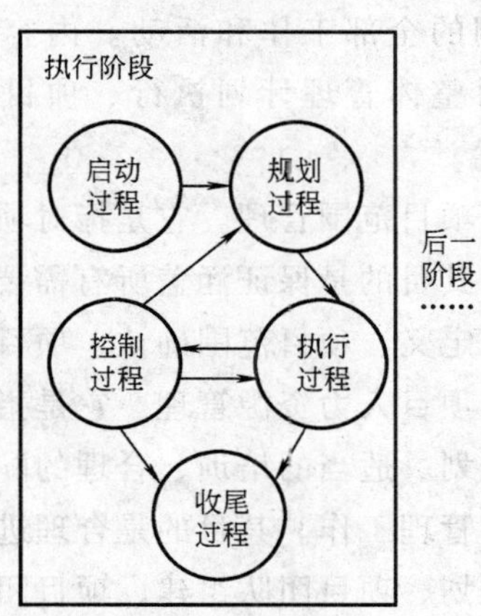

图 1-4　项目生命期阶段和管理工作过程的关系

同时，项目管理过程在项目的每个阶段也是按照不同的强度和层次发生的交叠活动。图 1-5 表示了在一个项目阶段中各个管理过程之间是如何重叠和变化的。

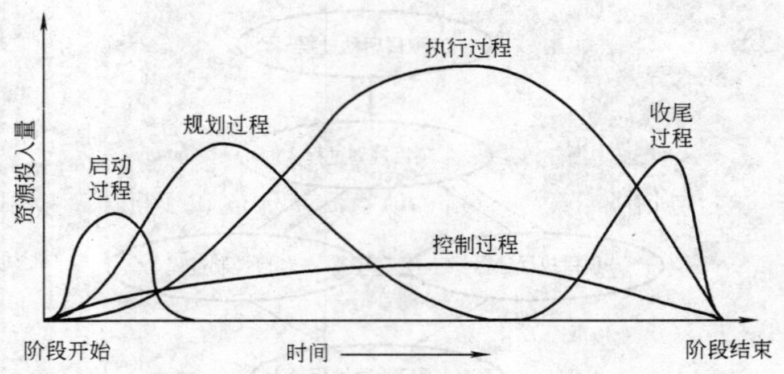

图 1-5　在一个项目阶段中项目管理过程的重叠和变化

1.2.6　项目管理的知识领域

按照美国项目管理协会(PMI)提出的方法，可将项目管理划分为九个知识领域，如表 1-3 所示。它们分别从不同的管理职能和领域描述了现代项目管理者需要的知识、方法、工具和技能，以及相应的管理实践。

(1) 项目整体管理。它是指在项目的生命期内，汇集项目管理的知识领域，对所有单项项目计划进行整合执行及控制，以保证项目各要素相互协调的全部工作和活动。内容包括项目启动、项目整体管理计划编制、项目整体管理计划执行、项目整体运行监控、项目整体变更控制和项目收尾。

(2) 项目范围管理。它是指对项目所要完成的工作范围进行管理的一系列工作。其目的是保证涵盖所有需要完成的工作，内容包括项目范围规划、项目范围定义、项目范围确认、项目范围控制。

(3) 项目人力资源管理。它是指项目组织对该项目的人力资源所进行的科学的规划、适当的培训、合理的配置、准确的评估和有效的激励等方面的一系列的管理工作。其目的是合理进行人力资源的开发和利用，内容包括人力资源规划、项目团队组建、项目团队建设和项目团队管理。

(4) 项目进度管理。它是指在项目的进展过程中，为了确保项目能够在规定的时间内实现项目的目标，对项目活动的进度及日程安排所进行的管理过程。它旨在提供一个有效的进度计划，内容包括项目活动定义、项目活动排序、项目活动资源估算、项目活动时间估算、项目进度规划和项目进度控制。

(5) 项目成本管理。它是指为保证项目实际发生的成本低于项目预算成本所进行的管理活动。其目的是有效节约所需资源和保持预算控制，内容包括项目成本估算、项目成本预算和项目成本控制等。

(6) 项目质量管理。它是指为了保证项目的可交付成果能够满足客户的需求，围绕项目的质量进行的规划、协调和控制等活动。其目的是确保满足功能需要，内容包括项目质量规划、项目质量保证和项目质量控制。

(7) 项目采购管理。它是指为达到项目的目标而从项目组织的外部获取物料、工程和服务所需的管理活动。其目的是从项目外部获取必需的各种资源，内容包括项目采购规划、招标与询价、供应商确定、合同管理和合同收尾。

(8) 项目沟通与冲突管理。项目沟通管理是为了确保项目信息合理收集和传递，对项目信息的内容、信息传递的方式、信息传递的过程进行的全面的管理活动。项目沟通管理的对象是项目进展中的全部沟通活动。它包括项目沟通规划、项目信息发布、执行报告和项目干系人管理。项目冲突管理是指识别冲突、分析冲突和解决冲突的过程。

(9) 项目风险管理。它是指通过风险识别、风险评估去认识项目的风险，并以此为基础合理地使用各种管理方法、技术和手段对项目风险实行有效的控制，妥善处理风险事件所造成的不利后果，以最少的成本保证项目总体目标的实现。其目的是分析和减轻潜在风险，内容包括项目风险管理规划、项目风险识别、项目风险评估、项目风险应对和项目风险控制。

表1-3　项目管理的工作过程与知识领域的关系

过程 知识领域	启动	规划	执行	控制	收尾
项目整体管理	项目启动	整体管理计划编制	整体管理计划执行	整体运行监控 整体变更控制	项目收尾
项目范围管理		范围规划 范围定义		范围确认 范围控制	
项目人力资源管理	团队组建	人力资源规划	团队建设 团队管理		
项目进度管理		活动定义 活动排序 活动资源估算 活动时间估算 进度规划		进度控制	

（续）

知识领域＼过程	启动	规　划	执　行	控　制	收　尾
项目成本管理		成本估算 成本预算		成本控制	
项目质量管理		质量规划	质量保证	质量控制	
项目采购管理		采购规划 招标与询价	供应商确定 合同管理		合同收尾
项目沟通与冲突管理		沟通规划 冲突识别 冲突分析	信息发布 冲突解决	执行报告 项目干系人管理	
项目风险管理		风险管理规划 风险识别 风险评估 风险应对		风险控制	

本章小结

本章从总体上对项目管理进行了框架描述，并介绍了项目管理一些重要的基本概念。学好本章对全书的理解十分重要。本章的主要内容是从项目和项目管理两个部分展开的，具体如下：

第 1 节，首先介绍了具有代表性的项目的含义。尽管不同的组织或个人对项目的定义有所不同，但这些定义均从不同程度上揭示了项目的本质和共性，从而使我们可以较好地理解项目的含义，即：项目是一项有特定的环境与要求，在一定的组织机构内、在规定的时间内、利用有限资源完成的任务或付出的努力，而且这项有待完成的任务或努力要满足一定性能、质量、数量、技术指标等要求。其次介绍了项目的基本特征。项目的基本特征是：一次性，独特性，资源制约性，组织的临时性、开放性和后果的不可挽回性，并且强调了项目与日常运作的本质区别。再次介绍了项目生命期的阶段划分。项目生命期典型的阶段划分是：启动阶段、规划阶段、执行阶段和收尾阶段，但这并不是惟一的划分方法。最后介绍了项目里程碑、可交付成果和项目干系人等重要概念。项目里程碑是项目中的重大事件，通常是指一个主要可交付成果的完成，它是项目进程中的一些重要标记，是在计划阶段应该重点考虑的关键点；可交付成果是指某种可以核实的工作成果或事项；项目干系人是指积极参与项目、其利益受到该项目影响的个人或组织。

第2节，首先介绍了项目管理的含义。尽管不同的学者对项目管理的定义略有不同，但这些定义均从不同程度上揭示了项目管理的本质和共性，即：项目管理是以项目及其资源为对象，运用系统的理论和方法对项目进行高效率的计划、组织、实施、协调和控制，以实现项目目标的管理方法体系。其次介绍了项目管理的特征。项目管理的特征是：具有创造性，具有复杂性，需要专门的组织、团队和项目经理。再次介绍了项目管理的要素，诸如项目管理三要素：质量、成本和进度。然后介绍了项目管理的工作过程，即：项目启动过程、项目规划过程、项目执行过程、项目控制过程和项目收尾过程；并强调了项目生命期阶段与项目管理过程的关系，即每个项目生命期阶段均蕴涵着项目管理的各个工作过程。最后介绍了项目管理的九个知识领域，即：项目整体管理、项目范围管理、项目人力资源管理、项目进度管理、项目成本管理、项目质量管理、项目采购管理、项目沟通与冲突管理和项目风险管理。它们分别从不同的管理职能和领域描述了现代项目管理者需要的知识、方法、工具和技能，以及相应的管理实践。

本章的学习重点是理解基本概念，掌握项目管理这门课程的总体框架。

本章记忆重点：项目的含义；项目的基本特征；项目管理的含义；项目管理的特征；项目管理的工作过程。

自 测 题

一、判断题

1. 项目是为完成某一独特的产品、服务或任务所作的一次性努力。(　　)

2. 项目进程中每个阶段结束时必须以某种可交付成果为标志。(　　)

3. 项目的生命期可归纳为四个阶段，这种划分通常是固定的。(　　)

4. 里程碑是指项目进程中的某个可交付成果。(　　)

5. 可交付成果必须是可以测量的、可以验证的事项或结果。(　　)

6. 项目管理的客体是项目管理者。(　　)

7. 项目管理的主体是项目的全部任务。(　　)

8. 项目生命周期与产品生命周期的含义相同。( )

二、单选题

1. 项目的“一次性”的含义是指( )。

A. 项目持续的时间很短

B. 项目有确定的开始和结束时间

C. 项目将在未来一个不确定的时间结束

D. 项目可以在任何时候取消

2. 对项目干系人管理的主要目的是( )。

A. 识别项目的所有潜在用户来确保需求分析的完成

B. 积极减少可能会严重影响项目的项目干系人的活动

C. 在进度和成本超支时建立商业信誉

D. 通过项目干系人的分析关注其对项目的批评

3. 应对项目的可交付成果负主要责任的是( )。

A. 质量经理　　B. 项目经理

C. 高级经理层　　D. 项目团队成员中的某个人

三、多选题

1. 下列属于项目的实例是( )。

A. 举办一场婚礼　　B. 开发一种新的计算机软件系统

C. 提供金融服务　　D. 管理一个公司

2. 项目的共同点有( )。

A. 明确的起止时间　　B. 预定目标

C. 受到资源的限制　　D. 消耗资源

3. 日常运作与项目的区别在于( )。

A. 管理方法　　B. 责任人

C. 组织机构　　D. 管理过程

4. 项目干系人可能包括( )。

A. 项目经理　　B. 客户

C. 供货商　　D. 项目发起人

5. 项目管理的特点包括( )。

A. 复杂性　　B. 创造性

C. 自发性　　D. 预测性

6. 下列属于项目特征的是( )。

A. 资源制约性　　B. 一次性

C. 生产性　　D. 独特性

7. 项目生命期阶段一般是由(　　)阶段组成的。

A. 规划　　B. 启动

C. 可行性研究　　D. 收尾

8. 项目管理过程可以由(　　)组成。

A. 启动过程　　B. 规划过程

C. 执行和控制过程　　D. 收尾过程

练习与思考

1. 什么是项目?
2. 项目具有哪些特征?
3. 什么是项目管理? 它具有哪些特征?
4. 项目干系人主要包括哪些?

第2章

项目整体管理

主要内容

- 概述
- 项目整体管理计划的编制
- 项目整体管理计划的执行
- 项目整体运行监控
- 项目整体变更控制

学习目标

了解项目整体管理的含义和特点；了解项目整体管理计划的含义和作用；掌握项目整体管理计划编制的思路、过程、方法和工具；了解项目整体运行监控的两大活动，即项目跟踪和项目控制；了解项目整体变更控制的要求和结果。

2.1 概述

2.1.1 项目整体管理的含义

项目整体管理(Project Integrated Management)是指在项目的生命期内，汇集项目管理的知识领域，对所有单项项目计划进行整合执行及控制，以保证项目各要素相互协调的全部工作和活动。它从全局的、整体的观点出发，通过有机地协调项目各个要素(进度、成本、质量和资源等)，在相互影响的项目各项具体目标和方案中权衡和选择，尽可能地消除项目各单项管理的局限性，从而实现最大限度地满足项目干系人的需求和期望的目的。

项目整体管理与其他的项目单项管理(如项目进度管理、项目成本管理等)相比，具有综合性、全局性和系统性的特点。

(1) 综合性。一般而言，项目单项管理都是针对项目某个特定的方面所进行的管理，如项目进度管理主要是针对项目进度进行管理的。项目整体管理则是综合每个单项项目管理的所有方面，平衡项目各个方面之间的冲突，对它们的目标、工作和过程进行协调、管理，如项目的某个目标要求的提高，可能会以降低或牺牲其他目标为代价，这时就有必要分析和权衡这两个方面的综合作用对项目总体绩效所产生的影响。

(2) 全局性。全局性是指为了最大化地实现项目总体目标，从全局出发协调和控制项目各个方面，为了消除项目各单项管理所具有的局部性限制，有时甚至可以不惜牺牲或降低一些项目的单项目标，从而达到协调统一项目各单项管理的目的。例如，奥运会筹建项目的整体目标以进度作为第一位的话，为了加快项目的进度就不得不增加项目的成本，这是在项目成本管理和进度管理这两个单项管理中所无法达到的。

(3) 系统性。系统性是指把项目作为一个整体系统来考虑，将项目的内、外部影响因素相结合，不仅要对系统内部进行管理和控制，还要兼顾来自外部环境的影响因素、问题等，并对之进行管理和控制。如在项目的实施过程中，客户可能会对某一任务提出变更申请。此刻，项目整体管理则会响应这一变更申请，兼顾各单项管理，并对其作出相应的调整，而项目的各个单项管理都不具有相互之间互相协调的功能。

项目整体管理对于项目的成功起着关键作用。项目经理是项目整体管理的责任者，也是项目的综合协调者。项目团队成员在项目经理指导下制定相应的项目计划。项目经理要领导项目团队根据项目目标进行决策，负责协调所有团队成员之间的工作，并解决他们之间的冲突，同时还应与所有的项目干系人进行很好的沟通。项目整体管理涵盖的内容如图 2-1 所示。

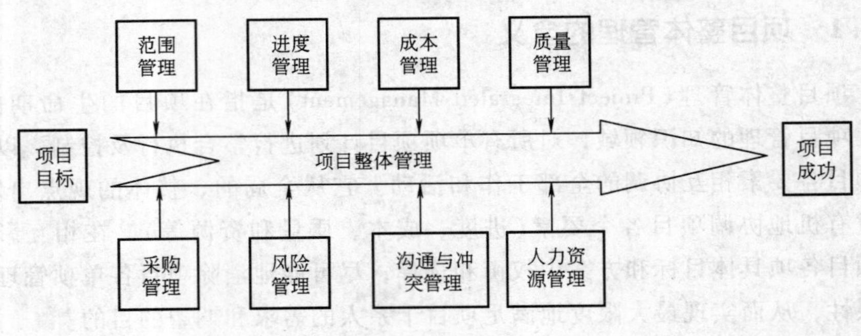

图 2-1　项目整体管理的示意图

2.1.2　项目整体管理的核心内容

PMBOK(第 3 版)表述的项目整体管理的过程如图 2-2 所示。

图 2-2　项目整体管理过程

关于制定项目章程、编制项目初步范围说明书部分将在本书的第 3 章——项目范围管理中作详细讨论。当项目的阶段目标或最终目标已经实现，或无法实现时，就进入了项目管理的最后一个工作阶段——项目收尾。只有通过项目收尾工作，项目干系人才有可能终止他们为完成项目所承担的责任和义务，从项目中获益。一旦客户批准了项目团队提交的最终可交付成果，就可以着手进行项目验收和后评价工作了。本部分内容将在本书的第 11 章——项目验收与项目后评价中作详细讨论。故本章节只介绍项目整体管理的核心内容。项目整体管理的核心工作过程如图 2-3 所示。

(1) 项目整体管理计划编制。它主要是收集单项计划过程的结果，并将其汇总成一份连贯、一致性的文档。这些单项计划包括项目范围管理计划、项目进度管理计划、项目成本管理计划、项目质量管理计划、项目人员管理计划、项目沟通管理计划、项目风险管理计划以及项目采购计划等。

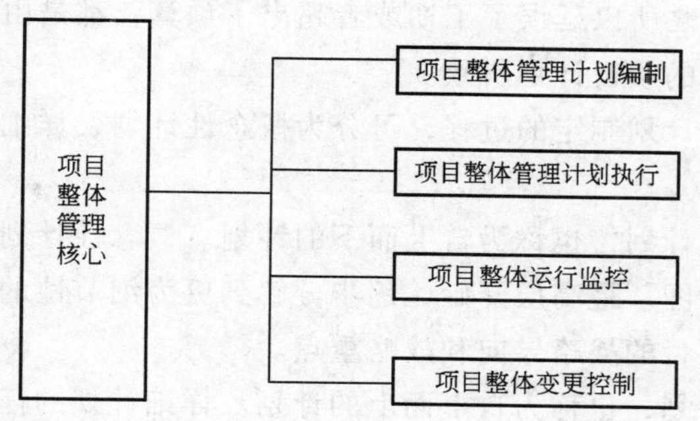

图2-3　项目整体管理的核心工作过程

（2）项目整体管理计划执行。它主要是通过执行项目整体管理计划和各单项计划所规定的活动，来实现项目的目标。

（3）项目整体运行监控。它主要是通过项目活动的监视和控制以发现项目活动与项目基准计划之间的偏离。

（4）项目整体变更控制。它主要是协调整个项目生命期内发生的所有项目变更。

项目整体管理在项目生命期的任何阶段都是必不可少的一项工作，虽然上述的四项工作在此被分为独立的四个方面，但在实际管理过程中，它们之间经常会相互影响、前后重叠，同时它们也会对项目的其他单项管理产生重要影响。

2.2　项目整体管理计划的编制

2.2.1　项目计划概述

1. 项目计划的含义

项目计划是项目管理过程的基本组成部分，它是项目团队在预算的范围内，为完成项目的预定目标，科学预测并确定未来行动方案的过程。也可以认为，项目计划工作是针对项目的预定目标而安排任务的一系列过程。

项目的独特性和一次性使得项目计划的正确编制尤为重要。项目计划是项目管理过程的不可或缺的部分。项目计划仿佛就是一张导游图，引导着游客如何抵达目的地，缺少项目计划或没有一个有效和可行的计划，项目经理可能会无从下手，也可能无法实现项目的目标。项目计划是决定项目成败的关键，许多项目之所以延误了工期或者超出了预算，都是由于在项目执行前没有制定出完善的项目计划所致。

项目计划按计划制定的过程，可分为概念性计划、详细计划、滚动计划三种形式。

(1) 概念性计划，也称为自上而下的计划。概念性计划是根据初步确定的工作分解结构图从最高层开始，逐步分解到更为细节性的层面。概念性计划主要规定了项目的战略导向和战略重点。

(2) 详细计划，也称为自下而上的计划。详细计划的任务是制定详细的工作分解结构图，详细计划提供了项目的详细范围。

(3) 滚动计划，即用滚动的方法对可预见的将来逐步制定详细计划，随着项目的推进，分阶段地重估自上而下计划所制定的进度和预算。滚动计划的制定是在已编计划的基础上，每经过一阶段(如一个月、一个季度等，这个时期叫滚动期)，根据变化的项目环境和计划实际执行情况，从确保实现项目目标出发，对原项目计划进行滚动调整。滚动计划有助于提高计划的质量，增强准确性；能及时地调节由于项目环境变化而引起的偏差；增大计划的灵活性，提高项目组织的应变能力。

项目基准计划(也称初始拟定计划)是项目在启动时所制定的，并且经过上级批准的计划。项目基准计划一经确认是不能随意更改的，如果需要更改，必须按照规定的程序进行。

需要说明的是，此处所指的计划是广义的概念，它涵盖着单项计划和整体管理计划。

2. 项目单项计划文件清单

在计划编制过程中，主要的单项计划文件有：

(1) 范围计划。它也称项目范围说明书，它的主要目的是：确定项目所有必要的工作和活动的范围，在明确项目的制约因素和假设条件的基础上，进一步明确项目目标和主要可交付成果。项目的范围计划是将来项目执行的重要基础文件。

(2) 范围管理计划。它主要描述了对项目范围如何管理，项目范围如何变更等问题。

(3) 人员配备计划。它说明项目团队成员应该承担的各项工作任务以及各项工作之间的关系，同时制定项目成员工作绩效的考核指标和方法及人员激励机制。人员配备计划通常是由上自下地进行编制，然后再自下而上地进行修改，由项目经理与项目团队成员商讨并确定。

（4）资源需求计划。它明确项目实施所需要的各种机器设备、能源燃料、原材料的供应及采购安排。此计划要确定所需物资的名称、质量技术标准和数量；确定物资的投入时间和设计、制造、验收时间；确定项目组织需要从外部采购的设备和物资的信息，包括所需设备和物资的名称和数量的清单，设备的设计、制造和验收时间，设备的进货来源等。

（5）进度计划。它主要说明项目中各项工作的开展顺序、开始及完成时间以及相互关系。它需要先明确项目工作分解结构图中各项工作和活动的依赖关系后，再对每项工作和活动的延时作出合理估计，并安排项目执行日程，确定项目执行进度的衡量标准和调整措施。

（6）进度管理计划。它主要说明项目团队应该如何应对项目进度的变动，它可以是正式的，也可以是非正式的，它是项目进度计划的补充部分。

（7）成本基准计划。它确定了完成项目所需要的成本和费用，并结合进度安排，获得描述成本—时间关系的项目费用基准，以费用基准作为度量和监控项目执行过程费用支出的主要依据和标准，从而以最低的成本达到项目目标。

（8）成本管理计划。它主要说明了如何管理实际成本与计划成本之间发生的差异。根据项目的需要，成本管理计划可以是高度详细的或粗略的，同时既可以是正规的，也可以是非正规的。

（9）质量计划。它是为了达到客户的期望而确定的项目质量目标、质量标准和质量方针，以及实现该目标的实施和管理过程。

（10）采购管理计划。它主要确定了如何从项目组织地外部获取资源才能更好地满足项目需求，说明了如何管理项目采购过程，明确项目需求资源类型、资源地的预计采购价格、如何管理供应商、如何与项目管理其他方面协调等。采购管理计划可以是正式的或非正式的，也可以是详细的或粗略的，具体采用什么形式需要根据项目需求而定。

（11）合同管理计划。它主要说明了为保证合同双方严格地按照所签订合同规定的各项要求，履行各自义务，维护各自权益的管理过程。

（12）沟通计划。它主要是针对项目干系人的沟通需求进行分析，从而确定谁需要什么信息、什么时候需要这些信息，以及采取何种方式为不同的项目干系人提供信息等。

（13）风险管理计划。它主要是对项目中可能发生的各种不确定因素进行充分的估计，并为某些意外情况制定应急的行动方案。

2.2.2　项目整体管理计划概述

由于项目整体管理是把项目的单项管理的各项工作视为一个有机的整体，那么指导项目各项工作的计划也必须具有整体性，但是在制定项目各计划时，项目的单项计划是按照各自的目标而编制的，如项目成本计划主要是为项目成本管理服务的。所以，必须对项目的各单项计划进行整体管理，将它们之间相互有机地联系起来。

项目整体管理计划（Project Integrated Management Plan）是以项目各单项计划为基础，从项目全局出发，把项目的各个单项计划作为一个子系统进行整体管理，从而形成指导项目各单项管理的整体文件。

项目整体管理计划与项目单项计划的编制一样都是一个逐步优化的过程。随着项目的进展，项目中一些不明朗的因素逐渐显现出来，项目的各单项计划也就逐渐的确定下来，继而项目的整体管理计划也就逐渐确立。在项目的最初阶段，项目整体管理计划只是一个轮廓，随着项目的执行和不确定因素的确定，项目整体管理计划随之细化，最终形成了一个指导项目整体的文件。

如前所述，项目整体管理计划是为项目的整体利益服务的，其作用如下：

（1）指导项目整体实施。如同项目的单项计划指导项目的单项实施一样，项目整体管理计划也指导着项目整体的实施。其不同点在于项目单项计划是专门针对项目某个方面，而项目整体管理计划则是针对整个项目的。

（2）作为项目业绩评估和管理控制基础。项目整体管理计划的主要内容是项目整体管理计划的制定和运用，这些计划可作为上级机构进行业绩考核和管理控制的基础。

（3）作为项目干系人之间信息沟通的平台。项目干系人只有了解项目的整体管理计划，他们之间才可以进行有效的沟通和协调，从而有利于项目目标的顺利实现。

（4）作为协调项目工作的文件。项目整体管理计划就是对项目的各种单项计划进行综合协调的文件，以解决项目各方面所出现的冲突。

2.2.3　项目整体管理计划的编制

1. 项目整体管理计划的编制思路

项目整体管理计划编制是一项需要反复优化和整体考虑的复杂活动，

尤其对于大型的项目，由于要将成百上千的项目活动进行整体管理，其过程无疑是非常复杂的。对于小型的项目，在充分考虑项目的各个要素及其各个方面后，整体管理项目的各项活动可能会相对比较简单，只靠手工计算、分析就可以实现；对于大中型项目，编制项目整体管理计划需要处理和加工大量的信息，仅靠手工几乎是不可能完成的，这就需要借助一些数学方法、模型以及项目管理信息系统。项目管理信息系统(PMIS)通过运用计算机来收集、加工和处理项目的信息资料，从而可以快捷、有效地制定出项目整体计划。

在此，我们以项目整体管理中需重点协调的项目进度、成本和质量三要素为例介绍整体管理计划编制的思路。

项目的进度、成本和质量三者之间的关系是对立统一的。一般来说，加快项目的进度就需要增加成本，但项目的提前完工又可能会提高项目的收益；高标准的质量控制可能会增加项目的成本，并影响到项目的进度，但是高标准的质量控制还可以避免和减少项目返工的发生，从而防止因项目进度计划的拖延所引起的成本增加。因此，不能只片面强调项目的某一个方面(如进度)的管理，而是要从这三个方面(进度、成本和质量)相互协调和综合管理。

(1) 项目质量和成本管理计划。由于质量和成本两者之间存在着正向化的关系，即要提高项目的质量，就必须增加项目的成本，在此我们借助于价值工程原理对其进行分析。

价值工程是一种识别和消除不必要成本(在不牺牲质量和可靠性的前提下)的有组织的活动，它所提出的具有创造性的方法，同样可以适用于项目的整体管理计划。

价值工程中的价值是指产品或劳务的功能与成本的比值，其表达式为

$$\text{价值}=\frac{\text{功能}}{\text{成本}} \tag{2-1}$$

式中，功能是用户所要求的必要功能；成本是产品的寿命周期成本；价值是用户对商品的功能与成本之间的关系所作的评价。

用户选择商品时的依据所考虑的就是这个比值，对商品是否物美价廉作出综合评价，即以最小的成本获取最大的功能。

在编制项目整体管理计划时可借鉴上述原理，在满足项目成本和质量要求的前提下，以提高项目的价值比值为目的，综合地考虑项目质量和成本之间的关系。

整体管理计划的价值比值的表达式为

$$价值比值 = \frac{质量}{成本} \tag{2-2}$$

表 2-1 说明了提高项目价值比值的四种途径。

表 2-1　提高项目价值比值的途径表

途径	质量	成本	价值系数
1	↑	→	↑
2	→	↓	↑
3	↑↑	↑	↑
4	↓	↓↓	↑

注：→表示不变，↑表示增加，↑↑表示大幅度地增加，↓表示降低，↓↓表示大幅度地降低。

(2) 项目成本和进度管理计划。一般来说，项目的成本会随着项目进度的缩短而增加，但是，如果项目的进度延迟，项目的成本也会因此而增加。项目的成本与进度关系如图 2-4 所示。

所以，在整体管理成本和进度时，应该在满足项目要求的成本和进度范围内选择最佳进度，即选择如图 2-4 中 t 点确定的项目进度。

在项目的执行过程中，也可能会存在着多种成本与进度的函数关系式，如图 2-5 所示(为了画图的方便表示为直线)。

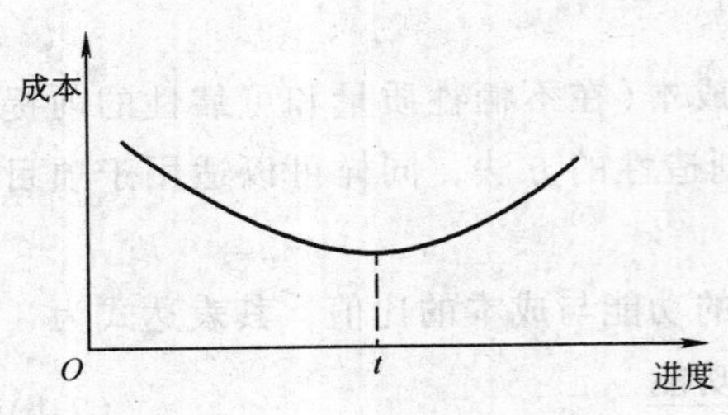

图 2-4　最佳进度示意图

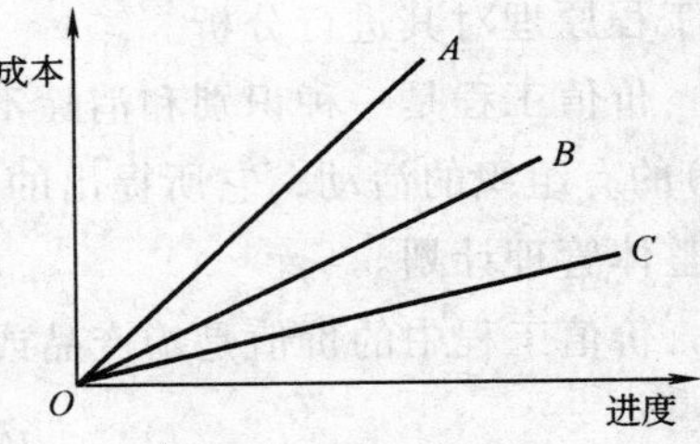

图 2-5　成本与进度函数关系图

在这种情况下，可以根据项目的实际情况来选择不同的处理方案。例如，在项目的进度落后计划很多已成为主要矛盾、且企业能承受成本追加时，可采取 A 方案。

(3) 项目的进度、质量和成本管理计划。在完成上面的只对两个要素的整体管理以后，如果这两种计划的成本指标不相符，甚至存在着冲突时，就需要进一步协调项目的成本、进度和质量三者之间的关系。在这种情况下，首先要固定其中一个要素的计划指标值，然后逐步优化另外两个要素，以达到最优化的配置，从而实现项目这三个重要因素的整体管理。

2. 项目整体管理计划的编制过程

项目整体管理计划的编制过程如图2-6所示。

(1) 信息资料的收集阶段。该阶段的工作主要是收集项目各单项的目标、计划和数据等信息资料。

(2) 项目整体管理计划编制阶段。该阶段的工作主要是以项目各单项计划为基础，结合收集到的信息资料，运用各种定性、定量的分析方法和相关的项目管理知识，对项目各单项计划进行整体协调等。

(3) 项目整体管理计划发放阶段。项目整体计划编制完成后，根据不同使用者的不同需要，向其发放详细程度不同的项目整体计划。

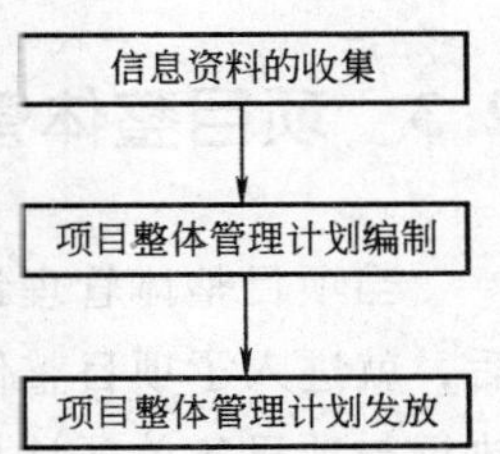

图2-6 整体计划编制过程图

项目整体管理计划编制的主要工作如表2-2所示。

表2-2 项目整体管理计划编制的主要工作

依据	工具和方法	结果
项目初步范围说明书	工作分解结构	项目整体管理计划
项目相关计划	责任矩阵	
历史资料	行动计划表	
组织政策	网络图	
制约因素		
假设条件		

3. 项目整体管理计划的编制依据

在项目整体管理计划编制过程中，需要输入的相关性文件很多，主要有：①项目初步范围说明书，它规定了项目范围，即需要完成的项目活动文件；②项目相关的计划，如工作分解结构图；③历史资料，如估算数据库、过去项目绩效的记录；④组织政策，即与项目相关的正式的和非正式的组织政策；⑤制约因素，即影响项目绩效的限制因素；⑥假设条件，即因项目存在着未知因素而建立的假设。

4. 项目整体管理计划编制的工具和方法

项目整体管理计划编制的工具和方法很多，基本的工具和方法有三种，即工作分解结构、责任矩阵及行动计划表，其他的还有网络图等。本书后面的相应章节将对这些工具和方法展开详细讨论。

5. 项目整体管理计划编制的结果

经过上述的编制过程，项目整体管理计划得到的结果就是综合两个或多个分计划及其他相关文件的项目整体管理计划。

2.3 项目整体管理计划的执行

当项目整体管理计划以及其他的文件资料发放到项目的相关成员手中后，就进入了项目整体管理计划的执行阶段。我们要将项目整体管理计划的执行与项目各单项计划的执行融为一体，使它们共同贯穿于项目执行的全过程。

项目整体管理计划执行的主要工作如表2-3所示。

表2-3 项目整体管理计划执行的主要工作

依　据	工具和方法	结　果
项目计划 项目组织的政策和规定 纠偏行动信息	工作授权系统	项目变更申请 项目执行的结果

2.3.1 项目整体管理计划执行的依据

在项目整体管理计划执行的过程中，项目组织需要借助获得的一些依据，才能保证高效、准确地执行项目整体管理计划。项目整体管理计划执行的依据有：

(1) 项目计划。它主要是指项目计划阶段所产生的各种计划文件，包括项目整体管理计划、各种单项计划以及项目计划文件的补充说明。

(2) 项目组织的政策和规定。任何一个项目组织都会有自己的政策和规定，才能保证项目整体计划的顺利实施。良好的项目组织的政策和规定可以激励项目团队人员更加努力地工作，而拙劣的项目组织的政策和规定则会阻碍项目的顺利进展。

(3) 纠偏行动信息。纠偏行动信息是指将项目的执行情况与项目计划比较后所得到的偏差信息及相应的纠偏行动信息。如果在项目整体计划的执行过程中，项目团队不了解纠偏行动信息，就会按照以前的计划来执行项目，必然导致更大的错误。

2.3.2 项目整体管理计划执行的工作内容

在项目整体管理计划的执行过程中，项目团队需要做好如下工作：

(1) 编制项目工作计划和项目任务书。项目整体管理计划是项目执行前编制的整体的、综合的管理计划，它是指导整个项目实施的主要计划，但项目整体管理计划并不是面面俱到的，所以要根据项目的整体管理计划、项目单项计划和项目的执行情况来编制项目工作计划和项目任务书，来具体地指导项目各个方面的执行。

(2) 记录项目的执行情况。在项目的执行过程中，要详细记录项目的执行情况并及时报告，这样才能更好地掌握项目执行的实际情况，才能更好地为项目整体管理计划执行过程中的检查、分析、控制、协调提供信息。

(3) 做好协调、控制和纠偏工作。该工作主要包括两个方面：一是协调项目各项工作，对项目执行过程中出现的问题采取相应的解决措施，尽量实现项目执行中的动态平衡；二是保证项目按照既定的项目计划执行，当项目实际进展情况与计划出现偏差时，要采取一定的措施来纠正偏差。

(4) 做好项目整体管理计划的修订工作。当项目的内部或者外部出现了较大的变化时，就需要根据变化后的情况，对项目的整体管理计划进行修订。

(5) 将新的项目整体管理计划及时通知相关的需求者。如果修订的项目整体管理计划没有及时通知相关的需求者，就等于没有修订项目整体管理计划，所以，只有及时通知了才能保证按照正确的方向执行项目。

项目整体管理计划执行所采用的工具和方法仍是工作授权系统，在此不再加以说明。

2.3.3 项目整体管理计划执行的结果

项目整体管理计划执行结果包括如下两个方面：

(1) 项目执行的结果。随着项目整体管理计划的不断落实，及根据项目执行的实际情况对项目整体管理计划不断地修改和完善，由此产生了项目执行的结果。项目执行结果具体包括：哪些项目工作已经完成，哪些没有完成，未完成的工作目前达到什么程度，项目工作的成本和进度情况如何，等等。

(2) 项目变更申请。项目执行过程中，出现一些难以应付的情况时，需要对项目的整体管理计划提出变更申请，如扩大项目整体管理计划的工作范围等。

2.4 项目整体运行监控

由于项目的一次性和独特性，在项目生命期的管理全过程中有效地实施项目监控，是实现过程目标和最终目标的前提和关键。在项目监控过程中，针对项目单项计划通常开展两方面活动，即项目跟踪和项目控制；而对于项目整体管理计划，则需要对项目整体进行监控。

2.4.1 项目跟踪概述

1. 项目跟踪的含义

项目跟踪形象地说就是追踪项目行驶的轨迹，即项目各级管理人员根据项目的规划和目标等，在项目实施的整个过程中对项目状态以及影响项目进展的内外部因素进行及时的、连续的、系统的记录和报告的过程。

项目跟踪的工作内容主要有两方面：一是对项目计划的执行情况进行监督，二是对影响项目进展的内外部因素的发展情况和变化趋势进行分析和预测。

外部因素是指来自项目外部、不为项目所控制的影响因素，如政府政策、市场价格、利率、自然状况等。对于这类因素，跟踪的主要目的是大量收集资料，尽早作出预测，采取有效的预防措施来应对不利因素。

内部因素是指来自项目内部、在大多数情况下项目可以控制的影响因素，如人力资源、资金筹集与运用、材料投入、质量、进度等。对于这类因素，跟踪的主要目的是大量收集信息，寻找项目实际进展情况与计划之间的偏差，并分析其原因，为项目的控制打好基础，这其中最为关键的是进度、成本、质量三大因素。

项目跟踪体现的是过程管理的理念，它以收集信息为基础，最大的优点是可以提高项目的透明度和降低风险。

2. 构建项目跟踪系统需考虑的问题

对项目建立执行跟踪系统时，要考虑的问题有很多，主要有如下几个方面：

(1) 项目跟踪对象。它主要包括范围、变更、资源供给、关键假设、进度、项目团队工作时间及任务完成情况等。

(2) 收集信息的范围。项目跟踪所要收集的信息主要有投入活动的信息、采购活动的信息、实施活动的信息和项目产出的信息等。

(3) 项目跟踪的过程。项目跟踪包括四个基本过程：观察、测量、分析和报告。

2.4.2 项目控制概述

1. 项目控制的含义

对于任何项目，即使事先经过周密的计划，在实施过程中仍难免会出现一些意想不到的情况和各种困难，这就需要对项目进行适当的控制，以保证项目预期目标的实现。

项目控制(Project Control)是以事先制定的计划和标准为依据，定期或不定期地对项目实施的所有环节进行调查、分析、建议和咨询，发现项目活动与标准之间的偏差，提出切实可行的方案，供项目的管理层决策的过程。一般认为，项目控制是为了保证项目计划的实施以及项目总目标的实现而采取的一系列管理活动。

项目控制包括进度控制、成本控制、质量控制和风险控制等方面。具体的控制措施包括：会议、里程碑报告、风险跟踪、偏差分析报告等。上述的内容将在本书后面的项目进度管理、项目成本管理、项目质量管理和项目风险管理等章节详细介绍。

2. 项目控制工作的准则

为了对项目有效地进行控制，必须遵循以下准则：

(1) 项目的执行自始至终必须以项目计划为依据。项目计划是项目管理的核心和基准，是项目执行和控制的依据。

(2) 定期和及时测量实际进展情况，并与计划进度相比较。这是有效的项目控制的关键，因为这样我们才能尽快地发现问题；如有必要，就应立即采取措施及时地解决问题，因为进度越慢对项目的危害就越大。在进行项目控制时，应当确定固定的报告期，以便将实际进展情况与计划进展情况相比较。报告期根据项目整个期限的长短和复杂性而定，如果项目的周期为1个月，报告期可能为1天；如果项目预期要运行3年，则报告期可能为1个月。

(3) 随时监测和调整项目计划。在项目的实施过程中，项目团队成员可能会发现更有效的执行任务方法，或者客户会改变项目要求，或者项目环境(竞争、规则等)发生变化等，应该根据项目变更的信息对项目计划进行适当地调整，使项目计划始终是切实可行的。

（4）充分的、及时的信息沟通。通过充分的、及时的信息沟通，项目管理人员可以及时准确地了解项目进展的状况，项目的实施人员也能了解有关项目的更为详细和准确的信息。

（5）详细准确地记录项目的进展和变化。详细准确的项目记录是控制和调整项目计划的实现依据，而且也是项目团队进行研究、讨论和寻求适当解决方案的基础。

3. 项目控制工作的步骤

要实现项目的有效控制，必须建立一套规范的项目控制程序。项目的控制程序如图2-7所示。

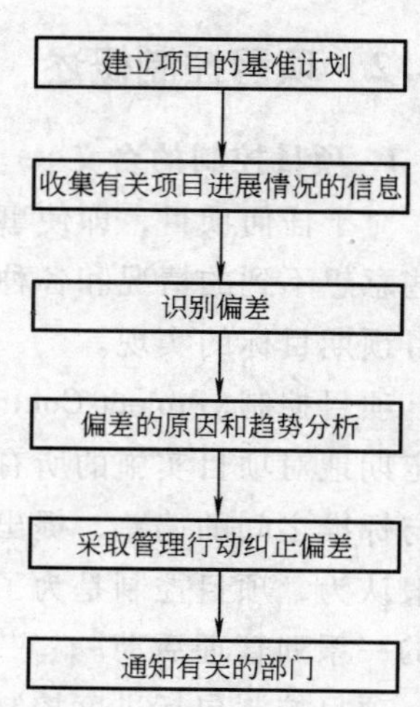

图2-7 项目控制工作过程图

（1）建立项目的基准计划。项目的基准计划是项目控制的基础，项目基准计划应该回答如下问题：

1）项目必须完成哪些工作或任务。

2）每项工作或任务必须在何时完成。

3）每项工作或任务由谁负责。

4）每项工作或任务的花费是多少。

5）最终项目完成时期望提交何种可交付成果。

（2）收集有关项目进展情况的信息。控制离不开信息，收集有关项目进展情况的信息是项目控制的关键。为了获得积极效果，有必要建立一种信息收集的机制，特别要关注项目的变更信息，确保信息的全面性和准确性。信息的主要收集渠道有以下几种：

1）项目经理面谈。项目经理与项目团队的具体任务负责人面谈，项目团队的具体任务负责人将其所负责活动的最新进展情况汇报给项目经理，这样项目经理就可以了解各任务负责人所承担的任务状况。

2）项目进展情况会议。项目团队全体成员向项目经理通报各自目前已开始的任务、完成的任务、进度落后的任务及一切潜在的问题。

3）各种记录资料。如工时记录、工时报告、情况简报等。

（3）识别偏差。偏差是指实际成本、进度和质量指标相对于项目计划的偏离。在识别偏差时，需要收集有关项目进展情况信息，即有关项目范围、进度计划和预算等方面的信息。通过将实际结果与基准计划相比较，然后据此判断项目实际进度比预定进度是超前了还是落后了、项目花费是超出了预算还是低于预算、按现有状况项目是否已取得了预期的成果等。这些内容将在本书以后的项目成本管理、项目进度管理和项目质量管理等章节中详细讨论。

偏差值是项目控制分析中的一个关键参数，对于不同的项目、同一项目的不同阶段以及不同的管理层次，其对偏差控制的程度有所不同，制定的偏差允许值范围也不尽相同。随着项目生命期的推进，项目的风险逐渐降低，偏差允许值的范围也随之缩小。另外，偏差的允许值与项目估算的方式、估算的精确度也有关系。

（4）偏差的原因和趋势分析。当发现偏差的确存在时，要仔细查找其原因。原因分析一般可由如下步骤完成：

1）明确所存在的问题现状，如项目的花费超支和进度拖延的情况。

2）查找产生该偏差的原因。一般来讲，典型的原因有：目标制定的不明确、计划不周全、执行效果差、判断失误、范围变化等。

3）确定各原因对偏差的影响程度。

趋势分析法是管理者根据实际情况与基准计划的比较来判断未来偏差程度走向的一种分析方法。它的分析思路是基于这样一个假设，即对已出现的偏差不采取任何措施的情况下，分析和判断项目能否达到预期的目标，如果不能就必须采取纠正偏差的措施；如果发现可以如期达到目标且进展情况正常，则不需要采取进一步行动。

（5）采取管理行动纠正偏差。总体来说，采取管理行动纠正偏差有如下三种形式：

1）不采取行动。如果问题不大，对项目的冲击很小，就没有必要采取措施；或者是因为问题尚未明朗，还无法采取可行的措施。

2）修改计划。查验各项计划，对估计的进度、人员、成本等进行适当修改。

3）调整计划。探讨计划变动的可能性，如是否可以增加进度表的时间，或者增加人员、增加经费等。

（6）通知有关的部门。当对偏差进行纠正时，必然会对项目的其他部分产生影响，所以要通知有关部门，让他们了解项目计划的变更，这样才能更好地执行项目。

2.4.3 项目整体运行监控的主要工作

项目整体运行监控的主要工作如表2-4所示。

表2-4 项目整体运行监控的主要工作

依　据	工具和方法	结　果
项目整体管理计划 项目相关情况报告 否决的变更申请	项目管理方法系 项目管理信息系统 专家判断法	项目纠正措施 项目风险预防措施 项目缺陷补救措施 项目变更申请

1. 项目整体运行监控的依据

（1）项目整体管理计划。它是整合所有单项管理计划所形成的文件。整体管理计划是项目总体运行监控的主线。

（2）项目的相关情况报告。相关情况报告提供了项目各项活动的进展情况，项目管理者可以根据相关的报告对项目进行监控。这些报告包括项目进度情况、已经完成和尚未完成的可交付成果等。

（3）否决的变更申请。否决的变更申请包括变更申请本身、相关的辅助文件，以及表明否决的变更申请倾向的变更审查报告。

2. 项目整体运行监控的工具和方法

（1）项目管理方法系。项目管理方法系确定了协助项目管理团队按照项目整体管理计划监控项目工作的过程。

（2）项目管理信息系统。项目管理团队利用项目管理信息系统这样一个自动化系统来监控项目整体管理计划的执行。

（3）专家判断法。项目管理团队利用相关专家的丰富经验来监控项目总体运行状况。

3. 项目整体运行监控的结果

（1）项目纠正措施。纠正措施是为了保证项目未来的结果符合项目整体管理计划而提出并形成文件的建议。

（2）项目风险预防措施。预防措施是为了降低项目风险而提出并形成文件的建议。

（3）项目缺陷补救措施。补救措施是对某些在检查过程中发现的缺陷提出的纠正建议。

（4）项目变更申请。在项目总体运行过程中，会出现一些难以预料的情况，需要对项目的整体管理计划提出变更申请。

2.5 项目整体变更控制

2.5.1 项目变更控制概述

1. 项目变更控制的含义

项目变更的前提是项目变化。由于项目是一个系统，项目的某一部分改变，自然会引起项目其他部分发生相应的改变。这种改变即为项目变化。项目变化是指项目的实际情况与项目的基准计划发生偏离的状况。项目变化是客观的现实改变。项目变化并不意味着项目一定要发生变更。项目经理需时刻关注项目的变化，并考虑是否进行项目变更。

项目变更是指针对项目发生的变化所采取的一系列必要的应对措施。这里需要强调的是，项目变更必须遵循一定的程序，不能随意进行。而且若要进行项目变更，就应在项目生命期前期尽快实行，项目变更实施地越迟，完成项目变更的难度就越大，且造成的损失可能也越大。

导致项目变更的原因有：①项目的外部环境发生变化，如政府的有关规定发生变化；②项目计划出现错误或遗漏；③项目团队提出了新的技术、手段或方案；④项目实施的组织本身发生了变化；⑤客户对项目或项目产品的需求发生变化。

一般来说，项目很难能够按照项目基准计划原封不动地进行，项目变更是正常的、不可避免的，因此进行有效的项目变更控制不仅必不可少而且非常重要。项目变更控制是指建立一套规范的、能够有效地进行项目变更控制的系统的管理活动。

2. 项目变更控制的原则

为了对项目的变更有效地控制，成功地完成项目的目标，项目变更应遵循以下原则：

（1）将项目变更融入项目计划之中。项目计划是项目控制的基准，当项目变更时，将要以原来的计划为基础，对项目计划进行更新。通过对新、老计划的比较可以把握项目变更对项目的影响。

（2）选择对项目影响最小的方案。在进行项目变更决策时，应该选择对项目的目标、预算、成本、质量和团队等项目要素影响最小的变更方案。如果这些要素发生了较大的变化，将可能使已经完成的工作前功尽弃。

（3）在准备项目变更申请和评估之前，务必征求项目经理的意见。因为项目经理是项目实施的具体负责人，他们对项目最了解，他们的观点和看法最具有说服力。

（4）及时地发布项目的变更信息。当项目变更申请被批准后，应该及时地将项目变更的信息通知所有项目团队成员，使他们了解项目变更的内容，按照项目的变更要求调整自己的工作方案。

3. 项目变更控制程序

项目变更控制程序如下：

（1）明确项目变更的具体目标。

（2）分析和找出客观的项目变化和主观的项目变更请求，对所有提出的项目变更申请进行审查。

（3）分析项目变更对项目绩效造成的影响。

（4）分析产出(可交付成果)相同的各替代方案的差异。

（5）由变更控制委员会(CCB, Change Control Board)决定批准或否定项目变更请求。

（6）对项目变更的原因进行说明，解释项目变更已选方案的内容。

（7）与所有相关项目干系人就项目变更的具体方案进行交流，统一和协调项目干系人提出的变更请求。

（8）确保项目变更方案合理实施。

2.5.2　项目整体变更控制的含义

项目整体变更控制(Project Integrated Change Control)是针对项目单项变更控制而言的。在项目实施过程中可能会发生诸如：项目目标、项目要求、项目范围、项目时间、项目成本、项目质量、项目风险、项目合同等要素的变更。由于任何上述单一的要素变更都会对其他项目要素产生影响，所以在任何单一项目要素变更后都需进行项目整体变更控制。在进行项目变更时应尽可能保持原有项目绩效度量基线的完整性。项目整体变更控制可以借助变更控制系统来实现。项目变更的整体控制就是协调和管理项目各个方面的变更要求，以达到项目的预定目标。项目整体变更控制的核心内容是对项目各个要素的变更控制、项目变更的风险控制、项目变更合同修订等综合控制进行整合，它比各单项项目变更控制更具有全局性和系统性，如图2-8所示。

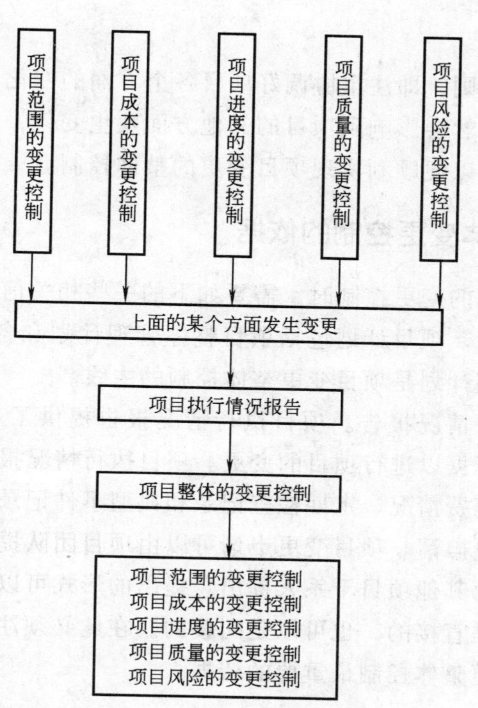

图 2-8　项目整体的变更控制

项目整体变更控制的主要工作如表 2-5 所示。

表 2-5　项目整体变更控制的主要工作

依　据	工具和方法	结　果
项目计划 项目执行情况报告 项目变更申请	项目变更控制系统 关键比值分析法 偏差分析法	更新后的项目计划 项目变更的行动方案 经验和教训

2.5.3　项目整体变更控制的原则

为了使项目整体的变更控制能够顺利地进行，必须遵循如下原则：

（1）连续性原则，即尽量不改变项目业绩衡量的指标体系。项目业绩衡量的指标体系是一种行业化、标准化的体系，如果发生了改变，评价的标准就不连续，失去了客观性和科学性，所以尽量不要改变项目业绩衡量的指标体系。

（2）一致性原则，即确保项目的工作结果与项目的计划相一致。一旦项目的工作结果发生变化，就必须反映到项目的计划中来，要根据项目工作结果的变化来更新项目的计划，使项目的计划和项目的工作成果保持一致。

（3）整体性原则，即注重协调好项目各个方面的变化。由于项目某一个方面发生变化，必然会影响到项目的其他方面发生变化，因此要协调好项目发生变化的部分，以便顺利实现项目变更的整体控制。

2.5.4　项目整体变更控制的依据

项目进行整体的变更控制时，需要如下的一些相关信息：

（1）项目计划。项目计划包括项目整体管理计划和各种单项管理计划，其中项目整体管理计划是项目变更整体控制的主线。

（2）项目执行情况报告。项目执行情况报告提供了项目的实际进展情况，项目管理者可据以进行项目的变更。项目执行情况报告包括：项目的进度情况、项目的花费情况、定期检查记录和典型事件记录等。

（3）项目变更申请。项目变更申请可以由项目团队提出，也可以由项目业主提出，或者由其他项目干系人提出。提出的形式可以是口头的，也可以是书面的；可以是直接的，也可以是间接的。在此必须注意的是，项目变更的申请是项目变更整体控制最重要的依据。

2.5.5　项目整体变更控制的工具和方法

项目整体变更控制的工具和方法主要有：项目整体变更控制系统、关键比值分析法和偏差分析法。由于偏差分析法在项目成本控制中应用更普遍，因此将在本书6.4.3进行详细介绍。

1. 项目整体变更控制系统

项目变更控制可以借助于项目变更控制系统来实现。项目变更控制系统是指涵盖项目变更的书面审批程序，跟踪控制体制、审批变更的权限层级规定等文件、具有改变或修订项目内容功能的一种控制管理系统。此外，项目变更控制系统中，必须采用正式文件明确规定和说明项目变更控制委员会的权利和义务，还必须包括能够处理各种项目突发事件的应急处理程序，同时还需要具有项目文档化管理规章、项目变更分类、分级管理权限与控制方法以及所有项目变更的正式文件和记录等。

2. 关键比值分析法

关键比值分析法的基本思路是，首先选择若干相关指标（计划与实际）的比值，然后计算这些比值的乘积（即关键比值），最后以此数值（关键比值）来进行项目状态的监控分析。因为仅用一些有关指标的绝对值进行比较有时无法深入揭示事物的内在矛盾，采用相对值数据的对比则可能会理想些。

下面选取成本比值和进度比值来说明关键比值法的具体应用步骤。

首先，可以分别定义“预算成本/实际成本”为成本比值，定义“实际进度/计划进度”为进度比值。然后，计算成本比值与进度比值二者的乘积，即得到关键比值，最后，分析判断在项目进程中成本与进度要素的计划与实际偏离的状况和原因。

在此需要注意的是：①关键比值计算中的指标比值可以根据项目进程中所需控制的指标自行设定；②指标比值的分子与分母排列应按“愈大愈好”的原则排列，即遵循指标比值含义的同向性原则。如成本比值中的“预算成本/实际成本”，就是按“愈大愈好”（预算成本应大于实际成本）的原则来设计的。

关键比值的计算公式：关键比值 =（预算成本/实际成本）×（实际进度/计划进度）

对单个指标比值而言，我们很容易判断出项目实施状态的好坏。但是，在项目实施过程中，影响项目成败的因素不止一个，如果有若干个指标比值，而且它们的指标比值有的大于1，有的小于1，这时对项目实施的状态又如何分析呢？在此我们以表2-6为例进行讨论。

表2-6 关键比值计算表

任务	预算成本	实际成本	实际进度	计划进度	关键比值
1	4	4	8	8	1.00
2	8	6	4	5	1.07
3	6	6	4	3	1.33
4	6	8	4	4	0.75
5	6	8	3	4	0.56
6	8	6	4	3	1.78

从上述的关键比值数据，可以得出如下分析结论：

（1）任务1，成本和进度都与计划指标相符，项目此时执行情况良好。

（2）任务2，成本比值大于1，进度比值小于1，项目此时尽管成本节约了，但项目进度延迟，最终的成本仍有超出计划指标的可能。

（3）任务3，成本比值等于1，进度比值大于1，说明尽管进度提前，但是并没有因此而增加成本，项目此刻执行情况仍然良好。

（4）任务4，成本比值小于1，进度比值等于1，说明项目进度与计划指标相符，但是成本已经超支，项目此时执行情况比较差。

(5) 任务5，成本比值小于1，进度比值小于1，说明项目成本超支，进度又延迟，项目此时执行情况非常不好。

(6) 任务6，成本比值大于1，进度比值大于1，说明即节约了成本，又提前进度，项目此时执行情况非常好。

一般来说，关键比值在1附近，不需要采取任何控制活动。如第1、2项任务关键比值等于1或者在1附近，就不需要采取控制行动；第3、6项任务关键比值远大于1，也不需采取控制行动，但是在项目团队有余力的情况下需要调查其原因；第4、5项任务关键比值都小于1，不但要调查原因而且应采取控制措施。另外，任务5和任务6实际执行情况与计划差距很大，也有可能是计划制定得不合理所致。

关键比值的控制范围可视具体的项目而定。例如，某个项目的关键比值的控制范围是这样设定的：当关键比值在0.9~1.1范围之内可以忽略；在0.7~0.9范围之内让项目的技术人员仔细关注；对关键比值小于0.7的情况应立即进行调查，找出执行与计划差距的原因。在1.1~1.3范围之内可在项目团队有余力的情况下进行调查；当大于1.3时则应立即进行调查，可着重分析计划指标制定的是否合理等原因。一般来说，关键比值控制的重点应是关键比值小于1时的情况。

2.5.6 项目整体变更控制的结果

项目整体变更控制的结果是形成书面文件，主要包括：

(1) 更新后的项目计划。项目变更整体控制的主要结果是项目计划。它是对项目整体管理计划、项目各种单项计划和其他的支持性细节内容所作的修改和更新的结果。

(2) 项目变更的行动方案。项目变更的行动方案是下一步项目变更整体控制所要采取的行动方案。

(3) 吸取经验和教训。项目变更整体控制的最后结果就是吸取经验教训，找出项目变更的原因，作为下一个项目的参考和借鉴。

本章小结

本章从项目生命期的角度对项目整体管理进行了讨论，目的是让读者对项目整体管理的思路有所认识。本章和第11章是前后照应的，第3~10章则是从项目管理九个专题的角度进行讨论。本章的主要内容是围绕项目整体管理以及执行中的相关流程两个部分展开的，具体如下：

第1节，首先介绍了项目整体管理的概念。项目整体管理是指在项目的生命期内，汇集项目管理的知识领域，对所有单项项目计划进行整合执行及控制，以保证项目各要素相互协调的全部工作和活动的过程，并通过与其他的项目单项管理相比，阐述了整体管理具有综合性、全局性、系统性的特点；其次，介绍了项目整体管理的核心内容：项目整体管理计划编制、项目整体计划执行、项目整体运行监控以及项目整体变更控制，四者之间相互影响、前后交叉，同时也会对项目的其他单项管理产生重要影响。

第2节，首先介绍了项目计划的含义。项目计划是项目团队在预算的范围内，为完成项目的预定目标，科学预测并确定未来行动方案的过程，由此引出了项目计划的三种形式：概念性计划、详细计划、滚动计划。其次，介绍了项目整体管理计划的概念。项目整体管理计划是以项目各单项计划为基础，从项目全局出发把项目的各个单项计划作为一个子系统进行整体管理，从而形成指导项目各单项管理的整体文件。项目整体管理计划的作用有：指导项目整体实施、作为项目业绩评估和管理控制基础、作为项目干系人之间信息沟通的平台、作为协调项目工作的文件。最后，介绍了项目整体管理计划的编制应以进度、成本和质量三者之间的对立统一关系为基础。项目整体管理计划的编制过程包括：信息资料的收集阶段、项目整体管理计划编制阶段、项目整体管理计划发放阶段。

第3节，首先介绍了项目整体计划执行的依据：项目计划管理、项目组织的政策和规定、纠偏行动信息。其次介绍了项目整体计划执行的工作内容：编制项目工作计划和项目任务书，记录项目的执行情况，做好协调、控制和纠偏工作，做好项目整体管理计划的修订工作，将新的项目整体计划及时通知给相关的需求者。最后，概括了项目整体计划执行的结果，它包括：项目执行的结果和项目变更申请两项内容。

第4节，首先介绍了项目跟踪的含义。项目跟踪是指项目各级管理人员根据项目的规划和目标等，在项目实施的整个过程中对项目状态以及影响项目进展的内外部因素及时地、连续地、系统地进行记录和报告的过程。构建项目跟踪系统需考虑的问题有：项目跟踪对象，收集信息的范围，项目跟踪的过程。其次，介绍了项目控制的含义和必须遵循的准则。项目的执行自始至终必须以项目计划为依据，定期和及时测量实际进展情况，并与计划进度相比较，随时监测和调整项目计划，充分、及时地进行信息沟通，详细准确地记录项目的进展和变化。同时，为实现项目的有效控制，提出了项目控制工作步骤：建立项目的基准计划，收集有关项目进展情况的信息，识别偏差，偏差的原因和趋势分析，采取管理行为纠正偏差，通知有关的部门。最后，阐述了项目总体监控工作的依据、工具、方法及结果。

第5节，首先从项目变更控制入手，分别介绍了项目变更控制的含义、原则和程序。其次介绍了项目整体变更控制的含义，即协调和管理好项目各个方面的变更要求，以达到整个项目的预定目标，并介绍了项目整体变更控制的原则：连续性原则、一致性原则和整体性原则。再次，介绍了项目整体变更控制的依据：项目计划、项目执行情况报告、项目变更申请。以及项目整体变更控制的工具和方法，最后，阐述了项目整体变更控制的结果：更换后的项目计划、项目变更的行动方案、吸取经验和教训。

本章记忆重点：项目整体管理的含义；项目整体管理计划的编制；项目整体计划的执行；项目整体运行监控；项目整体变更控制。

自　测　题

一、判断题

1. 项目整体管理的目的就是为了使项目干系人的利益最大化，甚至可以不惜牺牲项目单项管理的目标。(　　)

2. 项目的进度、成本和质量三者之间的关系是对立统一的。(　　)

3. 项目变更申请可以由项目业主提出，也可以由项目团队提出，但不能由其他项目干系人提出。(　　)

4. 项目整体管理贯穿于项目的整个生命期。(　　)

5. 项目整合是将项目的各个部分综合为一个整体。(　　)

6. 项目整合是由项目高级管理者来完成的。(　　)

二、单选题

1. 项目整体管理的责任者是(　　)。

A. 高级管理者　　B. 项目经理

C. 项目团队成员　　D. 项目管理顾问

2. 项目整体计划是由(　　)制定的。

A. 高级管理者　　B. 职能经理

C. 项目经理　　　　　　　　　　D. 项目团队

3. 若某项目预算第1年为15亿元，第2年为30亿元，第3年为2亿元，第4年为6亿元，你认为该项目预算的大部分用在了(　　)阶段。

A. 项目计划的执行　　　　　　　B. 项目启动

C. 项目整体变更控制　　　　　　D. 项目收尾

4. 在(　　)的情况下，当项目变更控制委员会还没有介入时即可自动认可。

A. 由项目发起人建议的变更　　　B. 由客户建议的变更

C. 由承包商建议的变更　　　　　D. 因紧急情况引起的变更

5. 下列表述正确的是(　　)。

A. 项目成本随着进度的减少而增加

B. 项目成本随着进度的拖延而减少

C. 项目质量标准的提高会增加项目的成本

D. 在对项目进度、成本和质量进行整体管理时，仅需注意这三个方面相互协调和综合管理

6. 项目整体计划执行的工具和方法是(　　)。

A. 状态评审会议　　　　　　　　B. 工作授权系统

C. 关键比值技术　　　　　　　　D. 因果分析技术

7. 所有经批准的变更都应在(　　)中反应。

A. 质量保证计划　　　　　　　　B. 变更管理计划

C. 项目计划　　　　　　　　　　D. 风险应对计划

8. 对于(　　)，正式变更前需要书面的变更通知单。

A. 大项目　　　　　　　　　　　B. 小项目

C. 进度不可以调整的项目　　　　D. 无论大小的所有项目

9. 项目计划工作过程应该(　　)。

A. 在概念阶段完成时进行

B. 必须在每一项目阶段的相应层次进行

C. 只有对大项目才是必要的

D. 可以在执行阶段开始时结束

10. 项目计划是由(　　)制定的。

A. 高级管理层　　　　　　　　　B. 职能经理

C. 项目经理　　　　　　　　　　D. 项目团队

三、多选题

1. 项目整体管理和其他的项目单项管理相比，具有(　　)特点。

A. 综合性　　B. 全局性

C. 总体性　　D. 系统性

2. 下列选项中能提高价值系数的途径有(　　)。

A. 增加功能，降低成本费用

B. 功能不变，成本费用增加

C. 功能不变，成本费用下降

D. 降低功能，降低成本费用

3. 项目整体管理计划执行时所需要的依据有(　　)。

A. 各种计划性文件　　B. 项目组织的政策和规定

C. 纠偏行动信息　　D. 整体管理计划的修订信息

4. 在项目变更的整体控制时，应该(　　)。

A. 改变项目业绩衡量的指标体系

B. 确保项目的工作结果与项目的计划相一致

C. 遵循成本效益原则

D. 注重协调项目各个方面的变化

5. 项目整体管理的主要过程包括(　　)。

A. 项目整体管理计划编制　　B. 项目整体管理计划执行

C. 项目整体管理变更控制　　D. 项目整体管理计划控制

6. 项目变更的主要原因有(　　)。

A. 关于可交付成果的新信息

B. 项目经理的更换

C. 最初评估的项目目标发生失误

D. 项目团队中关键成员的更换

练习与思考

1. 项目整体管理的概念和内容有哪些？

2. 项目整体管理计划的作用有哪些？

3. 简述项目整体管理计划的编制依据。

4. 简述执行项目整体管理计划的工作内容。

第3章

项目范围管理

主要内容

- 概述
- 项目启动
- 项目范围规划
- 项目范围定义
- 项目范围确认
- 项目范围控制

学习目标

理解项目范围和项目范围管理的定义；了解项目范围管理包括的工作过程；了解项目范围管理的作用；了解项目启动、项目范围规划、项目范围定义、项目范围确认和项目范围控制五个工作过程的依据和结果；掌握各个工作过程使用的工具和方法。

3.1　概述

项目组织要想成功地完成一个项目，在明确了该项目的预定目标后，必须开展一系列的工作或活动，这些必须开展的工作或活动就构成了项目的工作范围。项目管理的首要工作就是进行项目范围管理。

3.1.1　项目范围和项目范围管理

项目范围(Project Scope)是指为了成功地实现项目目标所必须完成的全部且最少的工作。其中，“全部”是指实现该项目目标所进行的“所有工作”；“最少”是指完成该项目目标所规定的“必要的、最少量”的工作。项目范围一般包括项目产品范围和项目工作范围两个方面。项目产品范围是一个产品或一项服务的特征和功能说明；项目工作范围是完成一个项目并且实现项目目标和获得项目产品所必须进行的全部工作说明。只有将项目产品范围和项目工作范围有机地结合起来，才能确保为客户提供满意的项目工作成果。

项目范围管理(Project Scope Management)实质上是一种功能管理，它是对项目所要完成的工作范围进行管理的一系列过程和活动，如启动一个新项目、编制项目范围计划、界定项目范围、由项目干系人确认项目范围、对项目范围进行控制等。

项目范围管理主要通过以下步骤实现：

(1) 把客户的需求转变为对项目产品的定义。

(2) 根据项目目标与产品分解结构，把项目产品的定义转化为对项目工作范围的说明。

(3) 通过工作分解结构，定义项目工作范围。

(4) 项目干系人认可并接受项目范围。

(5) 授权与执行项目工作，并对项目进展进行控制。

图3-1说明了项目范围管理的工作过程。

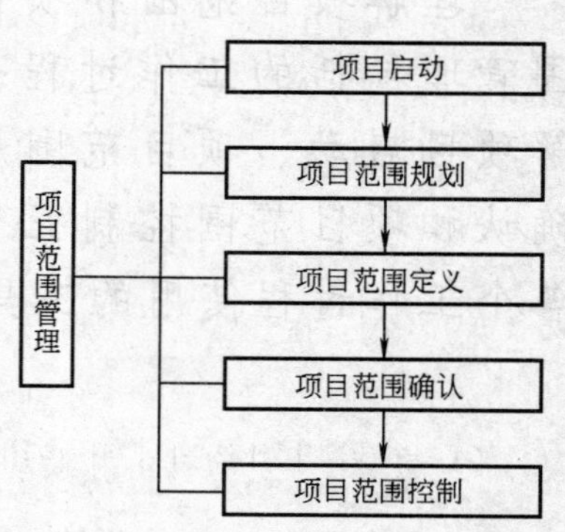

图3-1　项目范围管理的工作过程

需要说明的是尽管图3-1对每个独立的工作过程作了明确的界定，但在实践中它们是以各种形式重叠并相互影响的。

3.1.2　项目范围管理的作用

项目范围管理在项目管理中具有十分重要的作用：

(1) 为项目实施提供工作范围的框架。项目范围管理最重要的作用就是为项目实施提供了一个项目工作范围的边界和框架，并通过该边界和框架规范项目组织的行动，在澄清了项目工作范围和条件之后，就可以避免一些不必要的工作。

(2) 提高资金、时间、人力和其他资源估算的准确性。项目的具体工作内容明确以后，项目组织就可以依据各项具体工作来规划其所需的资金、时间、人力和其他资源，这样对整体和各项工作的需求估计就准确多了。

(3) 便于对项目的实施进行有效的控制。项目范围是项目计划的基础，项目范围确定了，就为项目计划的执行和控制确定了基准，从而可以采取相应的纠偏措施。

(4) 有助于清楚地分派任务。一旦项目范围界定了，也就确定了项目的具体工作任务，为进一步明确项目团队成员的责任和分派任务奠定了基础。

3.2　项目启动

3.2.1　项目启动的含义

项目通过可行性研究之后，项目发起人(或客户)的需求即由一个概念变成了一个具体的、可行的项目方案，此刻就可以正式启动项目了。

项目范围管理中的启动(Initiation)具有两层含义：第一层含义是正式启动一个新项目；第二层含义是确定一个既存项目是否可以进入下一个项目阶段。项目的启动可以是正式的，也可以是非正式的。正式的项目启动要进行一系列正规的可行性研究；非正式的项目启动工作相对简单，在项目的构思初步形成之后，几乎不需要进行任何正式的可行性研究就可以直接进入项目的规划和设计阶段。非正式启动通常适用于组织内部的一些小型项目。

项目启动的标志包括：

(1) 任命项目经理，开始组建项目团队。

(2) 颁发项目章程。项目章程正式授权一个项目的存在并向项目经理授予在项目活动中使用资源的权力。项目章程也可称为项目许可证书，它通常是由项目组织以外的负责人或者高级管理层颁发，项目章程一般是在项目可行性研究完成后发布的。

项目章程通常包括项目概况、目标、可交付成果、项目发起人（客户）需求、资源、成本估算和可行性研究等方面的内容；还包括任命项目经理、指定项目团队成员并明确其主要职责。完备的项目章程可以使项目干系人事先避免许多在项目初期及随后可能出现的问题。经过签发的项目章程表明项目章程已由在其上签名的项目发起人、高层管理人员以及其他的重要项目干系人审阅过，并且同意和支持该项目。在一般情况下，项目章程是由项目经理编写的，但必须由项目经理以外的高层管理人员来公布，并且应将其分发给相关的项目干系人。

项目启动的主要工作如表 3-1 所示。

表 3-1　项目启动的主要工作

依　据	工具和方法	结　果
项目目的 成果说明 企业战略目标 项目选择的标准 历史资料	项目方案选择的方法 专家判断法	项目章程 项目说明书 项目经理选派 项目制约因素的确定 项目假设条件的确定

3.2.2　项目启动的依据

（1）项目目的。项目目的是指项目发起人期望项目结束时所能够实现的项目结果，明确项目的目的是项目成功的重要保证。项目团队应该根据自身条件以及资源的获取能力，对能否实现项目目的、满足客户需求作出客观、合理的判断。

（2）成果说明。成果说明是对项目所要完成的成果的特征和功能进行说明的文件。成果说明的主要内容包括：产品的特点、产品同项目目的之间的关系以及为什么要实施该项目、获得该产品等。成果说明并非一成不变，随着项目的进行，项目成果的轮廓以及各项功能的定位日趋明确，成果说明需要逐步细化，甚至会随项目环境和实施情况的变化而相应变更，但是这种变更要经过客户和项目团队的一致认可。启动阶段的成果说明对支持项目计划编制有重要作用，也是下一步工作的基础文件。

（3）企业战略目标。所有项目都要服从企业的整体战略目标，项目选择要以公司的战略目标为决策标准。项目组织从事的一切活动都要以实现其战略目标为中心。

（4）项目选择的标准。项目的备选方案可能不止一个，这就需要建立一套评价体系作为选择方案的标准。项目选择的标准一般根据项目最终成果的性质和客户的要求来决定，同时还要考虑经济效益、社会效益以及项目环境等。

（5）历史资料。项目团队在启动一个项目时，应该充分借鉴以前项目选择和决策的历史资料以及以前项目执行情况的资料，为此项目的选择和决策提供参考。

3.2.3　项目启动的方法

项目启动的方法有很多，在此主要介绍其中几种，即净现值法、内部收益率法、投资回收期法、要素加权分析法、效益分析法和层次分析法等。

1. 净现值法

净现值（NPV，Net Present Value）是指特定方案未来现金流入的现值与未来现金流出的现值之间的差额。按照净现值法，所有的未来现金流入和流出都要按规定的贴现率折算为现值，然后再计算其差额。计算净现值的公式为

$$NPV = \sum_{t=0}^{n} NCF_t \frac{1}{(1+i_0)^t} = \sum_{t=0}^{n} (CI - CO)_t \frac{1}{(1+i_0)^t} \tag{3-1}$$

式中，NPV 为净现值；NCF_t 为第 t 年的净现金流量；$(CI-CO)_t$ 为第 t 年的现金流入量与现金流出量之差，即第 t 年的净现金流量；i_0 为期望的投资收益率或贴现率。

如果净现值为正数，那么该项目的投资报酬率大于预定的贴现率；如果净现值为零，那么该项目的投资报酬率等于预定的贴现率；如果净现值为负数，则该项目的投资报酬率小于预定的贴现率。只有净现值大于或等于零的项目才可取。当用于不同项目方案之间的比较且对项目的投资额没有限定时，则应选择净现值较大的项目。

2. 内部收益率法

内部收益率法（IRR，Internal Return Rate）是根据方案本身的报酬率来评价方案优劣的一种方法。所谓内部收益率，是指能够使未来现金流入量现值等于未来现金流出量现值的贴现率，也就是使方案的净现值为零的贴现率。

计算内部收益率的公式为

$$NPV = \sum_{t=0}^{n} NCF_t \frac{1}{(1+i)^t} = 0 \quad (3\text{-}2)$$

根据式(3-2)计算出来的 i 即项目的内部收益率。

内部收益率揭示了方案本身可以达到的具体报酬率的大小。如果内部收益率大于或等于规定的贴现率，则项目是可行的；如果内部收益率小于规定的贴现率，则项目不可行。

3. 投资回收期法

静态投资回收期(PP, Payback of Period)是指回收全部投资的时间，通常用年来表示。它是反映项目投资回收能力的重要指标，其计算公式如式(3-3)所示。

$$\sum_{t=1}^{P_t} (CI - CO)_t = 0 \quad (3\text{-}3)$$

式中，t 的数值即为项目的投资回收期。

如果投资回收期小于基准的投资回收期，则项目可行。投资回收期越短，投资回收的就越快，项目的风险也就越小。

例如，A 项目的现金流量数据如表 3-2 所示。

表 3-2 A 项目的现金流量表 (单位：万元)

年度	初始投资（现金流出 CO）	年收入（现金流入 CI）	净现金流量（$NCF = CI - CO$）	累计净现金流量（$\sum NCF$）
0	1500	0	-1500	-1500
1		200	200	-1300
2		300	300	-1000
3		400	400	-600
4		600	600	0
5		500	500	500
6		400	400	900
7		300	300	1200

根据表 3-2，我们可以得出该项目的投资回收期是 4 年。同时，我们应该注意的是，用投资回收期来进行项目的选择有一定的局限性。投资回收期

没有考虑到回收期以后的现金流量情况。假设B项目前4年的净现金流量和初始投资均与A项目相同，但其在后3年却比A有更多的净现金流量。这时，运用投资回收期法就无法判别两者孰优孰劣。虽然A、B项目的投资回收期都是4年，但显然B项目比A项目好。

上面所计算的是项目的静态投资回收期，即没有考虑资金时间价值。动态投资回收期考虑了资金时间价值，各年现金流量现值的累计和为零的年限即动态的投资回收期。其计算公式如式(3-4)所示。

$$\sum_{t=1}^{P_t}(CI-CO)_t\frac{1}{(1+i_0)^t}=0 \tag{3-4}$$

式中，t为动态的投资回收期。

由此可见，动态的投资回收期比静态的投资回收期更为准确，但是计算较为复杂。

4. 要素加权分析法

要素加权分析法也叫选优矩阵法，它首先针对项目设定一系列的评价指标或要素，并给予它们一定的权重，然后对各个要素分别打分，综合分值最高的项目即为最好的方案。

要素加权分析法的步骤如下：

(1) 列出影响项目的重要因素，将所有要素按其重要性大小降序排列。

(2) 根据各要素的重要性给每项要素一个权重数值，一般选用1~5来表示，其中，数字5表示最重要。

(3) 给要素打分，打分时不考虑权重因素。分数最好规定范围，常见的如1~10，1~100等。

(4) 将单项得分与权重相乘，结果填入加权得分栏，再把每个项目的所有加权得分相加，就得出各自总的加权得分，总加权得分最高的项目即为首选项目。

例如，现有三个项目方案A、B、C，采用要素加权分析以后所得结果如表3-3所示。

表3-3　运用要素加权分析法对项目A、B、C的比较

要　素	权重	单项得分			加权得分		
		A	B	C	A	B	C
项目按计划执行的可能性	4	3	2	4	12	8	16
内部收益率	3	4	3	3	12	9	9

（续）

要　素	权重	单项得分			加权得分		
		A	B	C	A	B	C
所含风险大小(5表示最低)	3	3	5	4	9	15	12
项目运营的必要条件	2	4	2	4	8	4	8
总加权得分	—	—	—	—	41	36	45

从表3-3中可以看出，C方案得分最高，是三者中最可行的方案；但实际中是否选择C方案则需客户根据实际情况或市场情况来决定。

5. 效益分析法

效益分析法是一种将项目所涉及的全部成本和收益系统地进行权衡的方法。在进行效益分析时，首先要衡量项目的收益和成本，然后才能评估其经济效益。将收益和成本进行比较并对它们进行关联研究都属于效益分析的范畴。

$$效益=f(收益,成本) \tag{3-5}$$

一般来说，效益的表达式有如下几种：

$$经济效益=收益-成本 \tag{3-6}$$

$$经济效率=\frac{收益}{成本} \tag{3-7}$$

由式(3-6)、式(3-7)可知，经济效益是投资的总体效果，经济效率是投资的单位效果。只有当项目方案经济效益大于0或经济效率大于1，即收益大于成本时，项目才具有可行性。如果一个项目方案的经济效益和经济效率在众多方案中都是最大的，那么毫无疑问应该选择该项目。但是在很多情况下，项目的总体投资效果和单位投资效果往往是不一致的。例如现有A、B两个项目方案，A项目的收益为60万元，成本为20万元；B项目的收益为120万元，成本为60万元。运用效益分析进行项目选择时，可以得出A项目的经济效益为40万元，经济效率为3；B项目的经济效益为60万元，经济效率为2。A项目的经济效率较大，而B项目的经济效益较大，两个评价指标发生了冲突，这时应如何进行项目选择呢？通常在资金较为贫乏的情况下，我们应选择经济效率较大的项目，即A项目；在资金较为充裕的情况下，就应选择经济效益较大的项目，即B项目。

6. 层次分析法

层次分析法(AHP, Analytic Hierarchy Process)是美国运筹学家Satty教授于20世纪80年代提出的一种实用的多方案或多目标的决策方法。该方法自

1982 年被介绍到我国以来，以其能定性与定量相结合地处理各种决策因素的特点，以及其系统灵活简洁的优点，迅速地在我国社会经济各个领域内得到了广泛的应用，如能源系统分析、城市规划、经济管理、科研评价等。

层次分析方法的基本思路是：首先将所要分析的问题层次化，根据问题的性质和所要达到的总目标，将问题分解成不同的组成因素；其次按照因素间的相互关系及隶属关系，将因素按不同层次聚集组合，形成一个多层分析结构模型；最终将其归结为最低层（方案、措施、指标等）相对于最高层（总目标）相对重要程度的权值或相对优劣次序的问题。

3.2.4　项目启动的结果

（1）项目章程。项目章程就是正式承认项目存在的文件，它可以是一个专门的文件，也可以是企业需求说明书、成果说明书、签订的合同等替代文件。项目章程赋予了项目经理利用企业资源、从事其有关活动的权力。项目章程是由项目的客户或者项目团队所属的上级领导组织的决策者签发的。

（2）项目说明书。项目说明书是说明项目总体情况的文件，主要包括项目的实施动机、项目目的、项目总体情况的相关描述、项目经理的责任和权利等。

（3）项目经理选派。项目应该尽早选定项目经理并且在计划开始前指派到位。优秀的项目经理是项目成功的关键因素。项目经理既可以来自于企业内部，也可以来自于职业项目经理人市场，还可以由咨询公司推荐。在选派项目经理的同时，还要明确项目经理的责、权、利，并建立适当的激励和约束机制。

（4）项目制约因素的确定。制约因素就是限制项目团队行动的因素，例如项目的预算将会限制项目团队的人员配备和进度安排等。

（5）项目假设条件的确定。制定项目计划时一般会假设某些因素是真实和符合现实的，这些因素就是假设条件。作项目计划时，一般假定项目所需的资源都会及时到位，但是现实情况可能不会这么理想，因此，假设条件通常包含一定的风险。

3.3　项目范围规划

一般认为，项目范围规划（Project Scope Planning）就是以项目的实施动机为基础，确定项目范围并编写项目范围说明书的过程。项目范围说明书

(Project Scope Statement)说明了项目的目的、项目的基本内容和结构，规定了项目文件的标准格式。其形成的项目结果核对清单既可作为评价项目各阶段成果的依据，也可作为项目计划的基础。项目范围说明书是项目团队和项目客户之间对项目的工作内容达成共识的结果。

项目范围规划的主要工作如表3-4所示。

表3-4　项目范围规划的主要工作

依　据	工具和方法	结　果
项目章程 项目说明书 项目经理选派 项目制约因素的确定 项目假设条件的确定	成果分析 项目方案识别技术 专家判断法	项目范围说明书 项目范围管理计划

3.3.1　项目范围规划的依据

项目范围规划的依据就是项目启动的结果，即项目章程、项目说明书和项目假设条件的确定等，在此不再赘述。

3.3.2　项目范围规划的工具和方法

(1) 成果分析。成果分析可以加深对项目成果的理解，它是从项目产品的功能和特性着手分析，反向推导项目的工作范围，目的是使项目团队更明确项目范围，减少不必要的工作。对项目成果进行分析时，可以综合运用不同的分析方法，例如系统工程、价值工程、功能分析等技术方法，以达到指导制定项目范围计划的目的。

(2) 项目方案识别技术。项目方案识别技术一般是指用于提出项目目标方案的所有技术，如头脑风暴法，目的是针对项目的每个问题提出尽可能多的备选方案，在此注重的是方案的数量而不是方案的质量。将所有备选方案都记录下来以后，再运用各种经济评价方法，找出最佳方案，从而根据该方案制定项目的范围计划。

(3) 专家判断法。专家判断法即利用各领域的专家来帮助项目团队制定范围计划。专家可以是来自各领域的具有专业知识和技能的人员，也可以是来自咨询公司、行业协会等的专业人士。

3.3.3　项目范围规划的结果

1. 项目范围说明书

项目范围说明书是项目未来实施的基础，它有助于项目干系人之间达成共识。项目范围说明书一般包括以下内容：

（1）项目的合理性说明，即说明为什么要进行该项目。

（2）项目的可交付成果。

（3）项目成果的定量标准，包括成本、进度、技术性能和质量标准。

（4）项目目标的实现程度，项目是一个创新性的活动，因此这个程度不是一成不变的，而是随项目的实施进展和外界环境的变化发生相应的变动。

（5）辅助说明，包括已识别的假设条件和制约因素等。

2. 项目范围管理计划

范围管理计划描述了对项目范围如何定义、确认和控制，项目范围如何变更等问题。该文件包括以下内容：

（1）说明项目范围的定义、确认和控制结果。

（2）说明如何进行项目范围变更。

（3）对项目范围的稳定性进行评价，即项目范围变化的可能性、频率和幅度。

项目在启动时，项目团队和客户就应对项目范围变更的显著性水平作出明确的界定。例如项目团队和客户约定项目成本计划只允许有20%的偏差，那么如果实际成本已经超过计划成本的30%，并且没有任何挽救的可能，这时项目计划就应进行相应的调整，项目的范围也需随之变更。

3.4　项目范围定义

项目范围定义（Project Scope Definition）即定义项目的范围，也就是把项目的最终可交付成果划分为更小的、更加容易管理的组成部分。为了达到项目目标，首先需确定所要完成的具体任务。在项目范围计划中，对这些任务进行了概括说明；在项目范围定义中，要将这些任务逐步细化，直至落实到完成它的每一个人或每一个小组。项目范围定义不仅要力求准确、细致，而且要有利于项目资源的合理调配和成本的估算。

范围定义是通过任务分解实现的，任务分解就是把笼统的、不能具体操作的任务细分成较小的且易控制的、包含具体细节的可操作性强任务。任务分解有助于提高项目成本、进度和资源估算的准确性，有助于评价项目的执行和资源的有效分配情况，便于项目团队成员明确自己的职责。

项目范围定义的主要工作如表3-5所示。

表3-5　项目范围定义的主要工作

依　据	工具和方法	结　果
项目范围说明书 项目范围管理计划 历史资料	工作分解结构	项目工作分解结构图 项目工作分解结构词典

3.4.1　项目范围定义的依据

项目范围定义的依据包括项目范围说明书、项目范围管理计划和可供参考的历史资料等。项目范围定义的依据也就是项目范围计划的结果，在此不再赘述。

3.4.2　项目范围定义的工具

工作分解结构（WBS，Work Breakdown Structure）是一种为了便于管理和控制而将项目工作分解的技术，是项目管理中最有价值的工具之一，是制定项目进度计划、项目成本计划等多个计划的基础。它将需要完成的项目按照其内在工作性质或内在结构划分为相对独立、内容单一和易于管理的工作单元，从而有助于找出完成项目工作范围所有的任务。工作分解结构把项目目标细化为许多可行的，逐步细化的，并且是相对短期的任务。

一旦项目的目标制定以后，就必须确定为达到目标所需要完成的具体任务，即定义项目的工作范围。这就要求必须制定一份该项目所有活动的清单。但是，对于比较大的或比较复杂的项目而言，活动清单难免会遗漏一些必要的活动，这时，工作分解结构将是一个比较好的解决方法。

举一个简单的小例子。如果项目的具体目标是“包饺子”，则有如下几项工作要做：“准备饺子馅”和“准备饺子皮”；“准备饺子馅”又可以细分为“买肉馅”、“准备菜”和“准备调料”；“准备菜”又可以分为“买菜”和“切菜”。至此，再往下分就没有任何意义了。这种技术被称为工作分解结构，如图3-2所示。

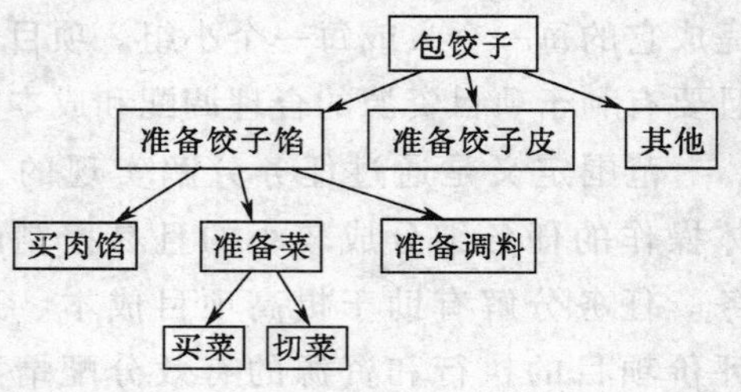

图3-2　包饺子的工作分解结构

在此，我们从WBS的作用、分解原则、分解步骤、工作包和编码等五个方面展开讨论。

1. 工作分解结构的作用

（1）把项目分解成具体的活动，定义具体工作范围，让相关人员清楚了解整个项目的概况，对项目所要达到的目标形成共识，以确保不漏掉任何重要的事项。

（2）通过活动的界定，按照项目活动之间的逻辑顺序来进行项目的实施。这有助于制定完整的项目计划。

（3）通过项目分解，为制定完成项目所需要的技术、人力、时间和成本等质量和数量方面的目标提供基准。

（4）通过活动的界定，就能很明显地使项目团队人员知道自己的责任和权利，从而对项目应当承担和不应当承担的责任有明确的划分。

2. 工作分解结构的分解原则

（1）对项目的各项活动按实施过程、产品开发周期或活动性质等分类。

（2）在分解任务的过程中不必考虑工作进行的顺序。

（3）不同的项目分解的层次不同，不必强求结构对称。

（4）把工作分解到能以可靠的工作量估计为止。

（5）在确定最低一级的具体工作时，应能分配给某个或某几个人具体负责。

3. 工作分解结构的分解步骤

工作分解结构的分解步骤具体如下：按照项目范围的大小从上到下逐步分解的，首先由项目分解得到子项目，再由子项目得到任务，再由任务得到工作包，继续逐层分解，最终分解得到项目全部工作包，并由此最终定义出一个项目的范围。工作分解结构的框架如图3-3所示。

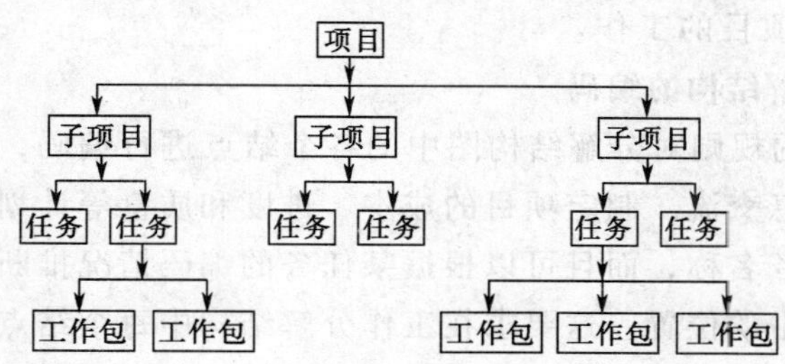

图3-3　工作分解结构框架图

进行工作分解结构分解时必须清楚：要完成该项目必须完成哪些主要活动？完成这项活动，必须要完成哪些具体子任务？在从上往下排列的过程中，工作分解结构的每一层都变得更为具体，最终形成一个类似树状的组织结构。

4. 工作包

工作包是完成项目目标所要完成的相关工作活动的集合，为项目控制提供充分和合适的管理信息。它是工作分解结构的最底层。建立有效工作包的原则如下：

(1) 工作包应该是可确定的、特定的、可交付的独立单元。

(2) 工作包中的工作责任应落实到具体的单位或个人。

(3) 工作包的大多数工作应该适用相同的工作人员，从而提高人员之间的沟通。

(4) 工作包应与特定的 WBS 单元直接相关，并作为其扩延。

(5) 工作包单元的周期应是最短周期。

(6) 应明确本工作包与其他工作包之间的关系。

(7) 能确定实际的预算和资源需求。

在完成了一个项目的工作分解结构以后，还必须认真检验和验证项目工作分解结构的正确性。在检验项目工作分解结构的正确性时需要回答下列问题："为完成整个项目，现在分解给出的项目工作包是必要和充分的吗？"如果不是，则必须修改、增删或重新定义项目的工作分解结构；"现在分解得到的每个工作包都已经界定清楚和完整了吗？"如果不是，则必须修改、增删或重新识别、分解与界定这些工作包；"现在分解得到的每个工作包是否都能够列入项目工期计划和预算计划？是否每个工作都有具体的责任单位负责实施？"如果不是，就必须重新修订或重新识别与界定项目的工作。

5. 工作分解结构的编码

运用特定的规则对分解结构图中的各个结点进行编码，可简化项目实施过程中的信息交流。制定项目的成本、进度和质量等计划时不但可以利用编码代表任务名称，而且可以根据某任务的编码情况推断出该任务在工作分解结构图中的位置。这要求在工作分解结构中每个结点的编码保持唯一性。

工作分解结构的编码的方法有多种，最常见的方法是利用数字进行编码。下面以一个 4 层的工作分解结构为例来说明其如何编制。

第 1 层编码为 1000；

第 2 层编码为 1100、1200、1300……

第 3 层编码为 1110、1120、1130……

第 4 层编码为 1111、1112、1113……。

6. 某公司制造机器人项目的工作分解结构图和编码图实例

制造机器人项目的工作分解结构如图 3-4 所示。

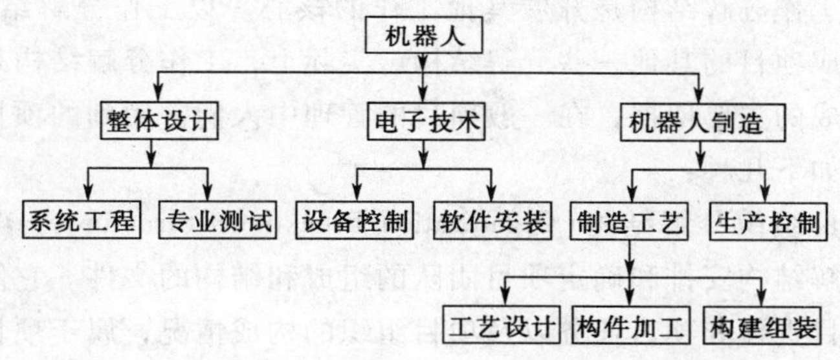

图 3-4 制造机器人项目的工作分解结构图

制造机器人项目的工作分解结构图编码如图 3-5 所示(编码在括号里表示)。

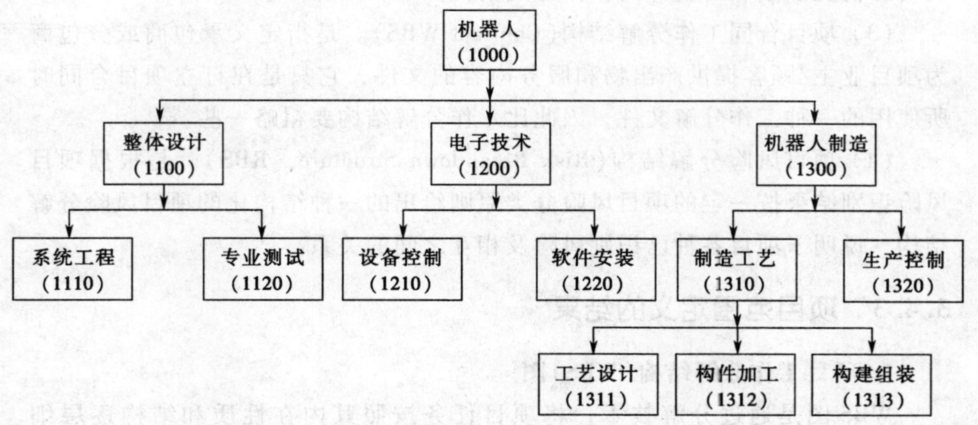

图 3-5 制造机器人项目的工作分解结构编码图

需要注意的是，任何项目不是只有一种正确的工作分解结构，可能一个项目会有多种可行的项目工作分解结构。决定一个项目工作分解结构的详细程度和层次多少的因素包括：为完成一个项目工作包而分配给一个群体或个人的责任与这些责任者的能力，在项目实施期间管理和控制项目预算、监控和收集成本数据的要求水平等。通常，项目责任者的能力越强，项目的工作结构分解就越可以粗略一些、层次少一些；反之就需要详细一些、层次多一些。而项目成本和预算的管理控制要求水平越高，项目的工作结构分解就越可以粗略一些、层次少一些；反之就需要详细一些、层次多一些。因为项目工作分解结构越详细，项目就会越容易管理，要求的项目管理能力就会相对低一些。

此外，工作分解结构是开展其他工作的核心。以工作分解结构为基础，由此可以生成项目的其他一些分解结构。实际上，工作分解结构是项目其他分解结构形成的主要依据，在一般项目的管理中人们常用到的项目其他分解结构主要有如下几种：

（1）项目组织分解结构（Organization Breakdown Structure，OBS）。是指根据工作分解结构安排和确定项目团队的组成和结构的文件。它侧重于描述如何分配项目责任和项目任务以及项目组织的构成情况，属于项目组织管理文件。

（2）项目资源分解结构（Resource Breakdown Structure，RBS）。是对项目各项活动所需资源的进行分解的结构，说明了项目在实施各项活动中应得到的资源情况以及项目资源的整体分配情况。

（3）项目合同工作分解结构（Contract WBS）。是指定义承包商或分包商为项目业主/顾客提供产出物和服务内容的文件，它只是在订立项目合同时所使用的一种工作分解文件，因此比工作分解结构要粗略一些。

（4）项目风险分解结构（Risk Breakdown Structure，RBS）。是根据项目风险识别结果按一定的项目风险分类原则给出的一种结构化的项目风险分解结构，说明了项目各种已识别风险及相互之间的关系。

3.4.3　项目范围定义的结果

1. 项目工作分解结构（WBS）图

WBS图是通过分解技术，将项目任务按照其内在性质和结构逐层细化而形成的示意图，呈分级树形结构。该图涵盖了项目的所有工作任务，即确定了项目的整个范围，直观地说明了每个独立的工作任务在项目中的地位。

2. 项目工作分解结构词典

项目工作分解结构词典(WBSD,Work Breakdown Structure Dictionary)。是对项目工作分解结构进行说明的文件，它详细说明了工作分解结构中所有工作包相互之间以及和项目可交付成果之间的关系。一般来讲，项目工作分解结构词典应该包含如下基本信息：工作细节、前期工作投入、工作产出、人员计划安排、持续时间、需要的资源、紧前和紧后工作等。

3.5 项目范围确认

项目范围确认(Project Scope Verification)是指项目干系人最终认可和接受项目范围的过程。在范围确认工作中，要对范围定义的工作结果进行审查，确保项目范围包含了所有的工作任务。项目范围确认既可以针对一个项目的整体范围进行确认，也可以针对某个项目阶段的范围进行确认。项目范围确认要审核项目范围界定工作的结果，确保项目工作分解结构只包括所有必需的工作而剔除一切与实现目标无关的工作，以保证项目范围的准确。

项目范围确认的主要工作如表3-6所示。

表3-6 项目范围确认的主要工作

依　据	工具和方法	结　果
工作成果 成果说明 项目范围说明书 项目范围管理计划 项目工作分解结构图	项目范围的核检表 项目工作分解结构核检表	对项目范围定义工作的接受

3.5.1 项目范围确认的依据

项目范围确认的依据主要有：

(1) 工作成果，即项目可交付成果的情况，反映了项目按计划执行的实际情况。

(2) 成果说明，即对项目成果的全面描述，如项目规格书、项目技术文件或项目图样等。

(3) 项目范围说明书。

(4) 项目范围管理计划。

(5) 项目工作分解结构图。

3.5.2 项目范围确认的工具

项目范围确认的常用工具有如下两张核检表，即项目范围的核检表和项目工作分解结构核检表。实践证明它们在项目范围管理中是十分有效的。

1. 项目范围的核检表的主要内容

(1) 项目目标是否完整和准确。

(2) 项目目标的衡量标准是否科学、合理和有效。

(3) 项目的约束条件、限制条件是否符合实际。

(4) 项目的假设前提是否合理，不确定性的程度是否较小。

(5) 项目的风险大小是否可以接受。

(6) 项目成功的把握是否很大。

(7) 项目的范围界定是否能够保证上述目标的实现。

(8) 项目范围所能产生的收益是否大于成本。

(9) 对项目范围界定是否需要进一步开展辅助性研究。

2. 项目工作分解结构核检表的主要内容

(1) 项目目标描述是否清楚明确。

(2) 项目产出物的各项成果描述是否清楚明确。

(3) 项目产出物的所有成果是否都是为实现项目目标服务的。

(4) 项目的各项成果是否以工作分解结构为基础。

(5) 项目工作分解结构中的工作包是否都是为形成项目某项成果服务的。

(6) 项目目标层次的描述是否清楚。

(7) 项目工作分解结构的层次划分是否与项目目标层次的划分相统一。

(8) 项目工作、项目成果与项目目标之间的关系是否一致。

(9) 项目工作、项目成果、项目分目标和项目总目标之间的逻辑关系是否正确、合理。

(10) 项目目标的衡量标准是否有可度量的数量、质量或时间指标。

(11) 项目工作分解结构中的工作是否有合理的数量、质量和时间度量指标。

(12) 项目目标的指标值与项目工作绩效的度量标准是否匹配。

(13) 项目工作分解结构的层次分解是否合理。

(14) 项目工作分解结构中各个工作包的工作内容是否合理。

(15) 项目工作分解结构中各个工作包之间的相互关系是否合理。

(16) 项目工作分解结构中各项工作所需的资源是否明确、合理。

(17) 项目工作分解结构中各项工作的考核指标是否合理。

(18) 项目工作分解结构的总体协调是否合理。

另外还有其他的确认项目或者各个阶段可交付成果的方法，如观察法、测量法、测试法和检验法等，在此不再一一介绍。

3.5.3 项目范围确认的结果

项目范围确认的结果即对项目范围定义工作的接受，同时还要编制经项目干系人确认并接受的项目范围定义和项目阶段性工作成果的正式文件。这些文件应该分发给有关的项目干系人。如果项目范围没有通过项目干系人核查，则项目宣告终止。

3.6 项目范围控制

在执行项目时，进度、成本、质量以及客户需求等各种因素的变化都会导致项目范围的变化；同时，项目范围的变化或许又会要求上述各方面作出相应的调整。因此，必须对项目进行整体的控制和管理。项目范围控制(Project Scope Control)是指为使项目朝着目标方向发展而对某些因素进行调整，所引起的项目范围变化的过程。以及当项目范围发生变化时，采取相应的策略和方法对其予以处理的过程。

项目范围控制的主要工作如表3-7所示。

表3-7　项目范围控制的主要工作

依　据	工具和方法	结　果
项目工作分解结构 项目执行情况报告 项目范围的变更申请 项目范围管理计划	项目范围变更控制系统 绩效测量 范围计划调整	范围变更文件 纠正措施文档 经验教训文档 调整后的基准计划

3.6.1 项目范围控制的依据

1. 项目工作分解结构

项目工作分解结构是确定项目范围的基准，它定义了完成项目所需的所有工作任务。如果实际工作超出或没有达到工作分解结构的要求，就认为项目的范围发生了变化。这时，就要对工作分解结构进行修改和调整。

2. 项目执行情况报告

项目执行情况报告包括两部分：一是项目的实际完成情况；二是项目范围、进度、成本和资源变化的有关情况。执行情况报告还能使项目团队注意到一些在未来可能会导致项目范围变化的因素。

3. 项目范围的变更申请

项目范围的变更申请是指对扩大或缩小项目的范围所提出的申请。项目范围的变更申请可以采取很多形式，如口头的或书面的、直接的或间接的、从内部开始的或从外部开始的等。

4. 项目范围管理计划

项目范围管理计划对如何控制范围的变化作了规定。它可以是正式计划或非正式计划，也可以是详细性描述或是基于项目需要的大致约定。

3.6.2　项目范围控制的工具和方法

1. 项目范围变更控制系统

项目范围变更控制系统规定了项目范围变更的基本控制程序、控制方法和控制责任等，它包括范围文件系统、项目执行跟踪系统、偏差系统、项目范围变更申请和审批系统等。在项目执行过程中，要对项目的进展情况进行监控，对实际与计划之间的偏差进行分析，如果出现不利于项目目标的完成的偏差，就要及时采取纠偏措施。项目范围的变更会引起成本、进度、质量等项目目标的变化，因此，范围变更控制系统应该与项目的其他变更控制系统相结合，从而对项目进行整体管理。

2. 绩效测量

绩效测量技术可以帮助项目团队评估发生偏差的程度，分析导致偏差的原因，并且作出相应的处理，一般包括偏差分析、绩效审查、趋势分析等技术。

3. 范围计划调整

项目的范围随时都有可能发生变化，很少有项目能按其初始计划运作，因此就要根据范围的变动来随时调整、补充原有的工作分解结构图，并以更改后的工作分解结构图为基础，调整、确定新的项目计划，然后根据新的项目计划，对项目范围的变更进行控制。

3.6.3　范围控制的结果

1. 范围变更文件

范围变更经常会涉及成本、进度、质量和其他项目目标的调整。项目范围变更一旦确定，就要对有关的项目文件进行更新，并将项目范围变更的信息和相应的文件及时通知或发送给项目干系人。

2. 纠正措施文档

为了完成预定的项目目标，项目团队要对执行过程中的偏差采取有效的纠正措施，并形成纠正措施文档。纠正措施有两种情况：一是根据项目的实际执行情况，采取措施消除偏差的影响，使项目的进展情况与计划相一致；二是根据经过审批后的项目范围变更要求采取相应的纠正措施。

3. 经验教训文档

项目范围变更后，项目团队要把各种变更的原因、选择纠正措施的理由以及从范围变更控制中得出的经验教训等以书面的形式记录下来，将其作为历史资料的一部分，并为项目团队继续执行该项目以及今后执行其他项目提供参考。

4. 调整后的基准计划

项目范围变更后，必须根据范围变更文件相应地修改项目的基准计划，从而反映已批准的变更，并作为未来范围控制的新基准。

本 章 小 结

本章详细介绍了项目范围管理的概念及工作过程，主要包括以下内容：

第1节，由项目范围的概念，引出项目范围管理的定义。项目范围管理是一种功能管理，它是对项目所要完成的工作范围进行管理的一系列活动。然后介绍了项目范围管理的步骤及作用。

第2节，首先从项目启动的两层含义入手，阐述了项目启动的两个标志（任命项目经理，开始组建项目团队；颁发项目章程）及五个依据（项目目的、成果说明、企业战略目标、项目选择的标准和历史资料）。之后，介绍了项目启动的方法（净现值法、内部收益率法、投资回收期法、要素加权分析法、效益分析法和层次分析法），总结了项目启动的结果。

第3节，项目范围规划是以项目的实施动机为基础，确定项目范围并编写项目范围说明书的过程。具体流程为：根据项目范围规划的依据，运用项目范围规划的工具和方法，得出项目范围规划的结果。

第4节，项目范围定义是通过工作任务分解实现的，项目范围定义就是把项目的最终可交付成果划分为更小的、更加容易管理的组成部分。范围定义的流程为：根据项目范围定义的依据，运用项目范围定义的工具，得出项目范围定义的结果。

第5节，项目范围确认是指项目干系人最终认可和接受项目范围的过程，项目范围确认既可对一个项目的整体范围进行确认，也可对某个项目阶段的范围进行确认。项目范围确认主要工作为：根据项目范围确认的依据，运用项目范围确认的工具，得出项目范围确认的结果。

第6节，项目范围控制是指为使项目朝着目标方向发展而对某些因素进行调整，所引起的项目范围变化的过程。以及当项目范围发生变化时，采取相应的策略和方法对其予以处理的过程。项目范围控制主要工作为：根据项目范围控制的依据，运用项目范围控制的工具和方法，得出项目范围控制的结果。

本章记忆重点：项目范围管理的含义；项目启动；项目范围规划；项目范围定义；项目范围确认；项目范围控制。

自 测 题

一、判断题

1. 项目只能在进行了一系列正规的可行性研究之后才可以启动。(　　)

2. 项目执行时只要出现偏差就要采取纠偏措施。(　　)

3. 项目范围的变化一般不会影响项目的成本、进度、质量或其他项目目标。(　　)

4. 在项目范围定义过程中，要对项目的工作任务进行分解。(　　)

5. 项目范围确认可以针对一个项目整体的范围进行确认，也可以针对某一个项目阶段的范围进行确认。(　　)

6. 项目范围说明书是项目范围定义的工作结果。(　　)

7. 项目章程是由项目经理签发的。(　　)

二、单选题

1. 下列有关项目范围的表述正确的是(　　)。

A. 确定项目施工地点的范围

B. 确定项目干系人和施工地点的范围

C. 确定项目都要做什么工作

D. 确定项目产品的范围

2. 项目范围定义时经常使用的工具是(　　)。

A. 工作分解结构　　B. 需求分析

C. 可行性研究　　D. 网络图

3. 项目范围变更申请可以是(　　)。

A. 口头的或书面的　　B. 直接的或间接的

C. 由外部或内部引发的　　D. 以上各项皆是

4. 项目范围确认关心的是(　　)。

A. 改善项目成本和进度的精确性

B. 检查项目交给客户前的最后活动

C. 记录项目产品或服务的特征

D. 接受而不是纠正项目范围定义的工作结果

5. 一个项目的目标变更已经完成，现在项目经理正在更新项目技术文件，下一步需要做的工作是(　　)。

A. 通知相关的项目干系人

B. 通知公司的管理系统

C. 从该项目的发起人和客户那里得到正式的认可

D. 准备一份业绩报告

三、多选题

1. 项目范围定义对于以下(　　)活动是十分必要的。

A. 项目完工时的评价

B. 改善成本进度及资源估计的准确性

C. 评价项目的执行情况

D. 明确责任分派

2. 下列关于项目范围计划的表述中错误的是(　　)。

A. 项目范围计划提供了范围变更控制的基准

B. 项目范围计划可以提醒项目团队将来可能发生的问题

C. 项目范围计划提供了项目绩效方面的信息

D. 项目范围计划一旦确定，就不能更改

3. 下列选项中属于范围变更控制的工具和方法的是(　　)。

A. 项目范围变更控制系统　　B. 核检表

C. 绩效测量　　D. 范围计划调整

4. 项目范围变更的原因有(　　)。

A. 项目范围计划出现了遗漏　　B. 项目团队提出了新的技术

C. 项目外部环境发生了变化　　D. 客户需求发生了变化

5. 项目范围说明书的内容包括(　　)。

A. 项目的合理性说明　　B. 项目范围的稳定性

C. 项目目标的实现程度　　D. 项目成果的定量标准

练习与思考

1. 项目范围管理的作用有哪些?
2. 简述项目范围管理的过程?
3. 项目范围控制的结果有哪些?

第4章

项目组织与人力资源管理

主要内容

- 项目组织
- 项目人力资源管理

学习目标

理解项目组织结构的三种形式(职能型组织结构、项目型组织结构、矩阵型组织结构)各自的含义及其优缺点;了解项目组织结构选择应考虑的关键因素,理解项目人力资源管理的含义及其特点;了解项目人力资源管理的工作过程;了解项目人力资源规划、项目团队组建、项目团队建设及项目团队管理的依据、工具和方法;了解项目经理的权力、职责及其应具备的素质和能力;掌握编制责任分配矩阵的方法;了解选择项目经理应考虑的因素;了解人员培训的过程;了解人员激励的原则;掌握绩效考核的标准和方法。

4.1　项目组织

项目组织是为完成特定的项目任务而建立起来的从事项目具体工作的组织。项目组织同一般的组织一样，具有相应的组织领导(项目经理)、规章制度(项目章程)、配备人员(项目团队)及组织文化等。项目组织具有临时性、灵活性的特点。

4.1.1　项目组织结构的类型

常见的组织结构类型有职能型组织结构、项目型组织结构和矩阵型组织结构。

1. 职能型组织结构

职能型组织结构(Functional Organization)是一种传统的、松散的项目组织结构，它的出现是社会化大生产、专业化分工的结果。职能型组织结构通过在实施此项目的组织内部建立一个由各个职能部门相互协调的项目组织来完成某个特定项目目标。在这种类型的组织结构中，高层管理者处于组织结构的最顶层，中、低层管理者逐步向下分布，公司按照管理职能划分为生产、财务、营销、人事和研发等若干职能部门，如图4-1所示。

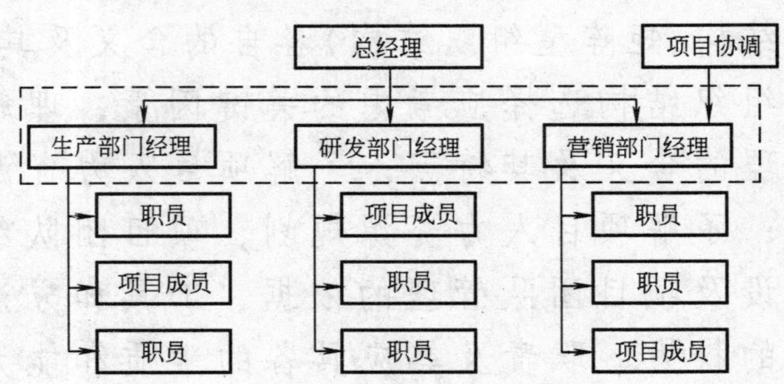

图4-1　职能型组织结构示意图

职能型组织结构主要适用承担内部项目，很少用于承担外部项目。例如，某公司进行的新产品开发项目就可能会采用职能型组织结构。当公司开展该项目时，由各职能部门的职员承担相应的项目任务。营销部门的项目成员负责市场调研，研发部门的项目成员负责设计开发，财务部门的项目成员负责成本核算。通常情况下他们都是兼职的，因为这些职员在完成一定项目任务的同时，还要完成其所属职能部门的任务。项目经理可能是职能部门经理，也可能是某个部门的一般成员，他主要起协调作用，没有足够的权力控制项目的进展，对项目团队成员也没有完全的支配权力。

职能型组织结构具有如下优点：

（1）该组织结构层次清晰，结构分明，每个团队成员都有一个明确的上司。

（2）充分利用公司内部资源，人员使用灵活，可避免人员和设备的重复设置。

（3）该组织结构的部门是按照职能和专业进行划分的，有利于各职能部门的专业人员钻研业务，提高专业技能。

（4）该组织结构为本部门的团队成员日后的职业生涯提供了保障。

职能型组织结构的缺点如下：

（1）项目团队成员属于原来的职能部门，他们都有自己的日常工作，项目不是其活动和关心的重点，从而项目成员可能会因为局部利益而忽视了客户和项目的整体利益，使得这种组织结构具有一定的狭隘性。

（2）项目团队成员通常情况下是兼职的，因此，他们不会主动承担责任和风险。而且，项目团队成员是由职能经理派遣的，具有一定的流动性，导致权责难以明确，给项目团队的管理带来了一定的困难。

（3）项目团队成员来自不同的职能部门，横向联系较少，成员之间可能缺乏合作的经验。

（4）当不同职能部门发生利益冲突且项目经理权力有限难以协调时，可能会影响项目目标的实现。

2. 项目型组织结构

项目型组织结构（Projectized Organization）的部门是按照项目来设置的，每个部门相当于一个微型的职能型组织，每个部门都有自己的项目经理及其下属的职能部门，如图 4-2 所示。项目经理全权管理项目，享有高度的权力和独立性，能够配置项目所需的全部资源，并且对项目成员有直接的管理权力。所有的项目成员都是专职的，当一个项目结束时，团队通常就解散了，团队中的成员可能会被分配到新的项目中去。如果没有新的项目，他们就可能被解雇了。

项目型组织中通常还设有项目管理办公室（PMO）来为各个不同的项目提供服务。项目型组织结构最突出的特点就是“集中决策，分散经营”，也就是说，公司的总部控制着所有部门的重大决策，各部门分别独立完成其承担的项目，这也体现了组织领导方式由集权向分权的转化。项目型组织结构

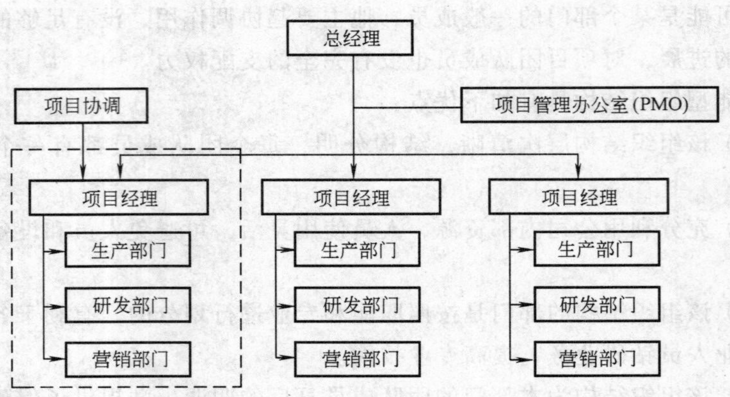

图 4-2　项目型组织结构示意图

由于重复设置，成本较高，所以常在那些投资额大、时间跨度长的大型项目中使用。

项目型组织结构的优点有：

(1) 在项目型组织结构中，项目团队成员不像职能型组织结构中的那样具有双重身份，通常都是专职人员。因此，项目组织较为稳定，而且每个项目成员都有明确的责任，便于项目经理进行统一指挥和管理。

(2) 每个部门都是基于项目而组建的，他们的首要目标就是圆满地完成项目的任务，项目成员都能够明确理解并致力于项目目标，团队精神得以充分发挥。

(3) 项目经理享有最大限度的决策自主权，可以统一协调整个组织的管理工作，而且对客户的需求和公司高层的意图可以作出快捷的响应，从而保证了项目的成功实施。

(4) 项目经理可以避开职能部门直接与高层管理人员沟通，避免了沟通中的信息失真与延误。

项目型组织结构的缺点有：

(1) 每个独立的项目组织都设有自己的职能部门，不利于资源共享，同时由于项目各阶段的工作重点不同，而项目组之间的人力资源又不能相互协调，这样会使项目组成员的工作出现忙闲不均的现象，影响了员工的工作积极性，也造成了人力资源的浪费，导致管理成本较高，资源配置效率低下。

(2) 各项目团队的技术人员往往只注重自身项目中所需的技术，不同的项目团队之间很难共享知识，不利于项目团队成员技术水平的提高。

(3) 项目一旦结束，项目团队成员就有可能失去工作，使得他们缺乏事业上的保障。由于他们担心项目结束后的生计，项目的收尾工作可能会因此被推迟。

3. 矩阵型组织结构

矩阵型组织结构(Matrix Organization)是为了最大限度地利用组织中的资源而发展起来的，它是由职能型和项目型组织结构结合而成的一个混合体。它在职能型组织的垂直层次结构中叠加了项目型组织的水平结构，兼有职能型组织结构和项目型组织结构的特征，如图4-3所示。矩阵型组织结构在职能型组织和项目型组织之间找到最佳耦合，在一定程度上避免了上述两种结构的缺陷，并且发挥它们的优势。

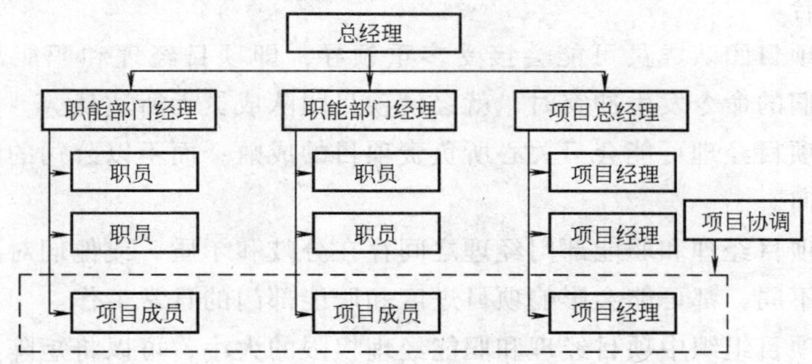

图4-3 矩阵型组织结构示意图

当公司承接项目时，项目总经理挑选一名合格的项目经理，项目经理再根据实际需要，同各个职能部门协商，从中挑选项目所需的人员组成项目团队。项目团队成员的组成并不是一成不变的，而是具有一定的流动性，能够根据职能部门和项目的需要作出调整。当项目结束后，项目经理则回到原来部门，而项目团队成员可回到原来的职能部门，也有可能去其他的项目团队中工作。

在矩阵型组织结构中，项目主要由项目经理来负责项目，职能部门经理只辅助分配人员。项目经理对项目就可以实施更有效的控制，而职能部门经理对项目的影响力则相对弱化。

矩阵型组织结构的优点有：

(1) 矩阵型组织结构具有灵活性的特点，能够对客户和项目的要求作出较快的响应。

(2) 项目经理负责管理整个项目，具有从职能部门抽调所需人员的权力。

（3）当多个项目同时进行时，公司可以对各个项目所需的资源、进度和成本等方面进行总体协调和平衡，保证每个项目都能达到预定的目标。

（4）当项目结束后，项目团队成员可以回到原来的职能部门，不必担心日后的生计。

（5）项目团队中有来自公司行政管理部门的人员，他们能保证项目的规章制度与公司章程保持一致，从而增加公司高层管理者对项目的信任。

矩阵型组织结构的缺点有：

（1）矩阵型组织结构对项目经理的要求较高，项目经理不仅要处理资源分配、技术支持和进度安排等方面的问题，还要懂得如何与各职能部门进行协调和配合。

（2）项目团队成员可能会接受多重领导，即项目经理和职能部门经理等，当他们的命令发生冲突时，就会使项目团队成员无所适从。

（3）项目经理可能会只关心所负责项目的成败，而不以公司的整体目标为努力方向。

（4）项目经理和职能部门经理之间存在分歧和矛盾，或他们对各自成员的影响力不同，都可能会影响项目进度和职能部门的日常工作。

根据项目组织中项目经理和职能经理权限的大小，可以将矩阵型组织结构分为弱矩阵式、平衡矩阵式和强矩阵式三种形式，如图 4-4 所示。平衡矩阵式组织结构处于弱矩阵式组织结构和强矩阵式组织结构之间，此时项目经理与职能经理的权限相当；弱矩阵式组织结构则接近于职能型组织结构，保留了职能型组织结构的许多特征；强矩阵式组织结构更接近于项目型组织结构，具备了项目型组织结构的许多特征。

强矩阵式组织：项目经理的权力 > 职能经理的权力

平衡矩阵式组织：项目经理的权力 ≈ 职能经理的权力

弱矩阵式组织：项目经理的权力 < 职能经理的权力

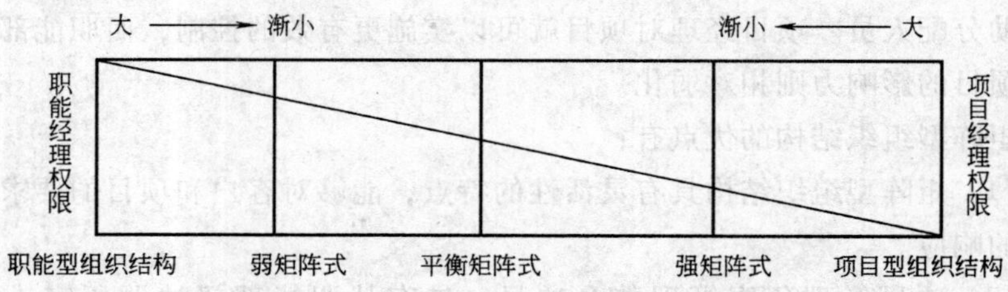

图 4-4　矩阵型组织结构项目经理与职能部门经理权限的变化趋势图

各种项目组织结构及其特征归纳如表4-1所示。

表4-1 各种项目组织结构与其特征的关系

特征＼组织结构	职能型	项目型	矩阵型		
			弱矩阵式	平衡矩阵式	强矩阵式
项目经理的权限	很少或没有	很高甚至全权	有限	小到中等	中等到大
全职人员比例	几乎没有	85%～100%	0～25%	15%～60%	50%～95%
项目经理的投入	兼职	全职	兼职	全职	全职
项目经理的角色	项目协调员	项目经理	项目协调员	项目经理	项目经理
项目管理行政人员	兼职	全职	兼职	兼职	全职

4.1.2 项目组织结构的选择

项目组织结构的选择应该运用权变管理的原理，充分考虑各种项目组织结构的优缺点、项目的具体情况、项目所处的环境和项目的目标等方面的因素。表4-2显示了项目组织结构与关键因素的关系。

表4-2 选择项目组织结构应考虑的关键因素

因素＼组织结构	职能型	项目型	矩阵型
项目风险程度	小	大	大
项目采用的技术	标准	创新性强	复杂
项目复杂程度	小	大	适中
项目持续时间	短	长	适中
项目投资规模	小	大	适中
客户的类型	多	单一	一般
对公司内部的依赖性	弱	强	适中
对公司外部的依赖性	强	弱	适中
时间限制性	弱	强	适中

一般来说，职能型组织结构适用于不确定性程度较低、所用技术标准规范、持续时间较短的小型项目，而不适用于环境变化较大、技术创新性很强的大型项目。因为，环境的快速变化需要各职能部门的紧密配合，职能型组织结构不能满足这一要求。这时应该采用项目型组织结构，因为每个项目都下设了很多职能部门，可以进行有效的协调和配合，来适应环境的变化。同

职能型和项目型组织结构相比，矩阵型组织结构融合了上述两种组织结构的优点，更充分地利用公司的资源，因此适用于技术复杂、风险程度较大的大型项目。

4.2　项目人力资源管理

4.2.1　概述

1. 项目人力资源管理的含义及特点

项目人力资源管理(Project Human Resource Management)是指项目组织对该项目的人力资源所进行的科学的规划、适当的培训、合理的配置、准确的评估和有效的激励等方面的一系列管理工作。人力资源管理的目的在于充分发挥项目团队成员的主观能动性，使他们各尽所能，从而保证项目目标的顺利完成。可利用项目组织分解结构(OBS)进行项目的人力资源管理。

项目的特点决定了项目人力资源管理与一般的人力资源管理具有不同：

(1) 团队性。由于项目的工作是以团队的方式开展的，只有项目团队才能保证在规定时间内，以较低的成本，高效地完成项目目标。因此，在项目人力资源管理过程中，建立一支团结、高效的团队是非常必要的。

(2) 临时性。项目的临时性决定了项目团队的临时性，一旦项目完成，项目团队就要解散。因此项目人力资源管理要针对这一特性，研究如何管理好这一支临时的团队。

(3) 阶段性。项目所处的进展阶段不同，其需要的人力资源在数量和能力方面也都有所不同。因此，项目的人力资源构成要随着项目进展阶段的不同而进行相应的调整。

2. 项目团队的特征及发展阶段

项目团队是指为实现项目的目标由共同合作的若干成员组成的正式组织，一般包括项目经理、项目办公室人员以及专业人员等。项目团队具有以下特征：

(1) 项目团队具有明确的目标。项目团队的使命是完成项目的任务，实现项目目标。

(2) 项目团队是一种临时性组织。在项目任务完成后，项目团队的使命即已终结，项目团队即可解散。

(3) 项目经理是项目团队的领导。在一个项目团队中，项目经理是最高的决策者和管理者。一般来说，项目的成败与项目经理的能力有着密切的关系。

(4) 项目团队强调合作精神。项目团队是一个整体，它按照团队作业的模式来实施项目，这就要求成员具有高度的合作精神，相互信任，相互协调。缺少团队精神会导致工作效率低下，因此团队合作精神是项目成功的有力保障。

(5) 项目团队成员的增减具有灵活性。项目团队在组建的初期，其成员可能较少，随着项目进展的需要，项目团队会逐渐扩大，而且团队成员的人选也会随着项目的发展而进行相应的调整。

(6) 项目团队建设是项目成功的组织保障。项目团队建设包括对项目团队成员进行技能培训、人员的绩效考核以及人员激励等，这些都是项目成功的可靠保证。

项目团队的创建与发展一般经历如下五个阶段：形成阶段、磨合阶段、规范阶段、表现阶段和解散阶段。

形成阶段是项目团队的初创和组建阶段，它将一组个体人员转变为项目团队成员。这一阶段项目团队成员聚集在一起，大家开始互相认识，每人都试图了解项目目标，并急于开始工作和表现自己。此时，项目经理要进行必要的项目团队建设工作，向项目团队成员说明项目的目标，并公布项目的进度计划、质量标准、团队结构和每个项目团队成员在项目中的职位。项目团队成员应收集与项目有关的信息，尽快切入项目，清楚自己的任务，并应谨慎地研究和学习适宜的举止行为。

进入磨合阶段，项目团队成员明确了自己的目标，开始运用自身技能来执行分配到的工作。这一阶段的特征是项目团队成员会发现现实与自己的期望不一致，他们越来越不满意项目经理的指导和命令，对项目所采用的设备和技术不熟悉，时常发生错误，并伴有挫折、不满、愤怒甚至对立的情绪。此时，项目经理要引导每个项目团队成员对自己的角色及责任进行调整，组织团队成员进行技能培训，尽量消除原有体制与新体制之间的矛盾，坚定团队成员的信心，使之尽快全身心投入到团队建设和项目工作中。

项目团队经过一段时间的磨合后，步入了正常发展的规范阶段。这一阶段的特征是，项目团队的矛盾程度降低，同时，随着成员的期望和实际情形的统一，他们的不满情绪也逐步缓解。项目的规章制度得到改进和规范。团队成员之间开始建立相互信任、相互帮助的关系，互相交流，合作意识明显加强。所以，项目经理要逐步减少指导性工作，对团队成员的工作要给予支持，并且对项目团队成员所取得的成果进行表扬。

进入表现阶段，项目团队成员已有很强的集体感和荣誉感，信心十足，急于实现项目目标，工作效率很高。项目团队根据实际需要，以个人或临时小组的方式进行工作，相互依赖度高。在这一阶段，项目经理的工作就是协助项目团队制定、修正并执行项目计划。

到了解散阶段，项目团队完成任务，准备解散，这时项目团队成员面对离别，就会感到失落。

3. 项目经理的权力与职责、素质与能力

项目经理是项目的负责人，也称项目管理者或项目领导者，负责项目的组织、计划及实施全过程，以保证项目目标的成功实现。他是项目的最高责任者、组织者和管理者，在项目团队中具有举足轻重的地位。

(1) 项目经理的权力。项目经理权力的大小取决于公司采用什么样的组织结构以及项目对公司的重要性。如果公司采用项目型组织结构，那么项目经理的权力相对较大，很可能在职能部门经理之上；如果公司采用职能型组织结构，则项目经理的权力相对较小，很可能在职能部门经理之下。另外，如果某项目对于公司比较重要，则该项目的项目经理权力就相对较大。一般来说，项目经理的权力表现在以下几个方面：①项目经理具有选择项目团队成员的最终决定权；②在项目的执行过程当中，项目经理具有决策权；③项目经理具有具体使用和分配项目资源的权力。

(2) 项目经理的职责。项目经理在项目团队中的身份是领导者，应该履行的职责有：计划、组织、控制。

项目经理的首要任务是制定计划。计划可以分为战略计划与作业计划，在项目组织成立之初战略计划是必不可少的，因为它确定了项目团队的总体目标。为了实现项目的战略计划，项目经理还必须制定一系列作业计划，但这并不意味着需要他亲自制定每一个作业计划。在执行项目计划的过程当中，项目经理有时要根据项目的实际进展情况对项目计划进行调整，一般对战略性计划调整的较少，而越细致的作业计划需要调整的可能性则越大。

项目经理的组织工作包括两个方面：一是设计项目团队的组织结构，对所要完成的每项具体工作进行描述，并安排合适的人员；二是决定哪些工作由组织内部完成，哪些工作由组织外部的协作者（如承担单位或顾问公司）来完成。对由组织内部进行的工作，项目经理应当把任务落实到项目团队中的某一具体个人，同时具体承担工作的人员应对项目经理作出承诺；对由外部协作者完成的工作，项目经理应对其工作范围作出明确的划分，与每位协作者协商达成一致意见并签订合同。此外，项目经理还要对合同的执行过程进行监督，发现问题要及时协调处理，若不在自己的职责范围之内，则应及时向上级报告。

为了保证项目的进展与项目的目标相一致，项目经理必须对项目进行监控，跟踪实际工作的进展并与计划进行对比，有时甚至要对项目计划进行变更。因此，项目经理应设计一套有效的项目管理信息系统以及项目变更程序。项目管理信息系统能够掌握项目的实际进展情况，分析研究各种已经出现的问题和潜在的风险，在必要的时候根据项目变更程序，对项目的计划进行调整。

(3) 项目经理的素质。项目经理在项目中担任着类似总经理的角色，因此，他应具备如下素质特征：

1) 要善于决策和勇于承担责任。项目经理的项目管理责任事关重大，而且很多时候他必须独自承担决策和管理的责任，由于项目管理本身所处环境的不确定性和项目要求与实施条件在不断变化等原因，在项目管理的过程中，项目经理需要经常作出决策。因此项目经理必须具备善于决策和勇于承担责任的素质。

2) 有积极和大胆的创新精神。因为项目具有一次性、独特性和不确定性等特点，所以项目和项目管理多数没有现成的经验和方法可以借鉴。项目经理作为项目的主要负责人，如果在项目的执行过程中具备积极、大胆的创新精神，不仅可以带动整个组织不断创造新的思路和方法、营造积极创新的氛围，而且可以鼓励项目团队成员充分发挥创新意识、提高他们的创造的积极性。

3) 要有实事求是的工作作风。影响项目正常进展的因素很多，而且在项目实施过程中难免会出现实际情况与预期计划的偏差。此时项目经理就应该带领着团队成员，运用各种工具和方法找出偏差的来源和分析偏差可能带来的影响，如果必要，及时采取相应的措施。这就体现了项目经理在面对问题时应该追求实事求是的工作作风，尊重客观规律，而不应该掩盖问题或过分地夸大成效。

4) 要有很强的自信心。项目经理作为项目组织的领头人，应该有很强的自信心才能够给其他团队成员树立榜样。任何一个项目在实施初期都有较大的不确定性，其成功与否受很多主客观因素的影响，因此项目可能最后以失败告终。但项目经理应该具有能够圆满完成项目的信心，这样才能坚定其他团队成员的信念，相信自己的付出是会有回报的。

(4) 项目经理的能力。项目经理仅仅具备如上素质，仍不能胜任其本职工作，还必须具备如下能力：

1）领导能力。项目经理是项目的管理者而不是项目的具体执行者，因此必须具备一定的领导能力。项目经理要带领和指挥整个项目团队去实现项目目标，他的领导能力决定了项目的成败。项目经理引导所有的项目团队成员参与到项目的管理中来，项目经理不只是简单的下达命令，而是引导团队成员发挥主动性来完成自己的工作；项目经理通过授权，可以从项目管理的细节中解脱出来，更好地应对项目中的重大事项。

2）人际交往能力。项目经理是项目团队的核心人物，他必须与项目外部的组织、项目团队成员打交道，因此，良好的人际交往能力是项目经理必备的技能，这种技能需要良好的口头表达能力和书面沟通能力。项目经理的人际交往能力包括如下方面：如何处理好与上级主管的委托代理关系的能力；如何处理好与项目干系人的利益关系的能力；如何处理好项目涉及的公共关系方面的能力(如各种媒体、社会公众等)；如何处理好项目团队内部关系的能力。

3）人员开发能力。项目经理在领导项目团队实现项目目标的同时，也应该将项目视为提高团队成员自身价值的良好机会。项目经理要营造一种学习的氛围，使团队成员能够通过各自的工作来不断提高他们的专业技能。项目经理可以让项目团队中经验丰富的成员向阅历不足的成员传授一些专业技能，也可以让团队成员参加一些培训来提高他们的能力，从而更好地为项目服务。

4）处理问题的能力。项目经理首先要及时发现项目执行过程中存在的问题甚至是潜在的问题，尽早地发现问题，才能有充足的时间制定出合理的解决方案，从而避免问题的扩大，减少对项目其他部门的影响。其次，项目经理要具有一定的分析问题的能力。一旦发现问题，项目经理就要对问题进行深入的分析，找出问题产生的原因。最后，项目经理还要根据问题的性质及其产生的原因，带领和指挥项目团队共同来解决问题。

5）建设项目团队的能力。项目团队是项目的具体实施者，项目经理的领导是通过项目团队体现出来的，所以，项目经理必须要组建一支高效、协调的项目团队。项目经理要充分了解项目的目标，对项目的工作任务进行分解，来初步确定实施项目需要的人员，然后再从公司外部或内部获取合适的人员。

4. 项目人力资源管理的过程

项目人力资源管理的工作过程如图4-5所示。

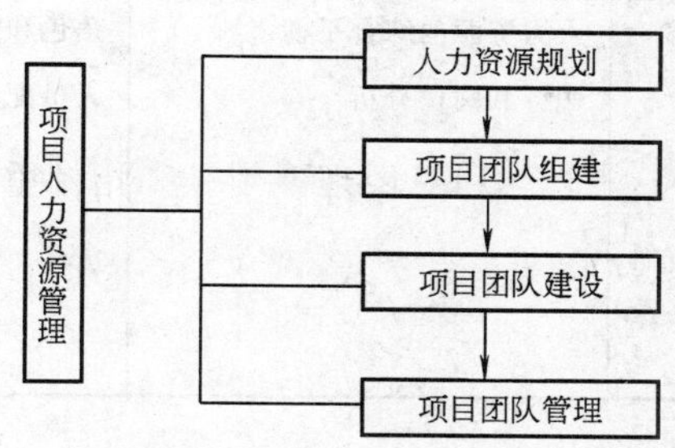

图4-5 项目人力资源管理的工作过程

（1）人力资源规划。这一过程确定了项目所需人力资源的数量和质量、人员的具体职位以及相应的权利和责任等。

（2）项目团队组建。项目团队组建是指人力资源获取和分配的过程。

（3）项目团队建设。在项目人力资源管理过程中，还需要对人力资源进行适当的培训，并建立一套科学、合理、可行的工作业绩考核体系，激励所有人员努力完成工作。

（4）项目团队管理。项目团队管理是指跟踪团队成员的绩效，提供反馈信息、解决当前项目团队存在的问题，制定人力资源管理变更计划等工作。

4.2.2 项目人力资源规划

人力资源规划是指通过预测未来人力资源的需求，确定完成项目所需人力资源的数量和质量、各自的工作任务，以及团队成员之间相互关系的过程。它确保了在适当的时候，为相应的职位配备合适数量和类型的工作人员，使得他们能够有效地完成总体任务、达到预定目标。人力资源规划通常有三个步骤：

（1）通过调查研究获取现有人力资源状况的相关信息，并对其进行评价。

（2）在上述基础上，根据项目的具体情况预测项目未来所需的人力资源构成；

（3）制定人力资源管理的总计划，并据此制定具体的人员管理政策。

项目人力资源规划的主要工作如表4-3所示。

表4-3 项目人力资源规划的主要工作

依 据	工具和方法	结 果
项目目标分析 工作分解结构 项目进度计划 制约因素 历史资料 组织理论	人力资源的综合平衡 职务和岗位分析	角色和责任分配 人员配备计划 补充说明

1. 项目人力资源规划的依据

(1) 项目目标分析。通过对项目目标的分析，将项目的总体目标分解为各个具体的子目标。据此可以了解项目所需人力资源的总体情况。

(2) 工作分解结构。工作分解结构确定了完成项目目标所必须进行的各项具体工作。根据工作分解结构的结果，可以得到完成各项活动所需的人力资源的估算数量、质量要求等信息。

(3) 项目进度计划。项目进度计划提供了项目的各项活动需要相应的人力资源在何时完成以及占用这些人力资源的时间长短。据此，可以合理地配置项目所需的人力资源。

(4) 制约因素。在人力资源规划时，还要考虑到一些制约因素，如项目的组织结构。由于职能型组织结构中的项目经理权力有限，他们可能无法及时获取项目所需的人力资源。

(5) 历史资料。人力资源计划编制时可以借鉴以前类似项目的成功经验，这样做不仅有利于本项目人力资源计划的顺利完成，而且节约了时间降低了风险。

(6) 组织理论。项目人力资源计划是以各种组织理论为基础的，如马斯洛的需求层次理论、麦戈理格的X理论与Y理论、郝兹伯格的双因素理论、公平理论和期望理论等。

2. 项目人力资源规划的工具和方法

(1) 人力资源的综合平衡。人力资源的综合平衡首先要预测对人员的需求和供给，然后平衡人员的需求和供给，主要包括总量综合平衡和结构综合平衡。总量综合平衡是指从人员的总体数量上对人力资源的需求和供给进行平衡；在总量平衡的基础上可以对人力资源的结构进行平衡，从而实现项目执行人员和管理人员、不同工种人员、主要工作人员和辅助工作人员等人力资源结构方面的综合平衡。

（2）职务和岗位分析。职务和岗位分析是指通过调查研究项目的实际情况，确定项目所需的各项职务或岗位以及任职条件和具体要求。职务和岗位分析主要解决以下几个问题：项目需要完成哪些工作；这些工作需要在何时完成；项目需要哪些职务；什么样的人能够承担这些职务。职务和岗位分析的主要方法包括：问卷调查法、面谈法、文献资料分析法、观察法和关键事件法等。

3. 项目人力资源规划的结果

（1）角色和责任分配。通过职务分析，项目团队可以确定项目内部人力资源的角色和责任。角色和责任分配的结果通常以责任分配矩阵（RAM，Responsibility Assignment Matrix）来表示。

责任分配矩阵是一种将所分解的工作任务落实到项目有关部门或个人，并明确标示出他们在组织工作中的关系、责任和地位的工具。它是在工作分解结构的基础上建立的，以表格形式表示完成工作分解结构中每项活动或工作所需的人员具体安排。

责任分配矩阵明确表示出每项工作由谁负责、由谁具体执行，并且确定了每个人在整个项目中的地位。责任分配矩阵还系统地阐明了成员之间的相互关系，它使每个成员能够认识到自己在项目组织中的基本职责以及与他人配合中应承担的责任，从而能够主动地承担自己的全部责任。

在项目实施过程中，责任分配矩阵图发挥了很多作用。如果某项活动出现了错误，从责任分配矩阵图中很容易找出该活动的负责人和具体执行人；当协调沟通出现困难或者工作责任不明时，可以运用责任分配矩阵图来解决，而且还可以针对某个子项目或某个活动分别制定不同规模的责任分配矩阵图，如图4-6所示。

随着项目的进展，项目团队成员的角色和责任可能会发生一定的变化，因此要根据项目的实际进展情况对责任分配矩阵图进行适当的调整。

（2）人员配备计划。人员配备计划确定了何时以及如何增加或减少项目团队成员数量。根据项目的需要，人员配备计划可以是正式的或非正式的，详尽的或宽泛的。在项目期间，将不断地对其进行更新以指导团队成员的招募和团队建设活动。人员配备计划信息是因应用领域和项目规模的不同而异的。

在编制人员配备计划时要特别注意：当项目团队某个成员已经完成工作且没有其他任务时，应该把他撤出项目团队，这样可以降低项目的成本。人

任务编号	任务名称	李军	马里	王月	刘己	王克	张书	朱良	杨坤	吴云	赵新	魏杏	何明
1000	机器人	P											
1100	整体设计		P		S								
1110	系统工程			S		P							
1120	专业测试			P				S					
1200	电子技术						P			S			
1210	设备控制						P	S					
1220	软件安装			S				P					
1300	机器人制造									P			
1310	制造工艺									P	S		
1311	工艺设计										P		
1312	构件加工			S								P	
1313	构建组装				S								P
1320	生产控制							P					

注：P(President) 表示主要负责人；S（Service) 表示次要负责人。

图 4-6　制造机器人项目的责任分配矩阵图

员配备计划一般通过人力资源直方图来表示，图 4-7 表示了某项目在一个月内所需的人力资源状况。

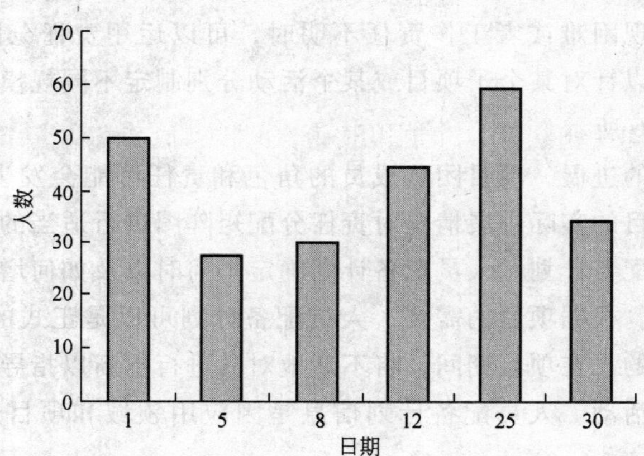

图 4-7　人力资源分布图

（3）补充说明。补充说明包括：各项活动对人力资源在知识、能力、技能和经验等方面的要求以及当这些方面不能满足项目要求时，如何对人力资源进行培训。

4.2.3 项目团队组建

项目团队组建是根据项目人力资源规划的要求从项目组织内部或外部获取所需的人力资源，并根据这些人员的能力、知识和经验对他们进行合理安排的过程。项目团队组建是人力资源规划的具体实施过程，是提高项目团队绩效、充分利用项目的人力资源的有效手段。

项目团队组建的主要工作如表4-4所示。

表4-4 项目团队组建的主要工作

依据	工具和方法	结果
人员配备计划 资源库说明 制约因素	谈判 事先指定 采购 招聘 甄选	人力资源配备 项目团队成员清单

1. 项目团队组建的依据

（1）人员配备计划。团队组建要按照人员配备计划来实施。

（2）资源库说明。资源库说明提供了可供项目使用的人力资源的状况，如果现有人力资源的状况不能满足项目的要求，那么项目团队就需要从外部获取所需的人力资源。

（3）制约因素。在进行团队组建时要考虑的一些制约因素，如从外部获取人员时要考虑招聘惯例，即要遵循一定的招聘原则和程序等。

2. 项目团队组建的工具和方法

（1）谈判。在大多数项目中，项目经理要和职能部门经理就人员的分配进行谈判，从而确保在需要时能够从职能部门获取适当的人力资源。

（2）事先指定。在某些特定的情况下，项目的人员可能是事先就指定好的。如在需求建议书中已经注明了需要安排特定的人员参加项目，或项目章程已经规定了项目配备的人力资源。

（3）采购。当项目缺乏某些专业人员时，可以通过采购的方式来获得所需的人力资源。如项目组织可以与咨询顾问签订协议，向他们支付一定的佣金，雇佣人员来完成协议中所要求的工作，一旦工作完成，协议就自动终止。

(4)招聘。招聘分为内部招聘和外部招聘。

内部招聘是指在项目组织内部或项目所在公司的人力资源中，通过提升、工作调配和内部人员的重新聘用等方式挑选出项目组织所需人员的一种方法。通过内部招聘的人员对项目比较了解，因此这种方法可以节约大量的人员培训费用，此外，还能为这些内部人员提供职业发展机会，从而提高他们工作的积极性和创造性。但是内部招聘会受到现有人力资源的限制，可供选择的范围有限。

内部招聘主要有以下几种方式：

1）布告法，即在公司的内部刊物上刊登项目招聘信息，公司人员可以参加应聘。

2）推荐法，即由项目组织内部人员推荐其所熟悉的、合适的人员以供项目组织选择和聘用。

3）档案法，即项目组织通过分析研究项目组织或公司内部人员的档案资料，从中选择出合适的人选，然后进行面试，在双方同意的基础上，获取项目所需的人力资源。

外部招聘是从项目所在公司的范围之外获取项目所需人力资源的一种方法。与内部招聘相比，外部招聘的选择范围较为广泛，而且从外部招聘的人员能为项目组织带来创新思想。但是，外部招聘要花费更多的时间和费用，还要对新进人员进行适当的培训。

外部招聘主要包括以下几种方式：

1）广告应征，即通过各种媒介向社会人员传递招聘信息，从而获得所需人员。它的优点是范围广、速度快、可针对特定群体，缺点是可能会有许多不合格的应聘者。

2）中介机构，即通过人才交流中心、职业介绍所等中介机构获取所需人员。它的优点是花费较少，缺点是会有许多不熟练或受训很少的人参加应聘。

3）毕业生招聘，即从高校的毕业生中进行招聘。它的优点是花费少，应聘者的潜力大，缺点是由于毕业生缺乏经验，招聘范围仅限初级职位。

4）网络招聘，即通过互联网和计算机通信而形成的一种新型的招聘方式。它的优点是范围广、速度快、不受地域限制，缺点是会有很多不合格的应聘者。

(5)甄选。甄选是项目管理者根据人力资源规划选出一些需要招聘的职位，然后对应聘者进行选择的过程。甄选的程序包括：

1）资格审查。资格审查是对应聘者是否符合项目要求所进行的一种初选。在资格审查中，要对应聘者提交的材料进行核实，还要对他们进行体检。

2）笔试。笔试也是常用的一种方式，通常包括智商、心理、情商等方面的测试。通过笔试可以了解应聘者的潜力和能力，有利于项目管理人员作出正确的录用决策。

3）绩效模拟测试。绩效模拟测试有两种方法，即工作抽样法和测评中心法。让应聘者参与一个与其所应聘职务相关、缩小了规模的活动，让其完成其中的一些任务，然后根据他所完成的情况得出测评结果的方法。这种方法对于一般性的职务是有效的，但费用较高。测评中心法是由招聘单位的直接上层管理者、监督者、心理学家组成测评中心，模拟实际工作中可能出现的问题，对应聘者进行测试，然后根据应聘者表现得出其是否称职的结论。这种方法较为复杂，适用于管理者职位的选择，费用比工作抽样法还高。

4）面试。资格审查和笔试并不能提供有关应聘者的全面信息，因此还需要面试，从而对应聘者有进一步的了解。应聘者与招聘者面对面的接触，如果问题准备充分、设计得当，这应该是一种可信度较高的方式。但在很多情况下并不是这样，如由于面试官提出的问题具有一定的随机性，不能对应聘者进行全面、公平的评价，另外对应聘者的第一印象也可能会左右他的判断等。

5）综合选择。项目管理人员要对面试合格的应聘者，根据笔试、绩效测评、面试的成绩进行综合的评价，然后进行横向比较，从而选出合适的人员。

作为项目领导者的项目经理既可以从公司内部选拔、培养，也可以从公司外部招聘。如果从公司内部选择，项目经理对项目以及公司背景比较了解，有利于与其他有关部门的协调，并且可以引导项目团队成员尽快融入公司的理念和文化中。但由于其来自公司内部，他的工作也会受到他与原来各部门管理者关系的限制。如果项目经理从公司外部招聘，那么他了解项目并开始实施项目就需要一个过程，并且此过程对日后项目的成败有着极大的影响。但从外部招聘的项目经理可以没有任何限制地展开工作，不需要权衡公司内部的关系。

在选择项目经理时，主要考虑的因素有：项目的特点、候选人的素质、候选人的能力。

对项目经理进行选择时，要遵循一定的程序并运用一定的方法。具体的选择程序，如图4-8所示。

1）通过项目的有关文件，来了解项目的特点。

2）根据项目职位说明的要求，可以在大范围内选出符合要求的项目经理候选人。

3）通过民意测验或开座谈会的形式，了解群众对候选人的认可程度；初步确定若干选择对象。

4）通过考察候选人在类似项目中所取得的成绩和经验，进一步缩小候选人的范围。

5）通过对候选人的素质和能力进行定性分析和定量考核，来评价候选人的胜任程度。

6）通过要素加权分析法可以将候选人的绩效、素质和能力等方面进行综合的评价。

7）根据综合评价的得分，从中择优选择项目经理。

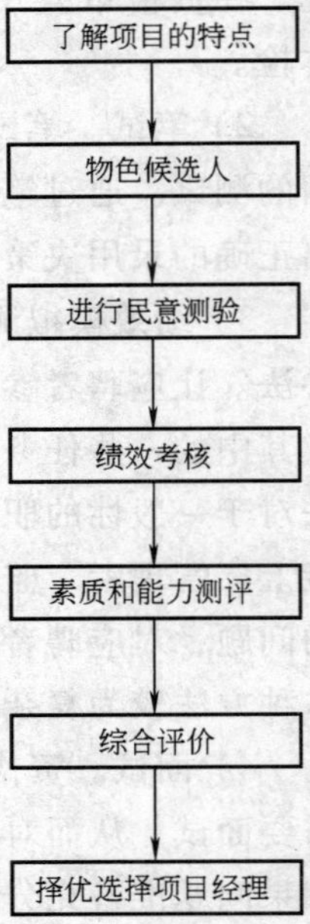

了解项目的特点 → 物色候选人 → 进行民意测验 → 绩效考核 → 素质和能力测评 → 综合评价 → 择优选择项目经理

图4-8　项目经理选择的程序

3. 项目团队组建的结果

（1）人力资源配备。人力资源配备对工作分解结构中的每个具体的活动都配备了合适的人员，从而保证项目的顺利实施。

（2）项目团队成员清单。对项目的人力资源进行合理的配备后，就要根据项目团队成员的实际情况列出清单。

4.2.4　项目团队建设

项目团队建设是指通过对人力资源进行培训、绩效考核和激励等方式，提高项目团队成员的能力以及整个项目团队的绩效。建设一个高效的项目团队是项目成功的关键。

项目团队建设的主要工作如表4-5所示。

表4-5　项目团队建设的主要工作

依　据	工具和方法	结　果
项目团队成员清单 人员配备计划 可用资源分析	人员培训 团队建设活动 集中办公 人员激励	团队绩效评估

1. 项目团队建设的依据

（1）项目团队成员清单。项目团队建设首先从项目团队成员清单开始，项目团队成员清单明确表示了每项工作的负责人和执行者。

（2）人员配备计划。人员配备计划描述了何时及以何种方式来满足项目人力资源需求，其中包括人员培训策略及项目团队的建设计划。随着团队绩效评估的进行，可在其中加入奖励、反馈、额外培训及惩戒措施。

（3）可用资源分析。可用资源分析说明了项目团队成员能够参加团队建设活动的时间安排。

2. 项目团队建设的工具和方法

（1）项目人员培训。项目人员培训是指使项目团队成员具备完成各自任务所需的知识、技能和能力等而进行的培训活动。虽然对人员进行培训可能会增加项目的成本，但是这远比由于人员缺乏技能或效率低下给项目造成的损失要小的多。适当的人员培训不仅可以提高项目团队的工作效率，而且还可以鼓舞团队成员士气、留住人才。项目人员培训一般包括如下几个过程：

1）培训需求分析。培训需求分析是指通过项目的任务分析和工作绩效分析来确定人员的实际技能和要求技能之间的差距，并据此选择项目人员需要参加的培训。如在一个财务软件的开发项目中，项目团队成员具有一定的编程技术，但是缺乏财务方面的知识，因此就要对他们进行财务知识方面的培训。

2）培训目标的确立。培训目标为培训者和受训者确定了一个共同的努力方向，为培训效果评价提供了依据。因此，培训目标应该尽量具体、清晰并且可以度量。如某项目的质量监控人员经过技能培训后，其质量达标率应该达到95%。这既是受训者应该达到的培训目标，也是评价培训效果的标准。

3）选择适当的培训方式。培训方式有很多种，按培训时间可分为在职培训与脱产培训。

常见的在职培训有职务轮换、预备实习。职务轮换可以让团队成员熟悉更多的工作岗位，对项目的活动有更多的了解；新员工更多采取预备实习的方式，即由有经验的老员工带领并指导新员工来完成工作。在职培训的优点是节约时间、成本低，受训者可以边工作边学习，能够较快地掌握所学的各种知识和技能，从而提高自己的能力并积累一定的经验。

脱产培训通常包括课堂讲座、电视录像、远程教育和模拟练习等方式。进行脱产培训时，受训者在一段时间内完全脱离工作岗位进行培训，不会分心，培训的效果较好。但是，相对于在职培训来说这种培训方式成本较高。

4）评价培训的效果。培训结束后，项目团队应该按照预先制定的培训目标对培训的实际效果进行评价。评价培训效果时，通常采用控制实验法。控制实验法一般设置两个组，即控制组（没有经过培训的小组）和培训组，然后采集控制组和培训组在培训前、后知识、技能、行为等方面的相关数据，进行比较，从而来评价培训的效果。

（2）团队建设活动。团队建设活动旨在改善人际关系，如定期举行的情况汇报会上的5min议程、该项目以外专业人士筹办的活动等。有些团队活动，如制定工作分解结构，虽然其初衷并不是为了团队建设，但是如果计划活动能安排得当，也会提高团队的凝聚力。

（3）集中办公。集中办公是指把所有或者几乎所有最活跃的项目团队成员安排在同一地点工作，以增强他们整体的工作能力。集中办公既可以是临时性的，如仅在项目中的关键时期，也可以是贯穿整个项目过程的。集中办公战略常包括一个会议室，有时称为作战室，其中设有电子通信设备、展示进度计划的公告板等设施，以加强沟通和培养集体感。

（4）人员激励

激励就是激发和鼓励，即通过某种方式来调动人员的积极性和创造性。激励可以提高项目团队成员的工作效率，从而提高整个团队的绩效，有利于项目目标的实现。

为了充分发挥激励的作用，在对项目团队成员进行激励时，必须遵循一定的原则：

1）目标原则。激励是否有效的衡量标准是：是否有利于项目目标的实现。如果激励有效，就能促进项目目标的实现；如果激励不当，就会适得其反，阻碍项目目标的实现。

2）公平原则。在对项目团队成员进行激励时，要遵循公平的原则，但反对平均主义，对项目团队成员的激励要与其绩效直接挂钩。

3）按需激励原则。由于项目团队成员的需求不同，而激励的关键在于满足他们的需要。因此，在采取激励措施时，项目管理人员应该不断了解项目团队成员的需求层次和需求变化，区别对待各个团队成员的不同需求。

在对项目团队成员进行激励时，还要注意选择适当的激励方式：

1）物质激励。物质激励是最基本的，也是项目团队采用最多的一种激励方式。物质激励一般包括工资和奖金等，它适合于一些基层的项目团队成员。

2）荣誉激励。通过荣誉激励可以满足项目团队成员获得尊重和荣誉的需求，适合于知识丰富和层次较高的项目团队成员。

3）参与激励。参与激励是指让项目团队成员了解项目团队的运作情况，使他们以不同的角色参与到项目的管理中来，从而激发他们的主人翁意识。

4）挫折激励。当项目团队成员遇到挫折时，项目团队要对他们实施足够的影响，使他们勇于面对挫折，走出困境。

5）榜样激励。榜样激励就是使某个项目团队成员成为整个团队学习的榜样，使他有很大的满足感，从而达到激励的目的。

6）环境激励。环境激励就是为项目团队成员创造一个良好的工作和生活环境，从而使团队成员更加投入地工作。

3. 项目团队建设的结果

随着团队建设工作的实施，项目管理人员将对项目团队成员进行评估，即绩效考核。绩效考核是按照一定的标准，采用科学、合理的方法对团队成员履行其职责的程度进行审查和评定，从而确定其工作业绩的过程。通过绩效考核，可以了解团队成员在哪些方面还有所欠缺，是否需要接受培训；可以确定对团队成员是实行奖励还是惩罚；可以完善甄选应聘者的手段；还可以为管理层所作的决策提供依据。绩效考核通常包括以下几个过程：

（1）制定绩效考核计划。绩效考核计划确定了考核的对象、内容和时间等。

（2）确定绩效考核的标准。进行考核前，先要确定考核的标准，并以此作为绩效衡量的尺度。考核的标准包括：绝对标准和相对标准。绝对标准以数据为基础，比较客观，如项目产品的废品率、人员的出勤率等。相对标准是根据每个成员的实际情况确定的考核标准，对不同级别的员工采用不一样的标准。

（3）选择绩效考核的方法。在进行绩效考核时，要选用科学、合理、可行的考核方法。绩效考核的方法包括：

1）书面鉴定法。书面鉴定法就是由绩效考核者根据团队成员的实际工作情况编写一份简单的评价材料，来描述团队成员在工作中的功过得失，并提出改进建议。这是一种比较模糊的评价方法，受考核者主观判断的影响较大。

2）关键事件法。关键事件法就是把团队成员在工作过程中表现出来的关键行为记录下来，如工作态度、投诉率、违纪行为、次品率、缺勤率、加班率等，并与绩效考核的相应指标进行对比，从而对团队成员的绩效进行评价。这种方法可以让考核者将注意力放在能够区分工作绩效的关键行为上。

3）评分表法。评分表法是指针对一些常规的绩效考核指标进行打分，然后根据总分对团队成员的绩效做出粗略的评估。这种方法的成本较小，但受考核者主观判断的影响也比较大。

4）排序法。排序法根据某项绩效考核指标对团队成员在项目团队中的表现进行排序，然后根据多个排序进行综合排序。这种方法只是将团队成员的绩效与总体水平进行对比，得出相对绩效高低，并不能显示团队成员的绝对绩效情况。

5）目标管理法。目标管理法是根据团队成员对具体目标的完成情况来进行绩效考核，具体目标制定的越精确、越科学，该方法就越有效。

(4) 收集数据资料。进行业绩考核时，要通过综合使用工作记录、定期抽查、考勤记录和工作评定等方法实时跟踪并收集有关团队成员绩效的信息。

(5) 分析评价。根据绩效考核的标准，采用适当的方法对收集的信息和数据资料进行分析、整理并进行综合评价。

(6) 结果运用。绩效考核的结果应该运用到项目的各项管理活动中，如根据考核的结果对团队成员进行培训、奖励或惩罚，考核的结果还能帮助团队成员找出工作中存在的问题，有利于团队成员改进工作、提高绩效。

4.2.5　项目团队管理

项目团队管理是指跟踪团队成员绩效、提供反馈信息、解决存在的问题并协调各种变更的一系列过程，其目的是提高项目绩效。

项目团队管理的主要工作如表 4-6 所示。

表 4-6　项目团队管理的主要工作

依　据	工具和方法	结　果
项目团队成员清单 项目组织图 人员配备计划 团队绩效评估	观察与访谈 项目绩效评估 冲突管理 问题登记簿	更新后的人员配备计划

1. 项目团队管理的依据

(1) 项目团队成员清单。项目团队成员清单为项目监控过程的项目团队成员评估提供了成员清单，用来监督并考核员工绩效。

(2) 项目组织图。项目组织图以图形方式展示了项目团队成员及其汇报关系。根据项目的需要，项目组织图可以是正式的、非正式的、详尽的或宽泛的。

(3) 人员配备计划。人员配备计划列明了项目的人力资源需求状况，以及相关的培训计划、奖惩记录等信息。

(4) 团队绩效评估。团队绩效评估结合相关的预测信息将有助于确定未来的人力资源需求、奖励与惩罚，以及对人员配备计划的更新。

2. 项目团队管理的工具和方法

(1) 观察与访谈。通过观察与交谈可以随时了解项目团队成员的工作情况和态度。项目管理团队将监测一些相关的指标，如项目应交付成果的完成情况、团队成员引以为傲的事件，以及人际关系问题。

(2) 项目绩效评估。在项目过程中进行绩效评估的目的在于重新确定角色与职责，发掘未知或未解决的问题，制定个人培训计划，并为后续阶段制定具体的目标。

(3) 冲突管理。对项目冲突的管理将在本书“项目沟通与冲突管理”一章中详细述及，在此不再赘述。

(4) 问题登记簿。在项目团队管理过程中如果出现问题，可通过书面登记簿来记录负责解决特定问题的人员，以及问题解决的截止日期。问题的解决可以消除团队实现目标的各种障碍。

3. 项目团队管理的结果

随着项目的进行，人员配备计划的一些相关细节需要随之进行变更，如人员配备的变化，需要调整任务的分派，进行额外的培训和奖励，对一些工作进行外包，并更换已经离职的人员。这些都可导致作为项目管理计划组成部分的人员配备计划的更新。

本章小结

本章深入地对项目组织与人力资源管理的相关知识点进行了阐述，包括以下内容：

第1节，首先从项目组织的含义入手，对三种类型的项目组织结构(职能型组织结构、项目型组织结构和矩阵型组织结构)进行了介绍，并总结了各自的优缺点，归纳了各种项目组织结构与其特征的关系。其次介绍了在选择项目组织结构时应考虑的关键因素，如项目风险程度、项目采用的技术、项目复杂程度、项目持续时间、项目投资规模和客户的类型等。

第2节，人力资源管理的目的在于充分发挥项目团队成员的主观能动性，因此本节的学习对于保证项目目标的顺利完成具有一定意义。首先介绍了项目人力资源管理的含义。项目人力资源管理是指项目组织对该项目的人力资源所进行的科学的规划、适当的培训、合理的配置、准确的评估和有效的激励等方面的一系列管理工作。其次介绍了项目人力资源管理的特点，即团队性、临时性和阶段性。然后介绍了项目团队的特征及发展阶段。在项目团队的每个阶段，团队成员都表现出不同的情绪特征，项目经理需要根据不同的阶段特征采取不同的管理方法，以促使项目按时保质地完成。接着对项目经理的权力与职责、素质与能力进行了描述。最后，介绍了项目人力资源管理的四个过程：人力资源规划、项目团队组建、项目团队建设和项目团队管理，并对每个过程的主要工作进行了描述，在其中穿插介绍了责任分配矩阵和项目经理的选择等内容。

本章记忆重点：三种类型项目组织结构的优缺点；项目组织结构选择时需考虑的关键因素；项目人力资源管理的含义；项目团队的特征；项目人力资源管理的过程。

自 测 题

一、判断题

1. 在职能型项目组织中，团队成员往往优先考虑项目的利益。( )
2. 项目型与职能型的组织结构类似，其资源可实现共享。( )
3. 一般来说，职能型组织结构不适用于环境变化较大的项目。( )
4. 在项目型组织结构的公司中，其部门是按项目进行设置的。( )
5. 项目经理是项目的核心人物。( )
6. 选择项目经理的时候，必须考虑项目经理候选人的素质和能力。( )
7. 项目人力资源管理的特点主要是由项目的特点来决定的。( )
8. 项目人力资源管理要随着项目进展阶段的不同而进行相应的调整。( )
9. 人力资源的综合平衡是指项目人员需求总量和人员的供给总量的平衡。( )
10. 如果项目团队成员配备合理，就会减少项目的成本。( )
11. 项目的人员是不能事先指定的。( )

二、单选题

1. 在以下组织中，最为机动灵活的组织结构是(　　)。

A. 项目型　　　　B. 职能型

C. 矩阵型　　　　D. 混合型

2. 对于跨专业的风险较大、技术较为复杂的大型项目应采用(　　)组织结构来管理。

A. 矩阵型　　　　B. 职能型

C. 项目型　　　　D. 混合型

3. 项目型组织结构适用于(　　)情况。

A. 项目的不确定因素较多，同时技术问题一般

B. 项目的规模小，但是不确定因素较多

C. 项目的规模大，同时技术创新性强

D. 项目的工期较短，采用的技术较为复杂

4. 矩阵型组织结构的最大优点是(　　)。

A. 改进了项目经理对资源的控制

B. 团队成员有一个以上的领导

C. 沟通更加容易

D. 报告更加简单

5. 下列有关矩阵型组织结构情况的描述中，错误的是(　　)。

A. 矩阵型组织结构能充分利用人力资源

B. 项目经理和职能部门经理必须就谁占主导地位达成共识

C. 项目经理必须是职能部门领导，这样才能取得公司总经理对项目经理的信任

D. 矩阵型组织结构能对客户的要求作出快速的响应

6. 项目经理在(　　)中权力最大。

A. 职能型组织　　　　B. 项目型组织

C. 矩阵型组织　　　　D. 协调型组织

7. 项目经理在(　　)组织结构中的角色是兼职的。

A. 职能型　　　　B. 项目型

C. 强矩阵式　　　　D. 弱矩阵式

8. 在项目团队的发展过程中，在团队的(　　)冲突最大。

A. 形成阶段　　　　B. 磨合阶段

C. 规范阶段　　　　D. 表现阶段

9. 团队的发展是基于(　　)。

A. 项目的组织结构　　B. 项目团队提供的培训

C. 团队成员的发展　　D. 项目团队精神

10. 下列关于面试的表述错误的是(　　)。

A. 如果问题准备充分、设计得当，面试应该是一种可信度较高的方式

B. 面试官提出的问题具有一定的随机性

C. 面试一般能对应聘者进行全面、公平的评价

D. 对应聘者的第一印象可能会左右面试官的判断

11. 对于新进人员应采取(　　)的培训方式。

A. 预备实习　　B. 职务轮换

C. 电视录像　　D. 远程教育

12. 脱产培训相对于在职培训来说(　　)。

A. 成本较低　　B. 成本较高

C. 成本一样　　D. 不能比较

13. 控制实验法是对(　　)进行比较。

A. 培训组和控制组培训前、后的绩效

B. 控制组和被比较组培训前、后的绩效

C. 控制组培训前、后的绩效

D. 培训组培训前、后的绩效

14. 下列表述错误的是(　　)。

A. 项目产品的废品率可以是绝对标准

B. 人员的出勤率可以是绝对标准

C. 人员的出勤率可以是相对标准

D. 对不同级别的员工的相对标准是不一样的

三、多选题

1. 职能型组织结构的优点有(　　)。

A. 沟通简单

B. 有利于提高部门的专业化水平

C. 最大限度地利用资源

D. 每个项目成员都有明确的责任和权利

2. 项目型组织的缺点有(　　)。

A. 每个项目组成员有两个领导

B. 资源配置重复，管理成本高

C. 需要平衡权力

D. 项目成员要担心项目结束后的生计

3. 项目团队的特点主要体现在(　　)。

A. 具有一定的目的　　　　B. 是临时组织

C. 单独解决问题　　　　　D. 人员增减具有灵活性

4. 采用职能型组织结构，可能会出现的情形有(　　)。

A. 项目团队成员都对其参与的项目直接负责

B. 项目团队成员更关注所属部门的工作，而不是项目的目的

C. 对客户的需求反应迟缓

D. 项目团队成员在项目结束后回到所属的部门

5. 项目经理具有(　　)的权力。

A. 挑选项目团队成员　　　　B. 制定项目有关的决策

C. 对项目团队的资源进行分配　D. 决定项目的预算

6. 项目经理权力的大小取决于(　　)。

A. 公司采用的组织结构　　　B. 项目的工期

C. 项目对公司的重要性　　　D. 项目的规模

7. 下列表述正确的是(　　)。

A. 培训可能增加项目的成本比人员缺乏技能给项目造成的损失要小

B. 培训可能增加项目的成本比效率低下给项目造成的损失要大

C. 适当的人员培训可以提高项目团队的工作效率

D. 适当的人员培训可以鼓舞员工士气

8. 职务分析的主要方法包括(　　)。

A. 问卷调查法　　　　　　B. 面谈法

C. 文献资料分析法　　　　D. 关键事件法

9. 下列表述正确的是(　　)。

A. 内部招聘要花费大量的人员培训费用

B. 内部招聘可供选择的范围有限

C. 外部招聘要花费很多的时间和费用

D. 内部招聘的人员能为项目组织带来创新思想

10. 下列表述正确的是(　　)。

A. 工作抽样法对于一般性的职务是有效的

B. 工作抽样法的费用比测评中心法的费用高

C. 测评中心法较为复杂，适用于选择管理者职位

D. 工作抽样法和测评中心法都是绩效考核的方法

11. 培训需求分析根据(   )来进行。

A. 项目的任务分析
B. 绩效考核
C. 项目团队成员的申请
D. 项目的进展

练习与思考

1. 你是否同意下面关于矩阵型组织的描述？请说明理由。

(1) 矩阵型组织结构相对于项目型组织结构能够更充分地使用项目团队成员。

(2) 项目经理和职能部门经理可以不必就谁占主导地位达成一致意见。

2. 对下面的一些项目，你将采用哪种组织结构，简单说明理由。

(1) 某家银行投资部的风险投资项目。

(2) 某公司的R&D研究实验室的研究项目。

(3) 客户需求较多的一个标准软件项目。

3. 为什么项目经理应该是一个通才而不应是一个技术专家？

4. 画出一个小型新药开发项目的责任分配矩阵。

5. 怎样对项目团队成员的绩效进行考核？

6. 你认为激励在团队建设中有何作用？并以实例加以说明。

第 5 章

项目进度管理

主要内容

- 概述
- 项目活动定义
- 项目活动排序
- 项目活动资源估算
- 项目活动时间估算
- 项目进度规划
- 项目进度控制

学习目标

了解项目进度管理的工作过程；了解各个过程的依据；重点掌握项目进度管理各个过程的工具，如节点法、箭线图法、网络模板法、资源平衡法、关键路径法、计划评审技术、甘特图等。

5.1　概述

项目进度管理(Project Schedule Management)是项目管理的重要组成部分，它和项目成本管理、项目质量管理并称为项目管理的“三大管理”。项目进度管理，也称为项目时间管理，是指在项目的进展过程中，为了确保项目能够在规定的时间内实现项目的目标，对项目活动进度及日程安排所进行的管理过程。

对项目开展进度管理就是要在规定的时间内，制定出合理、经济的进度计划，然后在该计划的执行过程中，检查实际进度与计划进度是否一致；若出现偏差，应及时找出原因，采取必要的补救措施。如有必要，还要调整原进度计划，从而保证项目按时完成。具体来说，项目进度管理的工作过程如图5-1所示。

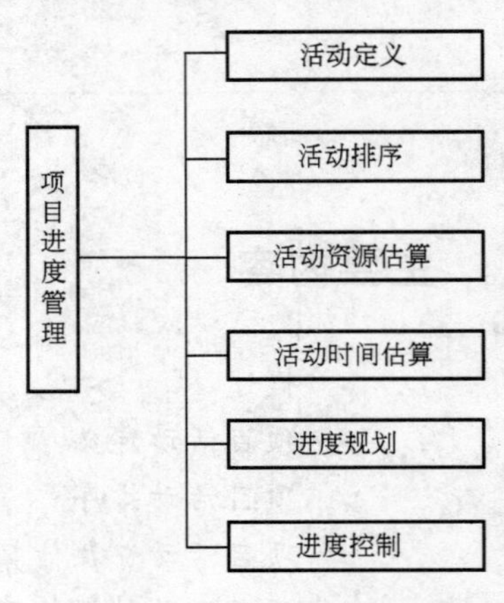

图5-1　项目进度管理的工作过程

5.2　项目活动定义

5.2.1　项目活动定义的含义

项目活动定义(Project Activity Definition)是确定为完成项目目标所需要进行的所有具体活动的一项任务。该任务的目标是确保项目团队对项目范围规定的所有活动有一个完整、具体的理解。

项目活动定义的主要工作如表5-1所示。

表5-1　项目活动定义的主要工作

依　据	工具和方法	结　果
项目工作分解结构 项目范围定义 历史资料 制约因素 假设条件	分解技术 模板法	更新项目工作分解结构 活动清单 辅助性说明

5.2.2 项目活动定义的依据

1. 项目工作分解结构

项目工作分解结构是活动定义最基本的依据，它描述完成项目所要进行的活动，通过项目工作分解结构可以确定要完成的所有活动，检查出可能遗漏的工作任务。

2. 项目范围定义

正确的项目范围定义是项目成功的关键。通过项目范围定义的信息和资料，项目团队可以正确、完整地确定项目所要进行的活动内容。

3. 历史资料

历史资料包括本项目前期工作的实际执行情况，也包括项目组织过去开展的类似项目的实例。

4. 制约因素

任何一个项目都会有各种各样、或多或少的限制因素，这些因素是定义项目活动时必须考虑的关键因素，如一个新药开发项目可能会受到缺乏专业人员的限制，所以在定义项目活动时就要对该因素予以考虑。

5. 假设条件

在定义项目活动的过程中，必须要考虑一些假设前提，否则项目活动定义就无法进行。

5.2.3 项目活动定义的工具和方法

1. 分解技术

项目分解技术是为了项目更易于管理，以项目工作分解结构为基础，按照一定的层次结构把项目工作逐步分解为更小的、更易操作的工作单元。这种方法有助于找出完成可交付成果所需的所有活动，并且可以对这些活动进行更有效的管理。

2. 模板法

模板法是用已完成的类似项目的活动清单或部分活动清单，作为一个新项目活动定义的模板，根据新项目的实际情况，在模板上调整项目活动，从而定义出新项目的所有活动。在定义项目活动时，它是一种简便、高效的技术。

5.2.4 项目活动定义的结果

1. 更新项目工作分解结构

在定义项目活动的过程中，项目团队通过分解技术可能会发现原有的工作分解结构中遗漏的、错误的或不合理的地方，所以要对原有的工作分解结构进行更新。同时，也要对其他的相关项目管理文件进行更新。

2. 活动清单

活动清单作为工作分解结构的补充，确保涵盖了项目所要进行的所有活动，并且排除了超出项目范围的活动。同时，活动清单对每个活动进行了简要说明，从而保证项目团队能够全面、正确地理解项目要进行的所有活动。

3. 辅助性说明

活动定义也会产生一些辅助性的详细资料，它将与具体活动相关的假设和约束条件形成相应的文件。在转移到项目进度管理的下一个过程以前，项目团队应该与项目干系人一起，审查修订依据资料。

5.3 项目活动排序

5.3.1 项目活动排序的含义

在项目活动定义完成后，项目进度管理的下一个步骤就是项目活动排序(Activity Sequencing)。项目活动排序涉及审查WBS中的活动、产品说明书、假设和约束条件，以决定活动之间的相互依赖关系，它也涉及评价活动之间依赖关系的原因。例如，某项活动是否必须在另一项活动完成之后才能开始，几项活动是否可以并行等。

对项目活动进行了正确的排序后，才有可能在今后制订出切实可行的进度计划。排序可由计算机执行(利用计算机软件)或用手工进行。对于小型项目手工排序很方便；对于大型项目的早期(此时对项目细节了解甚少)用手工排序也是很方便的，但是随着项目的进展，手工排序就难以满足需要，这时就需要手工排序和计算机排序结合使用。

项目活动排序的主要工作如表5-2所示。

表5-2　项目活动排序的主要工作

依　据	工具和方法	结　果
成果说明 项目活动之间的关系	节点法 箭线图法 网络模板法	项目网络图 更新后的项目活动清单

5.3.2　活动排序的依据

项目活动排序的依据包括活动清单、制约因素、假设条件、项目成果说明以及项目活动之间的关系。活动清单、制约因素和假设条件前面已经叙述，在此不再重复。

1. 成果说明

成果说明描述项目可交付成果的性质和特征，而产品的特性通常会影响到项目活动的排序，所以要根据成果说明对项目活动排序进行审查，以确保活动排序的准确无误。

2. 项目活动之间的关系

项目活动之间的关系包括必然的依存关系、组织关系和外部的制约关系。

必然的依存关系是确定活动相互关系的基础，它是活动之间的内在关系，通常是不可调整的。

组织关系是指那些无逻辑关系，由于其活动先后关系具有随意性、人为性，活动组织关系的确定一般比较难，它的确定通常取决于项目管理人员的知识和经验。

外部制约关系是指项目活动和非项目活动之间的关系，如项目的某些活动需要政府的同意才能动工，因此在项目活动计划的安排过程中只有考虑到外部活动对项目活动的一些制约及影响，才可能合理安排项目活动之间的关系。

5.3.3　项目活动排序的工具和方法

项目活动排序有以下几种方法：

1. 节点法(PDM，Precedence Diagramming Method)

节点法又称为顺序图法或单代号网络图法，它的特点是用节点代表活动，用箭线表示各个活动之间的关系。

活动之间的依赖关系包括四种类型，如图5-2所示。

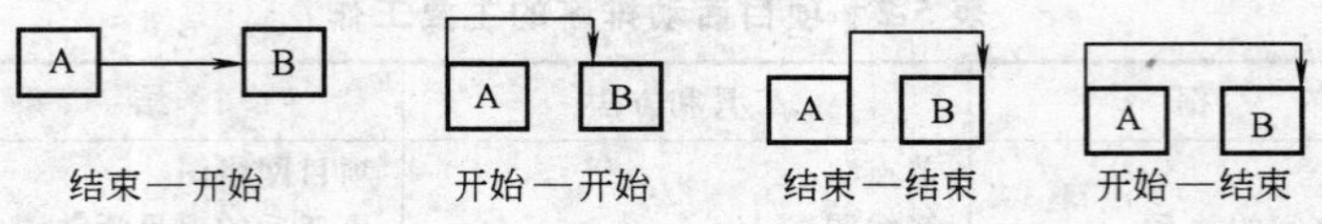

图 5-2 四种活动类型依赖关系图

(1) 结束—开始：B 活动必须在 A 活动结束后才能开始。如某个项目在投资前，必须先进行可行性研究(A 活动)，在项目可行的基础上，才能进行投资活动(B 活动)。

(2) 开始—开始：B 活动开始前 A 活动必须开始，如以项目管理活动为例，进度管理(B 活动)开始时，费用管理(A 活动)必须开始，两者至少要同时开始。

(3) 结束—结束：A 活动结束前，B 活动必须结束，如在进行厨房装修时，热水器输水管的安装(B 活动)必须在厨房粉刷(A 活动)完毕之前结束，否则，还得打洞弄坏墙壁。

(4) 开始—结束：B 活动结束前 A 活动必须开始。

在节点图中，结束—开始型最为常用；开始—开始型和结束—结束型允许两项工作有一定程度的并行；开始—结束型完全是理论上的，现实中很少见。因此，本书用结束—开始型进行举例说明节点图的画法，某项目的活动如表 5-3 所示。

表 5-3 某项目的活动关系表

活动名称	紧前活动	紧后活动
A	—	B、E
B	A	C
C	B	D
D	C	F
E	A	F
F	D、E	—

根据表 5-3 中的资料，用节点图表示出活动之间的关系，如图 5-3 所示。

在绘制节点图时，要注意以下的规则(该规则对后面的箭线图同样适用)：

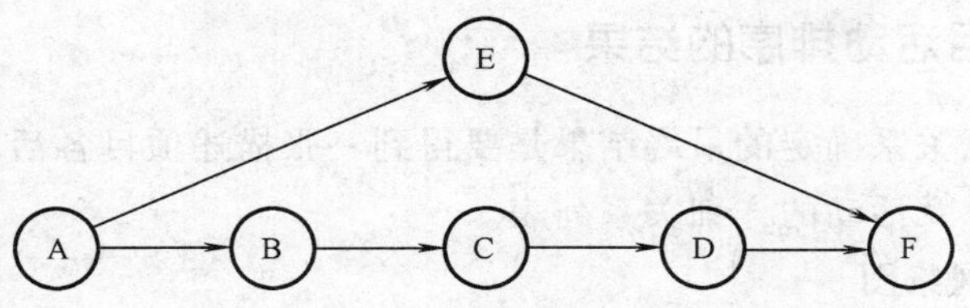

图 5-3 某项目的节点图

(1) 节点图中不能出现无头箭线和双头箭线，只允许出现单头箭线。

(2) 节点图中不能有循环回路。

(3) 节点图中不能出现无节点的箭线。

(4) 节点图中只能有一个起始节点和一个终止节点。

(5) 节点图中的箭线要尽量避免交叉。

2. 箭线图法(ADM, Arrow Diagramming Method)

箭线图法又称为双代号网络图法，它用箭线来代表活动，用节点表示活动之间的关系。这种方法虽然没有节点法应用的广泛，但在某些领域也是一种可供选择的方法。仍以上例来说明箭线图的画法，如图 5-4 所示。

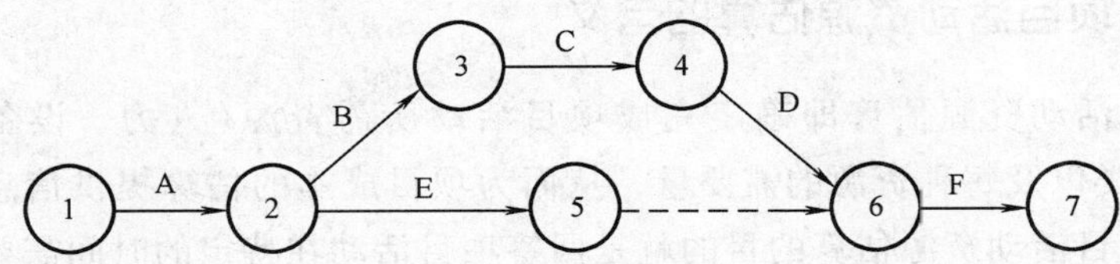

图 5-4 某项目的箭线图

在箭线图中，活动是由两个节点中间的箭线来表示的，所以项目的活动可以由两个节点的数字来表示，如活动 B 可以表示为活动(2，3)，活动 C 可以表示为活动(3，4)。由于活动 D 和 E 分别完成于节点 6 和 5，所以用一个虚活动(表示不存在的活动，有助于表示其他活动的关系)把它们连接起来，表示活动 F 要在 D 和 E 完成之后才能进行。

3. 网络模板法(Network Templates)

项目团队可以用一些标准的网络图或者过去完成的项目网络图作为新项目网络图的模板，根据新项目的实际情况来调整这些模板，可以准确、高效地画出新项目的网络图。网络图模板可能包括整个项目的网络也可能只包括其中的子网络。子网络对于整个项目网络图的编制是十分有用的，一个项目可能包括若干个相同的或者是相近的部分，它们就可以用类似的子网络加以描述。

5.3.4　项目活动排序的结果

活动相互关系确定的最终结果是要得到一张描述项目各活动相互关系的项目网络图以及活动的详细关系列表。

1. 项目网络图

项目网络图是表示项目活动之间逻辑关系和依赖关系的图形，通常可由计算机执行或手工绘制。它可以包括整个项目的全部细节，也可以只包括项目的主要活动。项目网络图还应该附有简要的说明，对任何特别的排序都应该作详细的说明。

2. 更新后的项目活动清单

在编制项目网络图的过程中，可能会发现需要进行再分解或重新定义的一些活动，这就要求及时对项目活动清单进行更新。

5.4　项目活动资源估算

5.4.1　项目活动资源估算的含义

项目活动资源估算即确定完成项目活动所需资源(人力、设备、材料等)的种类以及每种资源的需要量，从而为项目成本的估算提供信息。也就是说，项目活动资源估算的目的就是回答项目活动在特定的时间需要投入什么样的资源以及每种资源的需要量。在进行项目活动资源估算时也可借助于项目资源分解结构(RBS)。

项目活动资源估算的主要工作如表5-4所示。

表5-4　项目活动资源估算的主要工作

依　据	工具和方法	结　果
工作分解结构	资源计划矩阵	资源计划说明书
项目活动清单	资源数据表	
历史资料	资源需求甘特图	
项目范围说明书	专家判断法	
项目资源说明	资料统计法	
项目组织的管理政策和原则	自上而下估算法	

5.4.2 项目活动资源估算的依据

1. 工作分解结构(WBS)

2. 项目活动清单

3. 历史资料

过去完成的项目中相似工作的资源使用情况对项目团队确定资源需求具有重要的参考价值。

4. 项目范围说明书

项目范围说明书确定了项目的目标以及项目团队应该做和不应该做的工作，在项目活动资源估算过程中，应该认真考虑资源需求是否可以保证项目目标的实现。

5. 项目资源说明

项目资源说明描述的是：项目所需资源(人力、设备、材料)的类型、数量和质量，何时需要何种资源以及每种资源的特性要求等，这些都是在编制资源计划时必须重点考虑的信息。

6. 项目组织的管理政策和有关原则

在资源计划编制过程中，必须考虑项目组织的企业文化、组织结构、相关人员聘用、设备租赁还是购置的选择以及资源消耗量的计算等内容。

5.4.3 项目活动资源估算的工具

1. 资源计划矩阵

资源计划矩阵是项目工作分解结构的直接产品，如表5-5所示，该表的缺陷是无法囊括信息类的资源。

表5-5 资源计划矩阵

工作	资源需求量					相关说明
	资源1	资源2	…	资源 $m-1$	资源 m	
工作1 工作2 ⋮ 工作 $n-1$ 工作 n						

2. 资源数据表

资源数据表与资源计划矩阵的区别在于它所表示的是在项目进展各个阶段的资源使用和安排情况，而不是对项目所需资源的统计汇总说明，如表5-6所示。

表5-6 资源数据表

资源需求种类	资源需求总量	时间安排（不同时间资源需求量）					相关说明
		1	2	…	$T-1$	T	
资源1 ⋮ 资源 $m-1$ 资源 m							

3. 资源需求甘特图

资源需求甘特图直观地显示了资源在各个阶段的耗用情况，它比资源数据表更为直观、简洁，如图5-5所示。该图的缺陷是无法显示资源配置效率方面的信息。

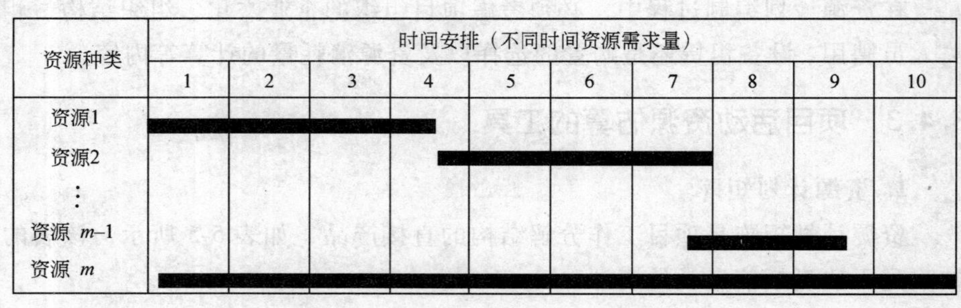

图5-5 资源需求甘特图

5.4.4 项目活动资源估算的方法

1. 专家判断法

专家判断法是指由项目成本管理专家根据经验进行判断，最终确定并编制出项目资源计划的方法。其优点是：不需要历史信息资料，适合于创新性强的项目。其缺点是：由于专家的专业水平和对项目理解程度存在差异，使编制出的项目资源计划某些部分不甚合理。

2. 资料统计法

资料统计法是指参考以往类似项目的历史统计数据和相关资料，计算和确定项目资源计划的一种方法。其优点是：能够得出比较准确、合理和可行的项目资源计划。其缺点是：对所采用的历史统计数据不但要同本项目有足够的可比性，并且要求足够详细。显然，这种方法对于创新性很强的项目不适用，仅能作为编制项目资源计划的辅助手段。

3. 自下而上估算法

自下而上估算法(Bottom-up Estimating)，也称工料清单估算法。它是一种结构化分解和估算的方法。依据自下而上的原则，首先估算工作分解结构的最底层面上每个工作包的资源需求，然后沿着工作分解结构的路径逐层将工作包层面的资源需求向上汇集，即由工作包层面到任务层面，再由任务层面到子项目层面，最终汇集得出所有活动所需资源的估算总和。

自下而上估算法的优点在于：它是一种下层同时参与管理的估算方法，比起那些没有亲身参与具体工作的上级管理人员而言，底层的管理人员往往会对项目活动所需资源的估算有着更准确地认识，得出的估算结果也比较准确。另外，底层的管理人员直接参与估算工作，还可以使他们更愿意接受活动所需资源估算的最终结果，从而提高估算的工作效率。

自下而上估算法的缺点在于：采用该方法估算项目活动资源时，由于参加估算的部门较多，而且有必要把不同度量单位的资源转化为货币形式，因此用于估算的时间和成本就会增加。而且，由于下层人员可能会过多增加其所负责活动的估算，因为他们担心当出现实际成本高于估算成本的情况时会受到惩罚。但是高层管理人员会按照一定的比例消减下层人员所作的活动所需资源的估算，从而使得所有的参与者陷入一个博弈怪圈。

5.4.5　项目活动资源估算的结果

项目活动资源估算的结果是资源计划说明书，它将对项目所需资源的需求情况和使用计划进行详细描述。资源计划说明书主要由项目资源计划及其补充说明两部分组成。项目资源计划包括了项目的资源需求计划和对各种资源需求的描述，主要采用各种形式的表格予以反映，如表5-5所示资源计划矩阵、表5-6所示项目资源数据表等。由于有时项目资源计划无法对项目所需资源的各个方面都加以详细说明，这就必须借助项目资源计划的补充说明来进一步补充。

5.5 项目活动时间估算

5.5.1 项目活动时间估算的含义

项目活动时间的估算就是对完成项目的各种活动所需要的时间进行估算。对项目的时间进行估算，首先需要分别估算项目各个活动所需要的时间，然后根据项目活动的排序来确定整个项目所需要的时间。若项目的活动时间估算过短，则会使项目组织处于被动紧张的状态；若项目的活动时间估算过长，则会延迟项目的完成，可能因此失去大好的获利机会。

项目活动时间估算既要考虑活动所消耗的实际工作时间，也要考虑间歇时间。如在建设一条高速公路时，铺沥青的时间为10天，等待沥青干的时间为2天，所以，估算该项目铺沥青这一活动的时间为12天。

项目活动时间估算的主要工作如表5-7所示。

表5-7　项目活动时间估算的主要工作

依　据	工具和方法	结　果
资源要求 历史资料	专家判断法 类推估算 模拟法	估算出的项目活动时间 估算依据的文档 更新活动清单

5.5.2 项目活动时间估算的依据

项目活动时间估算的依据有项目活动清单、制约因素、假设条件、资源要求、资源能力、历史资料等，其中项目活动清单、制约因素和假设条件在前面已经叙述，在此不再重复。

(1) 资源要求。项目活动的时间取决于资源的数量和质量。大多数项目活动的时间将受到分配给该活动的资源数量的影响，如当人力资源减少一半时，活动时间一般来说将会延长一倍；另外，大多数项目活动的时间也受到项目所能够得到的资源质量的影响，如对于同一个活动，技术熟练的工人要比技术一般的工人花费的时间少。

(2) 历史资料。许多类似的历史项目的资料对于项目活动时间的确定是很有帮助的。这些历史资料包括：项目档案、项目团队成员的知识、经验和公用数据库。

5.5.3　项目活动时间估算的方法

1. 专家判断法

当项目涉及新技术领域或不熟悉的领域时，项目管理人员由于不具备专业技能，通常很难作出正确、合理的时间估算，这就要借助项目管理专家的知识和经验，对项目活动的时间作出权威的估算。否则，估算结果很可能会不可靠且具有较大风险。

2. 类推估算

类推估算是将过去类似项目活动的实际时间作为估算未来活动时间的基础，通过类比来推算当前项目活动所需的时间。它通常在项目的资料和信息有限的情况下使用。在下列情况下，类推估算的结果是可靠的：①先前活动和当前活动是本质的类似而不仅仅是表面的相似；②类推专家具有丰富的经验。

3. 模拟法

模拟法是以一定的假设条件为前提，计算出多种活动时间的估算方法。最常用的模拟法是三点法，其步骤是首先估计出项目各个活动的三种可能时间：最乐观时间 T_a、最悲观时间 T_b 和正常时间 T_m，假设这三个时间服从 β 分布，然后运用概率的方法得出各项活动的最可能的时间。即

$$T = \frac{T_a + 4T_m + T_b}{6} \tag{5-1}$$

例 5-1　某一简单项目由三个活动 A、B、C 组成，其项目网络结构图如图 5-6 所示。活动 A、B、C 在正常情况下的工作时间分别是 20 天、18 天、24 天，在最有利的情况下工作时间分别是 15 天、16 天、20 天，在最不利的情况下其工作时间分别是 28 天、30 天、36 天，那么该项目各活动和整个项目的最可能完成时间是多少？

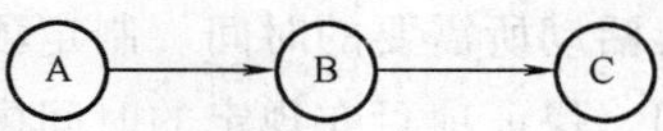

A → B → C

图 5-6　项目网络结构图

解　根据式(5-1)有

活动 A 最可能完成时间 $T = \frac{15 + 4 \times 20 + 28}{6}$天 $= 20.5$ 天

活动 B 最可能完成时间 $T = \frac{16 + 4 \times 18 + 30}{6}$天 $= 19.7$ 天

活动 C 最可能完成时间 $T = \frac{20 + 4 \times 24 + 36}{6}$天 $= 25.3$ 天

所以该项目最可能完成时间为$(20.5 + 19.7 + 25.3)$天 $= 65.5$ 天

5.5.4　项目活动时间估算的结果

1. 估算出的项目活动时间

项目活动时间的估算，是对完成某一活动所需要的工作时间进行定量的估计，并且还要用一定的指标表示出项目活动时间的变动范围。如3周±2天(每周5个工作日)表示该活动至少需要13天，至多需要17天；超过3周的概率为10%表示该活动在3周内完成的概率为90%。

2. 估算依据的文档

项目活动时间估算的依据必须以文档的形式保存下来，作为项目管理的备查资料。

3. 更新活动清单

项目团队在估算项目活动时间后，可能会发现项目活动定义存在一些错误，就需要对项目活动清单进行更新。

5.6　项目进度规划

5.6.1　项目进度规划的含义

项目进度规划是在工作分解结构的基础上，对项目活动进行一系列的时间安排，它要对项目活动进行排序，明确项目活动必须何时开始以及完成项目活动所需要的时间。制定项目进度规划的主要目的是控制和节约项目的时间，保证项目在规定的时间内完成。

项目进度规划应依据前面所涉及的项目进度管理过程的结果制定，主要是用来确定项目活动的开始和结束日期。制定进度规划的最终目标，是建立一个现实的项目进度计划，并为监控项目的进展情况提供一个基础。

项目进度规划的主要工作如表5-8所示。

表5-8　项目进度规划的主要工作

依　据	工具和方法	结　果
项目网络图 活动时间的估算 资源要求 项目作业制度的安排 项目作业的各种制约因素 项目活动提前和滞后的时间	资源平衡法 关键路径法 计划评审技术 图表评审技术	项目进度计划 项目进度计划补充说明 项目进度管理计划

5.6.2　项目进度规划的依据

1. 项目网络图

项目网络图确定了项目活动的顺序以及这些活动相互之间的逻辑关系和依赖关系。项目进度规划的制定主要就是按照项目网络图来确定项目活动之间的关系。

2. 活动时间的估算

项目活动时间的估算是通过上一节介绍的估算方法和估算程序得到的。

3. 资源要求

资源要求是指项目活动对资源在数量和质量等方面的需求，它对项目进度会产生一定的影响。具体来说，资源需求就是项目的各项活动在何时需要何种资源以及当项目的几项活动共用一种资源时，如何合理的平衡资源，从而确定如何安排项目各项活动的进度。

4. 项目作业制度的安排

项目作业制度的安排直接关系到项目进度计划的编制，如项目进度计划的编制必须考虑项目团队一周的工作日是5天还是7天。

5. 项目作业的各种制约因素

在制定项目进度计划时，必须要考虑项目作业的各和制约因素，如项目客户要求项目团队交付项目最终可交付成果的时间。

6. 项目活动提前和滞后的时间

在定义项目活动的关系时，需要了解项目活动提前和滞后的时间，如项目某些活动需要提前一些时间，也有些活动需要滞后一些时间，这样才能开始后续的活动。

5.6.3　项目进度规划的工具和方法

在制定项目进度计划时，先用数学分析方法计算出每个活动的最早开始和结束时间与最迟开始和结束时间，得出时间进度网络图，再根据资源因素、活动时间等限制条件来调整活动的进度，最终形成最佳活动进度计划。

项目进度计划要说明哪些工作必须何时完成以及完成每一任务所需要的时间，最好能同时表示出每项活动所需要的人数。常用的制定进度计划的方法有资源平衡法、关键路径法、PERT分析、GERT分析等，下面对这几种方法展开详细讨论。

1. 资源平衡法

资源平衡法是指通过确定出项目所需资源的确切投入时间，尽可能均衡地使用各种资源来满足项目进度计划的一种方法。该方法的流程如图5-7所示。

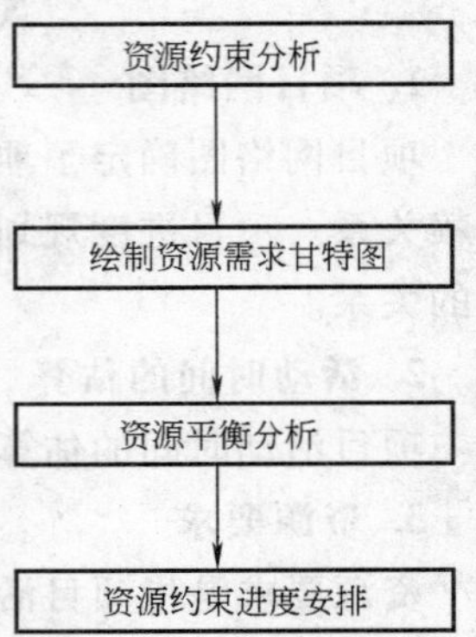

图5-7 资源平衡法的流程

(1) 在实际当中，项目必须要考虑成本、时间等相关因素对项目的制约，即资源约束问题。因此，资源平衡法的首要工作就是进行资源约束分析。

1）活动之间的技术约束分析。可以通过网络图表示出的各个活动之间的逻辑关系来配置资源。从技术的角度看，这些活动应该是按照顺序进行的。图5-8表示了某项制造设备技术方案中的三种活动——购买材料、加工零件和组装设备，而且这三种活动必须按图5-8中所示的先后顺序进行。

图5-8 制造设备的技术顺序图

2）资源约束分析。项目网络图除了表明活动之间的技术约束以外，还必须考虑资源约束的问题。例如，图5-9表示了在无资源约束的情况下可以同时进行的三种活动——装修房间、装修厨房和装修花园。由图5-9中可以看出，这些活动的开始是不依赖于其他活动的完成的。但是如果该装修项目只由一个施工队来执行，并假设这个施工队不可能同时进行三种装修活动，那么这三种装修活动就不能同时开始，必须有先后次序（图5-10表示出其中一种可能性），这就出现了资源约束问题。

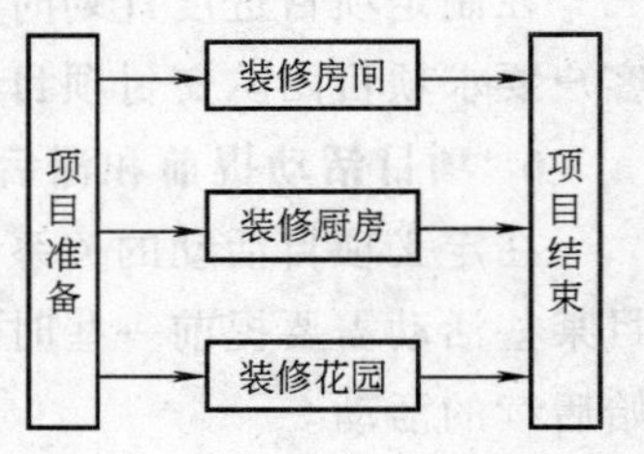

图5-9 无资源约束的活动网络图

上述用于资源约束分析的思路，对于仅需几种资源的小型项目来说十分有效；但对于需要多种资源的大中型项目就会因其过于复杂而不宜采用了。

图5-10 有资源约束的活动网络图

(2) 在资源约束分析完成之后，就可以进行资源平衡法的第二步工作，即绘制资源需求甘特图。

资源需求甘特图是揭示某个特定项目所需的人工、材料等各种资源在项目生命期各个时间段的需求或占用情况的一种图形，此图上表示的每类资源的需求量都表示为时间(项目进度)的函数。

资源需求甘特图的表现形式有两种：一种形式如图5-5所示，它可以用一张图同时表示两种以上的资源随着时间推进的需求情况；另一种形式如图5-11所示，在该种形式中，对于每一种类型的资源，均需要绘制出一幅与之相对应的独立的资源需求甘特图。虽然该形式的图比较容易理解，但绘图的工作量较大，因此不适用于资源需求种类很多的项目。

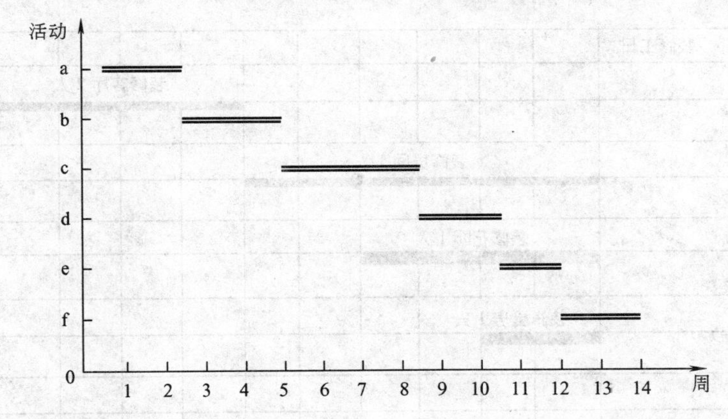

图5-11 资源需求甘特图

在此，我们以一个装修某豪华别墅的项目为例，讨论如何在网络图的基础上绘制资源需求甘特图。假设图5-12是我们根据装修某豪华别墅项目的进度计划绘制的网络图。根据图5-12所揭示的信息，我们进一步编制出了装修豪华别墅项目的资源需求甘特图，如图5-13所示。

从图5-13可以看出，在执行该项目四个活动(从开始到结束)的过程中，每天需要的装修工人数依次为：第1~2天需要3个装修工人，第3~4天需要2个装修工人，第5~6天需要1个装修工人，第7~10天需要2个装修工人，累计需要3×2+2×2+1×2+2×4=20个工作日。同时也可以发现该项目的装修工人这一人力资源的配置很不均衡，如何优化配置这一人力资源就是资源平衡所要解决的根本问题之一。

(3) 资源平衡法的第三步工作就是资源平衡分析。资源平衡分析是指当某种特定资源的需求频繁波动时，在不延长项目工期的前提下，如何使资源

项目开始
装修房间
6天
1个装修工
装修花园
4天
1个装修工
装修厨房
2天
1个装修工
装修客厅
4天
2个装修工
项目结束

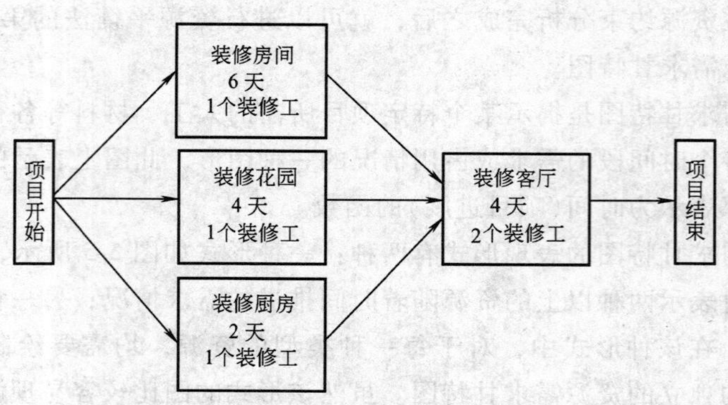

图5-12　装修某豪华别墅项目资源需求的网络图

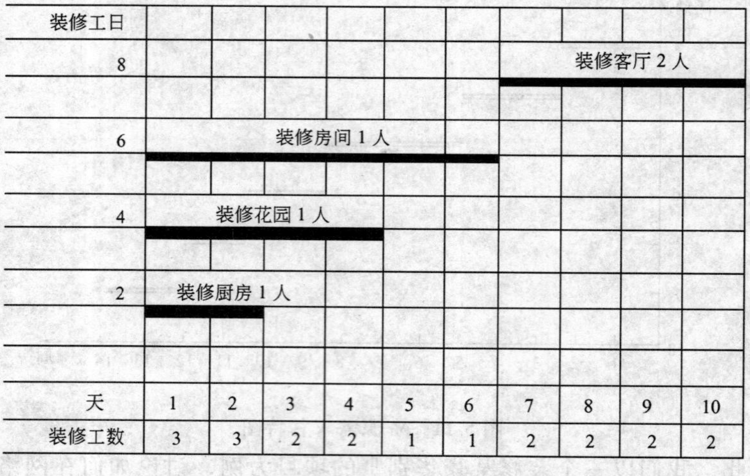

装修工日
8
6
4
2
装修客厅2人
装修房间1人
装修花园1人
装修厨房1人
天　1　2　3　4　5　6　7　8　9　10
装修工数　3　3　2　2　1　1　2　2　2　2

图5-13　装修某豪华别墅项目的资源需求甘特图

配置得尽可能均衡，即使资源需求的波动最小化的一项工作。

资源平衡分析的优点有如下三个方面：

1）在资源平衡的情况下，可以减少大量的、不必要的资源传送管理工作。

2）在资源平衡的情况下，可以使用“零库存”策略，从而减少库存成本和避免供货量出现的失误。

3）在资源平衡的情况下，不必因增加或减少劳动力数量而在人事和工资等相关问题上伤脑筋。

如果项目所有活动的资源需求都是已知的，只要项目已经计划好了，就可以从总体上计算分析项目的资源使用情况。如果资源的需求量超过了供应量，那么就应进一步调整进度计划以减少资源的需求。如果通过资源平衡工作还无法解决上述矛盾，那么就只能延长该项目的工期了。

反复试验法是在资源平衡分析时经常使用的一种方法。反复试验法主要是通过推迟那些非关键活动的最早开始时间，经过反复多次的试验，从而实现在不延长项目预计工期的前提下使资源均衡配置的一种方法。如上例(该例是假设所有的活动都是在其最早开始时间开始的)中的装修工人这一人力资源的配置就很不均衡，如果将装修厨房的活动延迟4天，于是该项目每天都只需要2个装修工人，这样资源的配置就平衡了，如图5-14所示。

装修工日

8　装修客厅2人

6　装修房间1人

4　装修花园1人

2　装修厨房1人

天	1	2	3	4	5	6	7	8	9	10
装修工数	2	2	2	2	2	2	2	2	2	2

图5-14　装修某豪华别墅项目的资源需求甘特图

在资源平衡分析时，如果项目网络图不是很复杂，并且仅有几种类型的资源时，资源平衡分析的过程就可以通过手工来完成；但如果项目网络图很繁杂且资源需求种类很多时，资源平衡分析工作就变得十分复杂，手工平衡则非常困难，此时只能借助于项目管理软件来辅助完成资源平衡分析的工作了。

(4) 资源平衡法的最后一步是进行资源约束进度安排。资源约束进度安排是在各种资源有限而且又不准超过该资源约束的前提下制定工期最短的一种方法。由于资源约束进度安排必须遵守资源约束条件，所以应用这种方法时就会导致项目完工时间的延长，这也是一种在最小时差原则下反复地将资源分配给各个活动的方法。

假设上例中装修厨房的时间需要3天，同时该项目只有2个装修工人，因而装修房间、装修花园和装修厨房就不可能同时进行，这将会导致项目的完工时间延长1天，即项目的完工时间从10天延长到11天。

对于需要多种资源的大中型项目而言，由于每种资源的限制不尽相同，资源约束进度计划的制定也是十分复杂的，此时可以借助各种项目管理软件来完成。

2. 关键路径法

关键路径法(CPM, Critical Path Method)是一种最常用的数学分析技术。它是一种运用特定的、有顺序的网络逻辑来预测总体项目历时的项目网络分析技术，它可以确定项目各项活动最早、最晚的开始和完成时间。

(1) 最早开始时间和最早完成时间

1) 最早开始时间(ES, Early Start Date)是指某项活动开始的最早时间。

2) 最早完成时间(EF, Early Finish Date)是指某项活动能够完成的最早时间。

计算网络图中各项活动的最早开始和完成时间的具体原则如下：

a. 对于一开始就进行的活动，其最早开始时间为0。

b. 某项活动的最早开始时间必须等于或晚于直接指向这项活动的所有活动的最早完成时间中的最晚时间。

c. 计算每项活动的最早开始时间时，应以项目预计开始时间为参照点进行正向推算。对于中间的活动，其最早开始时间就是其前置活动的最早完成时间中的最晚时间。

d. 根据项目的最早开始时间来确定项目的最早完成时间。最早完成时间可在这项活动最早开始时间的基础上加上这项活动的期望活动工期DU(duration)得到，即EF = ES + DU，如图5-15所示。

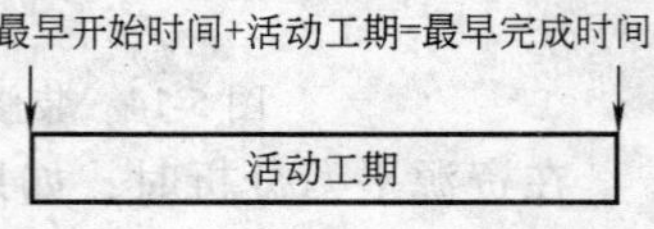

图5-15　最早开始、完成时间关系图

(2) 最迟完成时间和最迟开始时间

1) 最迟完成时间(LF, Late Finish Date)是指在完工时间内活动必须完成的最迟时间。

2) 最迟开始时间(LS, Late Start Date)是指在完工时间内为完成活动必须开始的最迟时间。

计算网络图中各项活动的最迟开始和完成时间的具体原则如下：

a. 对于最后完成的活动，其最迟完成时间就是项目规定的完工期。

b. 某项活动的最迟完成时间必须等于或早于该活动直接指向的所有活动最迟开始时间的最早时间。

c. 计算每项活动的最迟完成时间时，应以项目预计完成时间为参照点进行逆向计算；对于中间的活动，其活动的最迟完成时间就是其后置活动的最迟开始时间的最早时间。

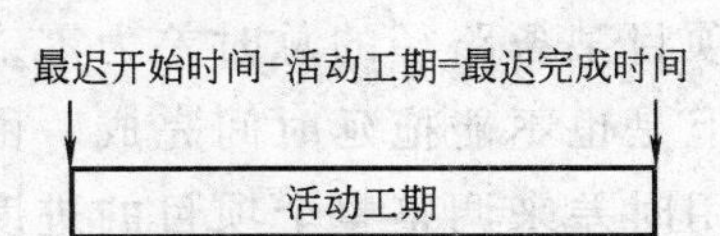

图 5-16 最迟开始、完成时间关系图

d. 最迟开始时间可在该活动最迟完成时间的基础上减去该活动的期望活动工期得出，即 LS = LF – DU，如图 5-16 所示。

计算完项目各项活动的最早开始时间、最早完成时间、最迟开始时间和最迟完成时间，我们用节点法画网络图时，节点的格式定义如图 5-17 所示。

<table>
<tr><td>ES</td><td>N</td><td>EF</td></tr>
<tr><td colspan="3">活动名称</td></tr>
<tr><td>LS</td><td>DU</td><td>LF</td></tr>
</table>

图 5-17 节点格式图

图中，ES——最早开始时间；EF——最早完成时间：LS——最迟开始时间；LF——最迟完成时间；N——节点序号：DU——期望活动工期。

注意：节点序号只起编号作用，不代表任务完成的先后顺序。

(3) 时差。时差(Slack)也称为“浮动时间”或“宽裕时间”，表明项目活动或整个项目的机动时间。时差分为两种类型：活动总时差和单时差。活动总时差是指在不影响项目在规定时间内完成的前提下，项目活动最迟完成(开始)时间和最早完成(开始)时间的间隔；活动的单时差则是在不影响下一个活动最早开始的前提下，完成该活动所拥有的机动时间。由此可见，总时差是单时差的综合，但不是单时差的简单加总。在实际的项目中，对这两个时差没有特意的区分，而是统称为时差。时差越大，则表示项目的时间潜力也越大。时差可以通过式(5-2)来表示。

$$时差(F) = LF - ES - DU$$

或

$$时差 = LS - ES \tag{5-2}$$

或

$$时差 = LF - EF$$

如果项目某条路径的总时差为正值，这一正的总时差可以由该路径上所有的活动来共用，当该路径上的某项活动不能按期完成时，则可以利用该路径的总时差，而不必担心影响项目的进度；如果项目某条路径的总时差为负值，则表明该路径上的各项活动要加快进度，减少在该路径上花费的时间总量，否则项目就不能在规定的时间内顺利完成；如果项目某条路径的总时差为零，则表明该路径上的各项活动不用加速完成但是也不能拖延时间完成。由此可见，项目网络图的管理精髓就在于利用时差来调整整个项目的进度。

（4）关键路径的确定。关键路径法的重点是确定项目的关键路径，将项目网络图中每条路径所有活动的历时分别相加，时间最长的路径就是关键路径。关键路径上的活动称为关键活动，关键路径的节点称为关键节点，关键活动的总时差为零。因此，关键路径就是网络图中由一系列活动构成的工期最长的那条路径。如果关键路径上的某项活动未如期完成，所有处于其后的工作活动都要往后拖延，最终导致项目不能按计划完成。反之，如果关键路径上的某项活动能够提前完成，那么整个项目也有可能提前完成。由此可知，在编制项目进度计划时，关键路径上的活动是关注的重点。

常用的确定关键路径的方法有“活动历时最大值”和“时差最小值”两种。“活动历时最大值”法的步骤是：①找出涵盖由起点至终点所有活动的路径；②将每条这样的路径上的活动历时累加；③选择其中活动历时累加值最大的路径作为关键路径。“时差最小值”法的目的是通过找出那些具有最小时差的活动来确定哪条是关键路径，该方法的步骤是用每项活动的最迟完成时间减去最早完成时间（或用最迟开始时间减去最早开始时间），然后找出时差值最小的各活动（如果时差都是正的，则选择正时差值最小的活动；如果存在负时差，则选择负时差绝对值最大的活动），最后，由时差值最小的各活动组成的路径就是关键路径。

例如，某项目的网络图如图5-18所示。如果该项目的规定完工时间为42天，试分别用“时差最小值”和“活动历时最大值”两种方法确定该项目的关键路径。

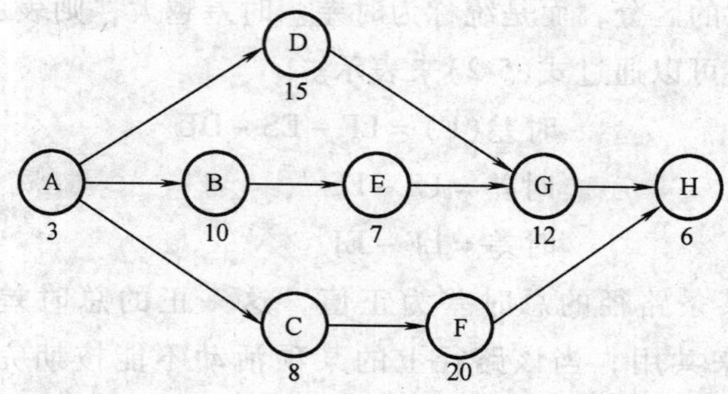

图5-18　某项目的节点图

1）运用“时差最小值”方法来确定该项目的关键路径：

表 5-9 项目活动情况表

活 动	活动工期	最 早		最 迟		总 时 差
		开始时间	完成时间	开始时间	完成时间	
A	3	0	3	4	7	4
B	10	3	13	7	17	4
C	8	3	11	8	16	5
D	15	3	18	9	24	6
E	7	13	20	17	24	4
F	20	11	31	16	36	5
G	12	20	32	24	36	4
H	6	32	38	36	42	4

由表 5-9 中总时差值可看出，活动 A、B、E、G 和 H 具有正的最小时差值4。因此，活动 A、B、E、G 和 H 构成的涵盖起点和终点的路径就是该项目网络图的关键路径。

2）运用“活动历时最大值”方法来确定该项目的关键路径：

在该项目的节点图上，可以找出涵盖着起点和终点的完整路径有三条。这三条路径包含的活动分别是：①A、D、G、H；②A、B、E、G、H；③A、C、F、H。这三条路径的活动历时累加值分别为 36 天、38 天和 37 天，其中路径 A、B、E、G、H 活动累加值(38 天)是最长的，所以它是关键路径。

3. 计划评审技术

计划评审技术(PERT，Program Evaluation and Review Technique)是项目进度管理的另一项网络分析技术。当项目的某些或者全部活动历时估算事先不能完全肯定时，我们需要综合运用关键路径法和加权平均历时估算法来对项目历时进行估算。这种网络分析技术适用于不可预知因素较多、从未做过的新项目和复杂项目。

计划评审技术网络图的画法与前面介绍的网络图画法是相同的，区别主要在于活动的时间估计和分析。

计划评审技术的活动工期的估计与项目活动时间估计方法——三点法非常相似，它假设活动的时间是一个连续的随机变量，并且服从 β 概率分布，它一般涉及三个时间的估算：

（1）乐观时间（optimistic time）是指在顺利情况下完成活动所需要的最少时间，用符号 a 表示。

（2）最可能时间（most likely time）是指在正常情况下完成活动所需要的时间，用符号 b 表示；

（3）悲观时间（pessimistic time）是指在不顺利情况下完成活动所需要的最长时间，用符号 c 表示。

则活动时间的期望值

$$t=\frac{a+4b+c}{6} \tag{5-3}$$

活动时间的标准差

$$\sigma=\frac{c-a}{6} \tag{5-4}$$

活动时间的期望值表示项目活动耗费时间平均值的多少，活动时间的标准差表示在期望的时间内完成该活动的概率。该标准差越小，则表明在期望时间内完成该活动的概率（可能性）越大；该标准差越大，则表明在期望的时间内完成该活动的概率（可能性）越小。

网络图中关键路径上各项活动完成的总时间的概率服从正态分布，且相互独立，其平均值等于各项活动时间期望值之和，方差等于各项活动时间方差之和。所以，可以利用这些关系估算出项目完成时间的平均值以及项目在规定时间内完成的概率。

在计算项目在规定时间内完成的概率时，可依据下列公式：

$$z=\frac{r-e}{\sigma} \tag{5-5}$$

式中　r——项目要求的完工时间（最迟完成时间）；

e——项目关键路径所有活动时间的平均值（正态分布的均值）；

σ——项目关键路径所有活动时间的标准差（正态分布的标准差）。

通过查正态分布表就可以得到在平均值和要求完工的时间之内完成的概率，然后把这一概率加上在项目完工期望值内完成的概率50%，就得到在项目规定时间内完成的概率。

例5-2　假设某项目的关键路径由三个活动A、B、C组成，活动A、B、C在正常情况下的工作时间分别为16、18、15天，在最有利的情况下工作时间分别是14、15、10天，在最不利的情况下工作时间分别是20、22、19天，试分析该项目在52天内完成的概率？

解　活动A时间的期望值 $=(14+4\times16+20)/6=16.33$ 天

活动B时间的期望值 $=(15+4\times18+22)/6=18.17$ 天

活动 C 时间的期望值 $=(10+4\times15+19)/6=14.83$ 天

该项目完成时间的平均值 $=(16.33+18.17+14.83)=49.33$ 天

活动 A 时间的标准差 $=(20-14)/6=1$ 天

活动 B 时间的标准差 $=(22-15)/6=1.17$ 天

活动 C 时间的标准差 $=(19-10)/6=1.5$ 天

整个项目完成时间的标准差 $=\sqrt{1^2+1.17^2+1.5^2}=2.15$

于是有 $z=\dfrac{52-49.33}{2.15}=1.24$

查表得到 $P_{(z)}=39.25\%$

所以在规定的 52 天内完成该项目的概率为 $39.25\%+50\%=89.25\%$。

4. 图表评审技术

图表评审技术（GERT，Graphical Evaluation and Review Technique），也称随机网络技术，它类似于计划评审技术，但又有其独到之处。它可以对项目活动的逻辑关系和时间估算进行概率处理，并具有随机性。

图表评审技术由节点和箭线组成。

（1）节点。图表评审技术的节点由输入和输出组成，它表示一定的逻辑关系，从而可以处理复杂的活动关系。节点的类型如表 5-10 所示。

表 5-10　GERT 节点表

输入 / 输出	“互斥或”关系	“可兼或”关系	“与”关系
肯定型			
概率型			

注：输入表示三种内向活动与节点的关系。

表 5-10 中各关系的含义为：

1）“互斥或”关系表示几个内向活动中只有一个能够实现，当该活动完成后，节点才能实现。

2）“可兼或”关系表示任何内向活动完成后，就可使节点实现，因此首先完成的内向活动的结束时刻就是该节点的实现时刻，但该节点的其他内向活动仍在进行。

3）“与”关系表示所有内向活动结束时，节点才能实现。因此，最后完成的内向活动的结束时刻就是该节点的实现时刻。此时，该节点的外向（输出）才能开始进行。CPM 和 PERT 的节点输入都表示“与”关系。

节点输出与外向活动的关系包括：

1）肯定型。肯定型指节点的实现使所有的外部活动都能开始进行。CPM 和 PERT 的节点输出是肯定型的，每个外向活动的实现概率都是 1。

2）概率型。概率型指节点外向活动中只有一个能进行，且有一定的实现概率，这种节点所有外向活动的概率之和为 1。

（2）箭线。箭线表示活动情况的变化，主要标注活动发生的概率，持续时间和成本等因素。

图表评审技术允许出现循环、分支以及多个项目结果。例如，有的活动可能根本不实施，有的活动可能实施好几次，而也有一些活动可能只实施一部分。这些在节点图、箭线图中是不允许的。图表评审技术估算活动的时间非常复杂，难以借助数学方法加以分析，一般要借助计算机仿真求解，在此不再介绍。

GERT 法的优点：它试图将风险与历时的估计联系起来；缺点：由于它需要多个历时估计值，所以工作量较大。

5. 项目进度计划编制方法的比较

各种方法之间的比较如表 5-11 所示。

表 5-11 项目进度计划编制方法比较表

网络计划方法	类型	活动的流向	活动的时间	逻辑关系
关键路径法	肯定型	所有活动均由始点流向终点，无回路	确定	所有的活动都必须实现
计划评审技术	概率型	所有活动均由始点流向终点，无回路	服从概率分布，用平均值来表示	一般的活动必须实现，但条件变化时可预测概率
图表评审技术	随机型	活动的流向不受限制，允许存在回路	服从概率分布，按照随机变量分析	节点与活动有不同的逻辑关系，不一定都实现

5.6.4 项目进度计划编制的结果

项目进度计划编制的结果就是关于项目进度计划的文件，主要包括：

（1）项目进度计划。项目进度计划包括各项活动的计划开始时间和预计完成时间，这是项目进度计划编制的主要成果。在资源配置之前，这种进度计划只是一个初步的计划，要到资源配置得到确认后，才能形成正式的项目进度计划。

（2）项目进度计划补充说明。项目进度计划补充说明主要包括对假设条件和制约因素的说明、进度计划具体实施细节和进度风险的估算等方面的内容。

（3）项目进度管理计划。项目进度管理计划说明了项目团队应该如何应对项目进度的变动；它可以是正式的，也可以是非正式的，它是项目进度计划的补充部分。

5.7 项目进度控制

5.7.1 项目进度控制的含义

项目的进度计划为项目的实施提供了科学、合理的依据，从而确保了项目可以如期完成。但是在进度计划的实施过程中，由于外部环境的变化，项目的实际进度经常会与进度计划发生偏离，如果不能及时纠正出现的偏差，就可能会导致项目延期完成，甚至影响到项目目标的实现。项目进度控制就是根据项目进度计划对项目的实际进展情况进行对比、分析和调整，从而确保项目目标的实现。

项目进度计划控制的主要内容包括：

（1）确定项目的进度是否发生了变化，如果发生了变化，找出变化的原因，如有必要就要采取措施加以纠正。

（2）对影响项目进度变化的因素进行控制，从而确保这种变化朝着有利于项目目标实现的方向发展。

项目进度控制的主要工作如表5-12所示。

表5-12 项目进度控制的主要工作

依　据	工具和方法	结　果
项目进度基准计划 执行情况报告 变更申请 进度管理计划	项目进度变更控制系统 偏差分析技术 项目执行情况的度量方法 补充计划的编制 项目管理软件 甘特图	更新后的项目进度计划 纠偏措施 经验教训

5.7.2 项目进度控制的依据

1. 项目进度基准计划

项目进度计划批准后就是进度基准计划，它是项目进度控制的主要依据，为衡量进度的执行情况提供了基准尺度。

2. 执行情况报告

执行情况报告提供有关项目进度计划执行的实际情况以及其他的相关信息。例如，哪些活动已经如期完成，哪些活动尚未按期完成。执行情况报告还可以提醒项目团队关注那些可能会影响进度的活动。

3. 变更申请

变更申请就是项目团队对项目进度任务提出改动的要求，可以是要求推迟进度也可以是加快进度。

4. 进度管理计划

进度管理计划提供了应对项目进度计划变动的措施和安排，是进行进度调整的主要依据。

5.7.3 项目进度控制的工具和方法

1. 项目进度变更控制系统

项目进度变更控制系统规定了改变项目进度计划应该遵循的程序，它应该是项目整体变更控制系统的一部分，并与其有机地结合起来。

2. 偏差分析技术

偏差分析技术就是将项目的实际进度与计划进度进行对比，它可以在进度滞后的情况下，为如何纠正偏差提供有用的信息。

3. 项目执行情况的度量方法

项目执行情况是项目进度控制的最基本资料，它为确定项目的实际进度与计划进度之间的差距，并为度量这种差距是否达到应采取纠偏措施的程度提供了依据。它包括项目的实际执行情况的数据和其他相关信息。度量执行情况的方法主要是趋势分析法和实地考察法。

4. 补充计划的编制

几乎没有一个项目能够完全按照预定的项目计划实施，这就要求项目团队根据进度变化的情况随时更新项目活动清单、活动时间估算、活动排序以及进度计划等。

5. 项目管理软件

对项目进度控制来说，项目管理软件也是一种有效的工具，特别是对一些复杂的项目。项目管理软件可以绘制网络图、确定项目关键路径、创建甘特图、PERT 视图等，并可用来报告、浏览和筛选具体的项目进度管理信息。

6. 甘特图

在甘特图中，项目活动在表的左侧列出，时间在表的顶部列出，可以依据计划的详细程度，以年、月、周、天或小时来作为度量项目进度的时间单位。下面以表 5-3 所表示的活动关系为例，画出该项目活动的甘特图，如图 5-19 所示。

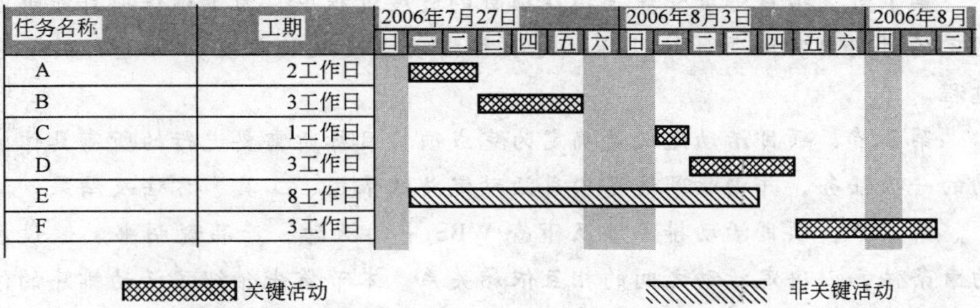
任务名称
工期
2006年7月27日
2006年8月3日
2006年8月
日 一 二 三 四 五 六 日 一 二 三 四 五 六 日 一 二
A
2工作日
B
3工作日
C
1工作日
D
3工作日
E
8工作日
F
3工作日
关键活动
非关键活动

图 5-19 某项目的甘特图

甘特图可以明显地表示出各活动所持续的时间，横道线显示了每项活动的开始时间和结束时间，横道线的长短代表了活动持续时间的长短。

甘特图的优点是简单、明了、直观，易于编制；但是，甘特图不能系统地把项目各项活动之间的复杂关系表示出来，难以进行定量的分析和计算，同时也没有指出影响项目进度的关键。因此，甘特图一般适用于比较简单的小型项目。

5.7.4 项目进度控制的结果

1. 更新后的项目进度计划

在项目进度计划的实施过程中，要根据各种变化和计划采取的纠偏措施对项目的进度计划进行相应的修订、更新，并将更新的项目进度计划分发给有关的项目干系人。

2. 纠偏措施

为了把项目预计的执行情况控制在项目进度计划规定的时间范围内，必须对项目进度存在的问题进行纠正，如对进度滞后的活动要采取措施加快进度。

3. 经验教训

有关项目进度控制方面的各种经验教训要形成文档，使之成为本项目后续阶段或其他类似项目可以利用的数据库的资料来源。

本章小结

项目进度管理与项目成本管理、项目质量管理并称为项目管理的“三大管理”，本章较为详尽地阐述了项目进度管理的各个过程，主要内容如下：

第1节，项目进度管理是指在项目的进展过程中，为了确保项目能够在规定的时间内实现项目的目标，对项目活动进度及日程安排所进行的管理过程。

第2节，项目活动定义是确定为完成项目目标所需要进行的所有具体活动的一项任务，并由此阐述了项目活动定义的依据、工具、方法及结果。

第3节，项目活动排序涉及审查WBS中的活动、产品说明书、假设和约束条件，以决定活动之间的相互依赖关系。本节首先介绍了活动排序的依据，其次介绍了项目活动排序的工具和方法，最后得出项目活动排序的结果。其中，项目活动的排序方法为本节学习重点，它包括节点法、箭线图法、网络模板法。

第4节，项目活动资源估算即确定完成项目活动所需资源的种类以及每种资源的需求量，从而为项目成本的估算提供信息，并由此阐述了项目活动资源估算的依据、工具、方法及结果。其中，项目活动资源估算方法包括：专家判断法、资料统计法、自下而上估算法。

第5节，项目活动时间估算就是对完成项目的各种活动所需要的时间进行估算，并由此阐述了项目活动时间估算的依据、方法及结果。其中，项目活动时间估算方法包括专家判断法、类推估算法、模拟法。

第6节，项目进度规划是在工作分解结构的基础上，对项目活动进行一系列的时间安排，它要对项目活动进行排序，明确项目活动必须何时开始以及完成项目活动所需要的时间。制定项目进度规划的主要目的是控制和节约项目的时间，保证项目在规定的时间内完成。本节由此引出了对项目进度规划依据、工具、方法及结果的阐述，其中，常用的制定进度规划的方法为本节乃至本章的重中之重，它包括资源平衡法、关键路径法、PERT法、

GERT 分析等。

第7节，项目进度控制就是根据项目进度计划对项目的实际进展情况进行对比、分析和调整，从而确保项目进度目标的实现。本节由此引出了对项目进度控制的依据、工具、方法及结果的阐述，其中，项目进度控制的工具和方法包括项目进度变更控制系统、偏差分析技术、项目执行情况的度量方法、补充计划的编制、项目管理软件及甘特图。

本章记忆重点：项目进度管理的含义；项目活动定义；项目活动排序；项目活动资源估算；项目活动时间估算；项目进度规划；项目进度控制。

自　测　题

一、判断题

1. 在节点图中，箭线代表活动。(　　)
2. 在箭线图中，虚活动占用时间和资源。(　　)
3. 项目活动时间估算仅考虑活动所消耗的实际工作时间。(　　)
4. 计划评审法的活动工期不是固定的，而是用期望值表示的。(　　)
5. 计划评审法的活动工期估算比关键路径法更准确。(　　)
6. 图形评审法是随机型的，非肯定型的。(　　)
7. CPM 和 PERT 在时间的估计和分析上是相同的。(　　)
8. 逆推法可以确定各活动最早开工时间。(　　)

二、单选题

1. 某项任务工期的最乐观时间为3天，正常时间为6天，最悲观时间为9天，此任务的预期工期为(　　)。

A. 3天　　B. 6天　　C. 9天　　D. 8.5天

2. 应用进度变更控制系统的一个好处是它包含(　　)。

A. 进度变更所必须遵循的程序

B. 对于报告进度执行情况的需要

C. 评估进度变更偏差的方法

D. 对于测量进度执行情况的需要

3. 在任务赶工时，应该集中于(　　)。

A. 非关键路径的任务　　B. 耗费资源多的任务

C. 关键路径的任务　　D. 降低成本加速执行

4. 活动逻辑关系中的“结束(A)—开始(B)”关系是指(　　)。

A. 活动A不结束，活动B不能开始

B. 活动A结束时，活动B必须已经开始

C. 只有活动B开始后，活动A才能结束

D. 活动A结束与活动B开始必须同时进行

5. 有关关键路径的正确描述是(　　)。

A. 关键路径是指在项目开始到完成的多条路径中耗时最多的那条路径

B. 关键路径是指在项目开始到完成的多条路径中耗时最短的那条路径

C. 网络图中最多存在一条关键路径

D. 关键路径上的某活动延误一天，不影响整个项目的完工时间

6. 某项活动T的工期为5天，其前置活动有A、B、C三个活动。如果活动A、B、C的最早完成时间分别为第4天、第6天和第5天，则下面正确的描述是(　　)。

A. 活动T的最早完成时间是第6天

B. 活动T的最早完成时间是第11天

C. 活动T的最迟开始时间是第4天

D. 活动T的最迟完成时间是第11天

7. 假设你正在改造你的厨房并决定为此项目准备一个网络图，你必须购买好用具并于橱柜建成时安装，这种情况下，购买用具与建橱柜的关系是(　　)。

A. 开始—结束　　　　B. 开始—开始

C. 结束—开始　　　　D. 结束—结束

三、多选题

1. 下列表述正确的是(　　)。

A. 最早完成时间可在这项活动最早开始时间的基础上加上这项活动的工期估计

B. 活动的最迟完成时间以项目预计完成时间为参照点进行逆向计算

C. 最迟完成时间可在后置活动的最迟开始时间基础上计算出来

D. 最迟开始时间可在该活动最迟完成时间的基础上加上该活动的工期得出

2. PERT计划适用下列哪些项目(　　)。

A. 不可预知因素较多的项目　　　　B. 过去未做过的新项目

C. 复杂的项目　　　　D. 研制新产品的项目

3. 下列表述正确的是(　　)。

A. 关键路径法主要应用于以往在类似项目中已取得一定经验的项目

B. 计划评审法更多地应用于研究与开发项目

C. 如果任务工期无法正确估计，一般采用计划评审法

D. 关键路径法属于非肯定型方法，计划评审法属于肯定型方法

4. 下列表述错误的是(　　)。

A. 如果进度计划进行了修改，关键路径不会发生变化

B. 如果时差为负，表示将在预定时间内提前完成项目

C. 如果时差为正，表示将在预定时间内提前完成项目

D. 如果时差为正，表示在预定时间内无法完成项目

5. 下列选择关键路径的表述中，错误的是(　　)。

A. 在所有时差中，如果时差都是正的，则选择数值最大的活动

B. 在所有时差中，如果时差都是正的，则选择数值最小的活动

C. 在所有时差中，如果有时差是负的，则选择绝对值数值最小的活动

D. 在所有时差中，如果有时差是负的，则选择绝对值数值最大的活动

练习与思考

1. 讨论项目进度管理中涉及的主要问题。

2. 比较项目进度计划各编制方法的区别。

3. 关键路径是什么？项目经理为什么应当关心它？

4. 如何确定一个活动的最早开始/完成时间和最迟开始/完成时间？其应该遵循哪些规则？

5. 假设一个项目有这样的活动排序：B、C 只有在 A 完成后才能进行，D 在 B、C 完成后可以立即开始，E 在 D 完成后才能开始。试用节点图和箭线图来表示该项目的网络图。

6. 根据表 5-13 提供资料，画出节点图，并找出关键路径。

表 5-13　某项目的活动关系表

活　动	紧前工作	紧后工作	持续时间
A	—	B、C、D	5
B	A	E	8
C	A	E、F	9
D	A	F	10
E	B、C	G	7
F	C、D	G	8
G	E、F	—	6

第6章

项目成本管理

主要内容

- 概述
- 项目成本估算
- 项目成本预算
- 项目成本控制

学习目标

理解项目成本管理的含义、构成及影响项目成本的因素；理解项目成本管理的含义及其理念；能够运用成本估算的工具和方法进行估算；了解成本预算的步骤；了解项目成本控制的作用；掌握项目成本控制的方法。

6.1 概述

6.1.1 项目成本的含义及构成

在完成任何一个项目的过程中，必然要发生各种物化劳动和活劳动的消耗，这种耗费的货币表现就是项目成本(Project Cost)。项目成本构成如图6-1所示。

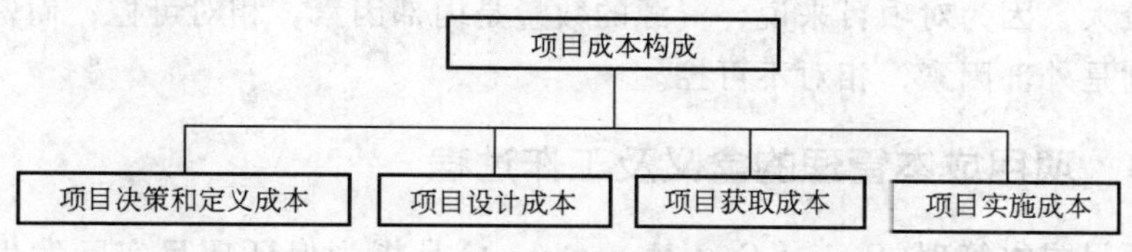

图6-1 项目成本构成图

(1) 项目决策和定义成本。项目决策和定义成本是指在项目启动过程中，用于信息收集、可行性研究、项目选择以及项目目标确定等一系列的决策分析活动所花费的成本费用。

(2) 项目设计成本。项目设计成本是用于项目设计工作所花费的成本费用，如项目施工图设计费用、新产品设计费用等。

(3) 项目获取成本。项目获取成本是指为了获取项目所需的各种资源而花费的成本费用，如对项目所需物资设备的询价、供应商选择、合同谈判与合同履约等的管理所需发生的费用(人力、财力、物力)，但不包括所获资源的价格成本。

(4) 项目实施成本。项目实施成本是指为达到项目的目标而耗用各种资源时发生的费用，是项目总成本的主要构成部分。项目实施成本具体包括：人力资源成本、物料成本、设备成本、顾问费用等以及其他不可预见费用。

在以下的讨论中，我们主要考虑项目的实施成本。

6.1.2 影响项目成本的因素

影响项目成本的因素很多，最重要的影响因素包括如下方面：

(1) 项目范围。项目范围是影响项目成本的最根本因素，因为项目范围决定了项目需要完成的活动以及完成的程度。一般来讲，项目需要完成的活动越多，项目成本就越高；项目需要完成的活动越复杂，项目成本也越高。

(2) 项目工期。项目成本与项目工期直接相关，并随着工期的变化而变化。一般来说，当项目工期缩短时，项目成本会随之增加；但是，当项目工期拖延时，项目成本也会增加。

(3) 项目质量。项目质量即项目能够满足客户需求的特征和性能。显然，项目成本与项目质量成正比例关系。项目质量要求越高，项目成本也就越高；项目质量要求越低，项目成本也就越低。

(4) 耗用资源的数量与单价。很明显，项目成本与项目所耗资源的数量和单价成正比例关系。在这两个要素中，项目所耗资源的数量对项目成本的影响较大，因为对项目来说，资源的数量是内部因素，相对可控；而资源的单价则是外部因素，相对不可控。

6.1.3　项目成本管理的含义及工作过程

项目成本管理(Project Cost Management)是指为保证项目实际发生的成本不超过项目预算成本所进行的项目资源计划编制、项目成本估算、项目成本预算和项目成本控制等方面的管理活动。项目成本管理也可以理解为：为了确保项目目标的完成，在批准的预算内，对项目执行所进行的按时、保质、高效的管理活动。项目成本管理可以及时发现和处理项目执行中出现的成本方面的问题，达到有效节约项目成本的目的。

项目成本管理的工作过程如图6-2所示。

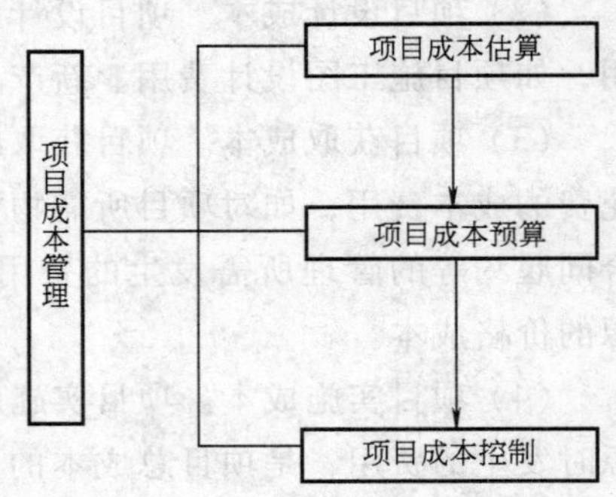

图6-2　项目成本管理的工作过程

这里需要注意的是，虽然在图6-2中每个过程相互间有明确的界限，但在项目的具体实践中，以上这些过程是相互作用的，并且与其他项目管理也可能会出现交叉重叠、互相影响的情况。对于某些项目，特别是一些中、小型项目，三者之间的联系尤为紧密。

6.1.4　项目成本管理的理念

在项目成本管理中应该树立如下两个理念：一是全过程——项目全生命期(包括项目前期、项目实施期和项目使用期)成本管理的理念；二是全方位——项目全面成本管理的理念。

（1）项目全生命期成本管理。项目全生命期成本管理（LCC，Life Cycle Costing）的理念主要是由英美的一些学者和实际工作者于20世纪70年代末和80年代初提出的，其核心包括如下方面：

1）项目全生命期成本管理是一种项目投资决策的分析工具，可用来选择项目备选方案。

2）项目全生命期成本管理是一种项目设计的指导思想和手段，项目全生命期成本管理要计算项目整个生命期的所有成本，包括直接的、间接的、社会的和环境的等。

3）项目全生命期成本管理是一种实现项目全生命期总成本最小化的方法。

项目全生命期成本管理理念的根本点就是要求人们从项目全生命期出发去考虑项目成本及其管理问题，其中最关键的是要实现项目整个生命期总成本的最小化。

（2）项目全面成本管理的理念。项目全面成本管理的理念是国际全面成本管理促进会前主席（原美国造价工程师协会主席）R. E. Westney先生在1991年5月所发表的“90年代项目的发展趋势”一文中提出的。R. E. Westney给全面成本管理下的定义是：“全面成本管理就是通过有效地使用专业知识和专门技术去计划和控制项目资源、成本、盈利和风险。”国际全面成本管理促进会对“全面成本管理”的系统方法所涉及的管理内容进行了界定，项目全面成本管理主要包括如下几个阶段及相关工作：

1）启动阶段相关的项目成本管理工作。

2）说明目的、使命、目标、指标、政策和计划阶段相关的项目成本管理工作。

3）定义具体要求和确定管理技术阶段相关的项目成本管理工作。

4）评估和选择项目方案阶段相关的项目成本管理工作。

5）根据选定方案进行初步项目开发与设计阶段相关的项目成本管理工作。

6）获得设备和资源阶段相关的项目成本管理工作。

7）实施阶段相关的项目成本管理工作。

8）完善和提高阶段相关的项目成本管理工作。

9）退出服务和重新分配资源阶段相关的项目成本管理工作。

10）补救和处置阶段相关的项目成本管理工作。

6.2　项目成本估算

6.2.1　项目成本估算的含义

项目成本估算(Project Cost Estimating)是指为实现项目的目标，根据项目资源计划所确定的资源需求，以及市场上各资源的价格信息，对项目所需资源的成本进行的估算。

项目成本估算同项目报价是两个有区别又有联系的概念，成本估算所涉及的是对项目目标成本进行量化评估，是项目组织为了对外提供产品或劳务的成本费用总和；而报价则是一个经营决策，即项目组织向客户收取它所提供的产品或劳务的费用总和，项目报价中不仅包括项目成本，还包括项目组织应获取的报酬，项目成本只是项目组织进行项目报价所需考虑的重要因素之一。

项目成本的估算是项目成本管理的核心内容，它为项目成本预算及项目成本控制提供了基础。一般进行项目成本估算有如下三个步骤：

(1) 识别和分析项目成本的构成要素，即项目成本由哪些资源组成。

(2) 估算每个项目成本构成要素的单价和数量。

(3) 分析成本估算的结果，识别各种可以相互代替的成本，协调各种成本之间的比例关系。

项目成本估算主要工作如表6-1所示。

表6-1　项目成本估算的主要工作

依　据	工具和方法	结　果
工作分解结构 资源需求计划 资源的单价 活动时间 历史资料 会计科目表	自上而下估算法 参数模型估算法 自下而上估算法	项目成本估算文件 成本估算的详细依据 成本管理计划

6.2.2　项目成本估算的依据

进行项目成本估算的依据实际上就是项目资源估算以及对这些资源预计价格产生影响的因素分析。具体来说，编制项目成本估算的依据包括：

（1）工作分解结构（WBS）。工作分解结构用来确定项目成本估算包括的活动。

（2）资源需求计划。资源需求计划确定了项目所需资源的种类、数量和质量，是项目成本估算的主要依据。

（3）资源的单价。只有掌握每种资源的单价才能做出恰当的项目成本估算。

（4）活动时间。项目活动时间延长会导致项目活动资源的增加，因此在估计项目成本时，应考虑项目的活动时间。

（5）历史资料。许多有关历史资料信息可从项目档案、商业性的成本估算、数据库和项目团队知识等途径获得。

（6）会计科目表。会计科目表是对一个项目组织在总账系统中使用的用于报告该组织财务状况的一套代码，它有利于将项目成本的估算与正确的会计科目对应起来。

6.2.3 项目成本估算的方法

项目成本估算常用的方法有如下三种：

1. 自上而下估算法

自上而下估算法（Top-down Estimating），又称类比估算法（Analogous Estimating），它是将以前类似项目的实际成本的历史数据作为估算依据，并以此来估算项目成本的一种方法。该方法的过程是由上而下一层层地进行的，它是一种最简单的成本估算方法，实质上也是专家评定法，通常在项目的初期或信息不足时采用。如图6-3所示，该方法的主要步骤为：

（1）由项目的中上层管理人员收集类似项目成本的相关历史数据。

（2）项目的中上层管理人员协同有关成本专家估算项目的总成本。

（3）按照工作分解结构图的层次把项目总成本的估算结果自上而下地传递，在此基础上，各个下层管理人员对自己负责的子项目或子任务的成本进行估算。

（4）继续向下逐层传递成本估算，一直到工作分解结构图的最底层为止。

自上而下估算法的优点主要有：

（1）简单易行，花费少，尤其是当项目的详细资料难以获取时，能在估算实践中获得优势。

（2）在总成本估算方面具有较强的准确性。

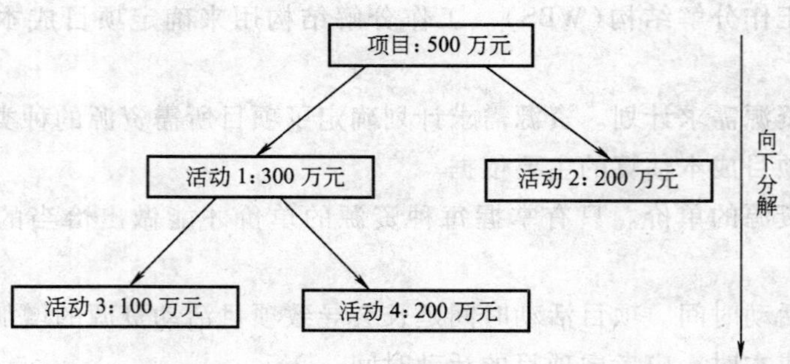

图 6-3　自上而下估算法示意图

(3) 对各活动的重要程度有清楚的认识，从而可以避免过分重视某些不重要的活动或忽视某些重要的活动。

但此方法也有缺点，当估算的总成本按照工作分解结构图逐级向下分配时，可能会出现下层管理人员认为成本不足，难以完成相应任务的情况，然而碍于上级的威严，下层人员未必会立即表达自己对此估算的不同看法，更不可能就合理的预算分配方案与上一级管理人员进行沟通，只能等上一级管理人员发现其中的问题时才得以纠正，这样就会拖延项目进度，造成成本浪费，甚至导致项目失败。

2. 参数模型估算法

参数模型估算法(Parametric Modeling)是一种比较科学的、传统的估算方法，它是把项目的一些特征作为参数，通过建立一个数学模型来估算项目成本的方法。

参数模型估算法在估算成本时，只考虑那些对成本影响较大的因素，而对影响较小的因素则忽略不计，因此用此法估算的成本精确度不高。

采用参数模型估算法时，建立一个合适的模型，对保证成本估算结果的准确性非常重要。为了保证参数模型估算法的实用性和可靠性，在建立模型时，必须注重如下几点：

(1) 用来建模所参考的历史数据的精确性程度。

(2) 用来建模的参数是否容易定量化处理。

(3) 模型是否具有通用性。通用性也就是说如果模型适用于大型项目，在经过适当的调整后也应适用于小型项目。

例如，某安装项目的工艺设备已经选定，其他的活动还未设计，采用参数模型估算法来估算该安装项目的成本。通过分析，建立成本估算模型如下：

$$Y = EW \tag{6-1}$$

式中，Y 表示新项目所需要的投资额；E 表示参数(通过以前的历史成本数据分析得到)；W 表示已知项目的投资额。

假设已知与被估算设备相类似的G设备的投资额为 W；

又已知G设备安装费与设备投资额的关系式为 $B = 1.22W$；

还已知G设备总建设费与设备安装费的关系式为 $Y = 1.54B$；

则总建设费 $Y = 1.54B = 1.54 \times 1.22W = 1.88W$

此刻的参数 E 为1.88，当获知了G设备的投资额 W 后，就可以估算出新项目的总建设费了。

3. 自下而上估算法

在项目成本估算方法中采用的自下而上估算法与5.4.4中活动所需资源估算方法的思路大体相同。两者的区别是：将自下而上估算法用于项目成本估算时，首先估算的是工作分解结构中最底层面工作包的独立成本，然后逐层将工作包层面的成本估算向上汇集，最终汇集得出所有项目成本的估算总和。关于自下而上估算法的介绍详见本书的5.4.4中的内容。

6.2.4 项目成本估算的结果

项目成本估算的结果主要包括项目成本估算文件、成本估算的详细依据和成本管理计划这三个方面的内容。

1. 项目成本估算文件

项目成本估算文件是项目管理文件中最重要的文件之一，它包括项目各活动所需资源(人力、财力、物力，并考虑通货膨胀或意外事故等)及其成本的定量估算，这些估算可以用简略或详细的形式表示。成本通常以货币单位(如元、欧元、美元等)表示，但有时为了方便也可用人/天或人/小时这样的单位。在某些情况下，为便于成本的管理控制，可采用复合单位。

2. 成本估算的详细依据

成本估算的详细依据应该包括：

(1) 项目工作范围的说明，通常从工作分解结构(WBS)得到。

(2) 项目成本估算的基础，说明是怎样做出估算的。

(3) 项目成本估算所做的假设说明，如项目所需资源价格的估定。

3. 项目成本管理计划

项目成本管理计划是整个项目计划的一个辅助部分，说明如何管理实际成本与计划成本之间出现的差异，差异程度不同则管理力度也不同。成本管理计划根据项目的需要，可以是高度详细的也可以是粗略框架的，同时既可以是正规的，也可以是非正规的。

6.3 项目成本预算

6.3.1 项目成本预算的含义

项目成本预算(Cost Budgeting)是进行项目成本控制的基础，是决定项目成功的关键因素，它是在成本估算的基础上进行的。项目成本预算的中心任务是估计项目各活动的资源需要量，将预算成本分配到项目的各活动上。具体来说，项目成本预算是将项目成本估算的结果在各具体的活动上进行分配的过程，其目的是确定项目各活动的成本定额、并确定项目意外开支准备金的标准和使用规则以及为测量项目实际绩效提供标准和依据。

项目成本预算的内容主要包括：直接人工费用预算、咨询服务费用预算、资源采购费用预算和意外开支准备金预算。

在项目成本预算的构成中我们必须关注的是意外开支准备金预算。意外开支准备金是指为项目在实施过程中发生意外情况而准备的保证金。意外开支准备金有两种类型：

（1）显在的意外开支准备金，通常在项目成本文件中明确标明。

（2）潜在的意外开支准备金，通常在项目成本文件中没有标明。

编制项目成本预算，一般都要经历如下步骤：

（1）将项目的总预算成本分摊到各项活动中。根据项目成本估算确定项目的总预算成本之后，按照项目工作分解结构和每一项活动的工作范围，将总预算成本以一定的比例分摊到各项活动中，并为每一项活动建立总预算成本。

（2）将活动总预算成本分摊到工作包。这是根据活动总预算成本，确定每项活动中各个工作包具体预算的一项工作，其做法是将活动总预算成本按照构成这一活动的工作包和所消耗的资源数量进行成本预算分摊。如图 6-4 所示。

（3）在整个项目的实施期间，对每个工作包的预算进行分配，即确定各项成本预算支出的时间以及每一个时点所发生的累计预算成本支出额，如图 6-5 所示，从而制定出项目成本预算计划。

项目成本预算的主要工作如表 6-2 所示。

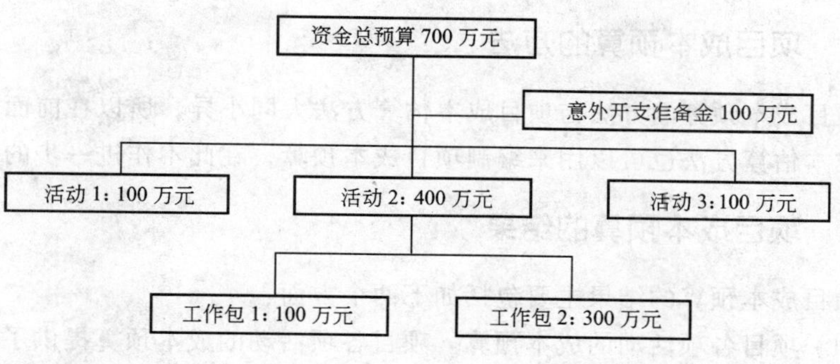

图6-4　项目成本预算分配示意图

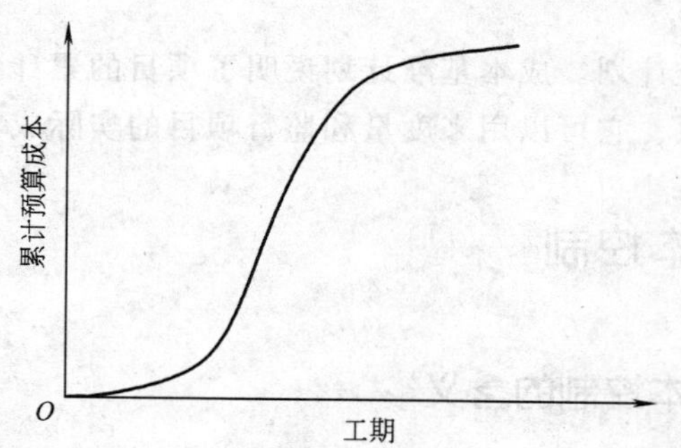

图6-5　累计预算成本S线图

表6-2　项目成本预算的主要工作

依　　据	工具和方法	结　　果
项目成本估算文件 工作分解结构 项目进度计划	自上而下估算法 参数模型估算法 自下而上估算法	项目各项活动的成本预算 成本基准计划

6.3.2　项目成本预算的依据

项目成本预算的依据包括以下几个方面：

（1）项目成本估算文件。项目成本估算文件是确定项目成本预算的主要依据，其主要内容在上一节已经介绍过。

（2）工作分解结构。项目成本预算将成本分配到各个活动中，而工作分解结构给出了需要分配成本的所有活动。

（3）项目进度计划。为了将成本分配到项目各时间段内，进度信息是不可或缺的，这些进度信息只能由项目进度计划来提供。

6.3.3　项目成本预算的方法

项目成本预算的方法与项目成本估算方法大同小异，所以在前面介绍的项目成本估算方法也可以用来编制项目成本预算，在此不作进一步的讨论。

6.3.4　项目成本预算的结果

项目成本预算的结果主要包括如下两个方面：

(1) 项目各项活动的成本预算。项目各项活动的成本预算提供了各项活动的成本定量，在项目的实施过程中，将以此作为项目各项活动实际资源消耗量的标准。

(2) 成本基准计划。成本基准计划说明了项目的累计预算成本与项目进度之间的对应关系，它可以用来度量和监督项目的实际成本。

6.4　项目成本控制

6.4.1　项目成本控制的含义

项目成本控制(Project Cost Control)是按照事先确定的项目成本预算基准计划，通过运用多种恰当的方法，对项目实施过程中所消耗的成本费用进行管理控制，以确保项目的实际成本限定在项目成本预算范围内的过程。

项目成本控制实现的是对项目成本的管理，其主要目的是对造成实际成本偏离成本基准计划的因素施加影响，保证其向有利的方向发展，同时对已经存在偏差和正在发生偏差的各项成本进行管理，以确保项目的顺利进行。项目成本控制主要包括如下几方面的内容：

(1) 检查成本实际发生情况。

(2) 找出实际成本与计划成本的偏差。

(3) 确保所有正确的、合理的、已核准的变更都包括在修订后的项目成本基准计划中，并把变更后的项目成本基准计划通知相关的项目干系人。

(4) 分析成本绩效从而确定哪些活动需要采取纠正措施，并且确定采取哪些有效的纠正措施。

项目成本控制必须和项目的其他控制(如项目范围的变更、进度计划变更和项目质量控制等)紧密结合，防止单纯控制项目成本而出现项目范围、进度、质量等方面的问题。

有效的成本控制的关键是及时分析成本的绩效，尽早发现成本无效和出现偏差的原因，以便在项目成本失控之前能够及时采取纠正措施。项目成本一旦失控，在项目成本预算的范围内完成项目就会非常困难。

项目成本控制的主要工作如表6-3所示。

表6-3　项目成本控制的主要工作

依　据	工具和方法	结　果
成本基准计划 成本管理计划 执行情况报告 变更申请	偏差分析法 费用变更控制法 补充计划编制法	成本估算的修正 成本预算的修改 纠正措施 完成项目所需成本估计 经验教训

6.4.2　项目成本控制的依据

1. 成本基准计划

项目成本基准计划将项目的成本预算与进度预算联系起来，可以用来测量和监督成本的实际情况，是进行项目成本控制最基本的依据。

2. 成本管理计划

项目成本管理计划提供了如何对项目成本进行事前控制的计划和安排，是确保在预算范围内实现项目目标的指导性文件。

3. 执行情况报告

执行情况报告提供了项目实施过程中关于成本方面的信息，它主要包括项目各个阶段和各项活动是否超过了预算的信息。另外，执行情况报告还可以提醒项目管理人员将来可能会发生问题的事项。

4. 变更申请

变更申请是项目的相关干系人以不同的形式(口头的或书面的、直接的或间接的、组织外部要求的或内部提出的、强制规定的或可选择的)提出有关更改项目工作内容的请求，也可能是要求增加或减少成本预算的请求。

6.4.3　项目成本控制的方法

项目成本控制是一个复杂的系统工程，它包括很多方法，在此我们将讨论其中的三种方法，即偏差分析法、费用变更控制法和补充计划编制法。

1. 偏差分析法

美国国防部于1967年首次确立“赢得值”原理，它是一项有效的项目管理技术，也就是偏差分析法。偏差分析法也叫挣值法(EVA, Earned Value Analysis)，有的书上把它叫做执行情况测量法，是评价项目成本实际开销和预算进度情况的一种方法。它通过测算计划工作预算成本、已完成工作的实际成本和已完成工作的预算成本，得到有关计划实施的进度和费用偏差，从而达到衡量项目成本进度执行情况的目的。

偏差分析法的核心思想是通过引入一个关键性的中间变量——挣值(EV, Earned Value 已完成工作的预算成本，也称为赢得值，已获价值)，来帮助项目管理者分析项目成本、进度的实际执行情况同计划的偏差。运用偏差分析技术要求计算每个活动的关键值。

首先，确定偏差分析的三个基本参数。

(1) 计划工作量的预算成本(BCWS, Budgeted Cost for Work Scheduled)，即根据批准认可的进度计划和成本预算计算截至某一时点应当完成工作所需成本预算金额的累积值。我国习惯上把它理解为"计划投资额"。

(2) 已完成工作量的实际成本(ACWP, Actual Cost for Work Performed)，即到某一时点已完成的工作所实际花费的总金额。我国习惯上把它理解为"实际的消耗投资额"。

(3) 已完成工作量的预算成本(BCWP, Budgeted Cost for Work Performed)，是指项目实施过程中某一时点实际完成工作量按预算定额计算出来的成本，它等于已完成工作量与预算单价的乘积之和，即挣值。挣值反映了满足质量标准的项目实际进度。我国习惯上把它理解为"已实现的投资额"。

偏差分析主要通过计算进度偏差、成本偏差、进度执行指数和成本执行指数来评价项目成本进度实际执行情况。

1) 进度偏差(SV)：SV = BCWP - BCWS。

2) 成本偏差(CV)：CV = BCWP - ACWP。

3) 进度执行指数(SPI)：SPI = BCWP/BCWS。

4) 成本执行指数(CPI)：CPI = BCWP/ACWP。

当SV为负数时，表明项目进度处于不利状态(落后状态)。当CV为负数时，表明项目成本处于不利状态(超支状态)。

当SPI大于或者等于1，表明项目实际完成的工作量超过计划工作量或与之相当，是有利的，小于1时则是不利的。

当CPI大于1或者等于1，表明项目实际成本少于计划成本或与之相当，是有利的，小于1时则是不利的。

偏差分析法不仅可以用来衡量项目的成本执行情况，而且还可以用来衡量项目的进度。在项目实施过程中，可根据项目进度在项目成本时间坐标图中画出 BCWS、BCWP 和 ACWP 三条曲线，在每个检查日均可得到三个参数的值进而求出评价指标，如图 6-6 所示。

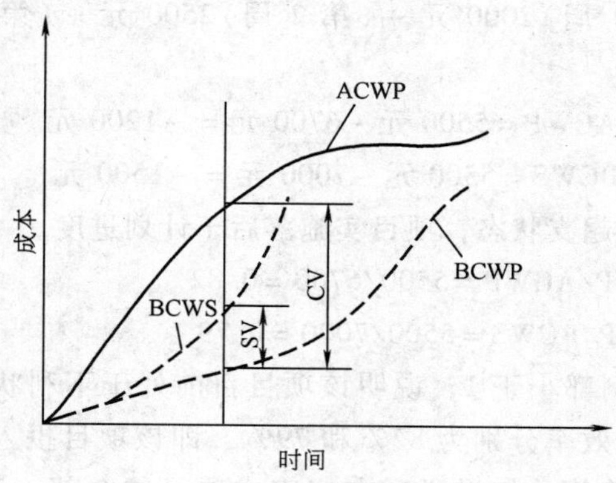

图 6-6　偏差分析法的评价图

例 6-1　某项目由四项活动组成，各项活动的时间和成本如表 6-4 所示。总工时 4 周，总成本 10000 元，以下是第 3 周末的状态。

表 6-4　各项活动的时间和成本表

活　动	预计时间和成本	第 1 周	第 2 周	第 3 周	第 4 周	第 3 周末的状态
计划	1 周，2000 元					活动已完成，实际支付成本 2000 元
设计	1 周，2000 元					活动已完成，实际支付成本 2500 元
编程	1 周，3000 元					活动仅完成 50%，实际支付成本 2200 元
测试与实施	1 周，3000 元					没开始

要求回答以下问题：

（1）成本偏差（CV）是多少？

（2）进度偏差（SV）是多少？

（3）成本执行指数（CPI）是多少？

（4）进度执行指数（SPI）是多少？

（5）进度执行指数（SPI）和成本执行指数（CPI）说明了什么？

解　1）BCWS =（第1周）2000元 +（第2周）2000元 +（第3周）3000元 =7000元

BCWP =（第1周全部完成）2000元 +（第2周全部完成）2000元 +（第3周完成50%）1500元 =5500元

ACWP =（第1周）2000元 +（第2周）2500元 +（第3周）2200元 = 6700元

CV = BCWP - ACWP =5500元 -6700元 = -1200元

SV = BCWP - BCWS =5500元 -7000元 = -1500元

项目成本处于超支状态，项目实施落后于计划进度。

2）CPI = BCWP/ACWP =5500/6700 =0.82

3）SPI = BCWP/BCWS =5500/7000 =0.79

4）这两个比例都小于1，说明该项目目前处于不利状态：完成该项目的成本效率和进度效率分别为82%和79%，即该项目投入了1元钱仅获得相当于0.82元的价值，如果说现在应完成项目的全部工程量（100%），但目前只完成了79%，所以必须要分析其中的原因，并采取相应的措施。

成本超支的可能因素很多，如合同变更、成本计划编制不当、数据不准确、不可抗事件发生、返工事件发生和管理实施不当等。当发现成本已经超支时，期望不采取任何措施就能使以后的成本自然下降是不可能的；要消除已经超支的成本则需牺牲项目其他方面的绩效为代价。降低成本的相应措施通常有重新选择供应商、改变实施过程、加强施工成本管理等。

从例6-1我们还可以看出：无论是CV指标还是CPI指标，它们对于同一个项目在同一时点的评价结果是一致的，只是表示的方式不同而已。CV指标反映的是绝对量，CPI指标反映的是相对量，同时使用这两个指标能够较为全面地评价项目当前的成本绩效状况。

为了更直观的反映当前（截至第3周末）每个费用量占整个项目总预算的比例，在此引入百分比分析方法并采用柱状图来表示，如图6-7所示。

从图6-7可以明显的看出，截至第3周末：

（1）实际支出已经占了项目总预算的67%（6700/10000）。

（2）计划进度预算已经占了项目总预算的70%（7000/10000）。

（3）项目实际工作的预算值（已获价值）仅占总预算的55%（5500/10000）。

从上面的3个百分比数据中可以看出，投入了总预算的67%，只获得了55%的价值；计划进度预算为总预算的70%，实际进度预算（挣值）却只

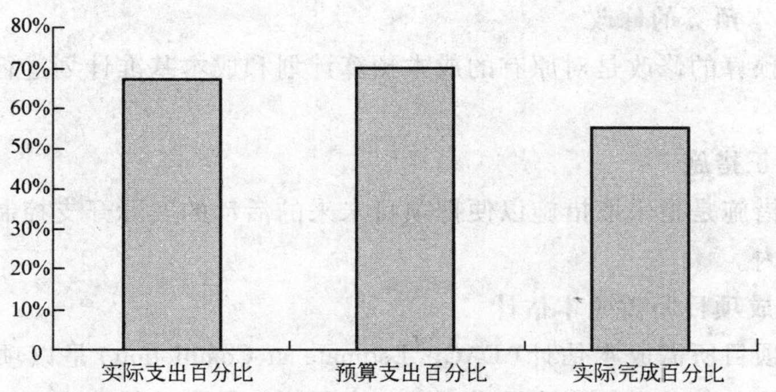

图6-7　第3周末项目的完成状况图

有总预算的55%，这同样表明了该项目不但成本超支而且进度延迟。

2. 费用变更控制法

项目费用变更控制法规定了改变成本基准计划的步骤，它主要包括一些书面工作、跟踪系统和经许可可以改变的成本水平，从而对项目的成本进行有效的控制。

项目费用变更控制法按照如下步骤进行成本控制：

(1) 由项目干系人提出项目成本费用变更申请。

(2) 核准成本费用变更申请。项目的管理者对变更申请进行评估，然后提交项目业主，由他们核准是否变更成本基准计划。

(3) 变更项目成本费用预算。成本费用变更申请批准后，就必须对成本基准计划进行相应的修改，同时调整相关活动的成本费用预算。

在采用项目费用变更控制法时，必须要注意如下两点，即项目成本变更控制系统应该和整体变更控制系统相协调，项目成本变更的结果也要和其他的变更结果相协调。

3. 补充计划编制法

项目一般都不可能按照原先制定的计划准确无误地进行，当项目存在可预见的变更时，就需要对项目的成本基准计划进行相应的修订或者提出替代方案的变更说明。

6.4.4 项目成本控制的结果

1. 成本估算的修正

随着项目的进展，项目管理者要根据实际的执行情况修改和更新原有的项目成本估算并通知有关的项目干系人。

2. 成本预算的修改

成本预算的修改是对原有的成本预算计划和成本基准计划进行必要的更改和调整。

3. 纠正措施

纠正措施是指采取措施以便把项目未来的活动的实际开支控制在项目计划成本以内。

4. 完成项目所需成本估计

完成项目所需成本估计（EAC，Estimate at Completion）是以项目的实际执行情况为基础，对整个项目成本的一个预测。最常见的EAC有以下几种：

（1）EAC＝实际已发生成本＋对剩余项目成本的预算（一般用成本执行因子对原预算进行修正）。这种方法适用于项目将来成本偏差与现在的偏差类似的情况。

（2）EAC＝实际已发生成本＋对剩余项目成本的一个新估计值。这种方法适用于过去的执行情况表明先前成本假设有根本缺陷或由于条件改变而不再适用新形势的情况。

（3）EAC＝实际已发生成本＋剩余原预算。这种方法适用于现有偏差被认为是不正常的，项目管理小组认为类似偏差不会再发生的情况。

5. 经验教训

应记录下产生偏差的原因、采取纠正措施的理由和其他的成本控制方面类似的教训，这些记录可以成为项目组织其他项目历史数据库的一部分。

本章小结

本章对项目“三大管理”之一的项目成本管理进行了比较详细的论述，主要内容如下：

第1节，首先介绍了项目成本的含义。项目成本是在完成项目的过程中发生的各种物化劳动和活劳动消耗的货币表现。其次介绍了项目成本的构成：项目决策和定义成本、项目设计成本、项目获取成本以及项目实施成本。然后介绍了影响项目成本的因素：项目范围、项目工期、项目质量以及耗用资源数量与单价。最后介绍了项目成本管理的含义。项目成本管理是指为保证实际发生的成本不超过项目预算成本所进行的管理活动。其中，项目成本管理的工作过程包括项目成本估算、项目成本预算及项目成本控制；项目成本管理的理念包括项目全生命周期成本管理理念和项目全面成本管理理念。

第2、3、4节分别从依据、工具和方法以及结果详尽地介绍了项目成本估算、项目成本预算和项目成本控制三个过程，同时还讨论了项目成本估算的步骤、项目成本预算的作用和步骤以及项目成本控制的作用。其中，第四节介绍的偏差分析法是本章的重点之处，掌握了该方法对于项目成本管理的学习有很大帮助。

本章记忆重点：项目成本；项目成本管理；项目成本估算；项目成本预算；项目成本控制；偏差分析法。

自　测　题

一、判断题

1. 一般情况下，成本估算和成本预算可以采用同样的方法。(　)

2. 在项目成本决策时，既要考虑制定更加精细计划所增加的成本，也要考虑这样会减少以后的实施成本。(　)

3. 意外开支准备金不可以充当成本预算的底线。(　　)

4. 项目成本估算是项目成本预算的基础。(　　)

5. 在由下至上进行成本估算时，相关具体人员考虑到个人或本部门的利益，他们往往会降低估计量。(　　)

6. 项目成本文件中标明了潜在的意外开支准备金。(　　)

7. 当一个项目按合同进行时，成本估算和报价的意思是一样的。(　　)

二、单选题

1. (　　)通过估算最小任务的成本，再把所有任务的成本向上逐渐加总，从而计算出整个项目的总成本。

A. 总分预算估算法　　B. 自下而上估算法

C. 参数模型估算法　　D. 自上而下估算法

2. 下列表述错误的是(　　)。

A. 意外开支准备金有显在的和潜在的两种类型

B. 进行成本估计时，通常将潜在的意外开支准备金作为其中的一部分

C. 潜在的意外开支准备金，通常在项目成本文件中没有标明

D. 显在的意外开支准备金，通常在项目成本文件中有标明

3. 大部分项目成本累计曲线呈(　　)形。

A. S　　B. L　　C. T　　D. Y

4. 挣值是(　　)。

A. 已完成工作量的预算成本　　B. 计划工作量的预算费用

C. 完成工作量的实际费用　　D. 到工作完成时的成本

5. 若已知 BCWS = 220 元；BCWP = 200 元；ACWP = 250 元。如果根据偏差分析法，则此项目的 SV 和项目状态是(　　)。

A. 20 元，项目提前完成　　B. −20 元，项目比原计划滞后

C. −30 元，项目提前完成　　D. 800 元，项目按时完成

6. 若已知 BCWS = 220 元；BCWP = 200 元；ACWP = 250 元。则此项目的 CPI 和项目的成本状况是(　　)。

A. 0.2，实际成本与计划成本一致

B. 0.8，实际成本比计划成本低

C. 0.8，实际成本超过计划成本

D. 1.2，实际成本比计划成本低

7. 若已知 BCWS = 220 元；BCWP = 200 元；ACWP = 250 元。则此项目的 CV 是(　　)。

A. 30 元　　B. 50 元　　C. −30 元　　D. −50 元

8. 如果一个工作包原计划花费 1500 元于今天完成，但是，到今天花费了 1350 元却只完成了 2/3，则成本偏差(CV)是(　　)。

A. 150 元　　B. −350 元　　C. −150 元　　D. −500 元

三、多选题

1. 如果进度偏差与成本偏差是一样的，两者都大于 0，那么下列表述错误的是(　　)。

A. 项目实际成本比计划低　　B. 项目成本超支

C. 项目进度滞后　　D. 项目进度比计划提前

2. 当采用自下而上估算法来估算项目成本时，下列表述正确的是(　　)。

A. 下层人员会夸大自己负责活动的预算

B. 自下而上估算法估算出来的成本通常在具体任务方面更为精确一些

C. 高层管理人员会按照一定的比例削减下层人员所作的预算

D. 自下而上估算法是一种参与管理型的估算方法

3. 下列关于参数模型估算法的表述正确的是(　　)。

A. 参数模型估算法考虑了所有对成本影响的因素

B. 用来建模的所参考的历史数据应该是很准确的

C. 用来建模的参数容易进行定量化处理

D. 模型对大型项目适用，经过略微调整后也对小型项目适用

4. 如果项目制定更加详细的决策，就会导致增加项目的决策成本，但是也会减少项目的实施成本，在下列哪些情况下制定更加详细的决策是可行的(　　)。

A. 增加的决策成本是1000元，但是减少项目的实施成本为1200元

B. 增加的决策成本是900元，但是减少项目的实施成本为800元

C. 增加的决策成本是500元，但是减少项目的实施成本为600元

D. 增加的决策成本是2000元，但是减少项目的实施成本为1800元

5. 在影响项目成本的因素中，下列表述正确是(　　)。

A. 延长项目的工期会减少项目的成本

B. 项目质量的要求越高，则项目的成本就会越大

C. 项目完成的活动越复杂，则项目的成本就会越大

D. 在项目所耗资源的数量和单价两个要素中，资源的数量对项目成本的影响较大

四、计算题

某公路修建项目，预算单价为400元/m。计划用30天完成，每天120m。开工后5天测量，已完成500m，实际付给承包商35万元。计算：

(1) 成本偏差(CV)和进度偏差(SV)是多少？说明了什么？

(2) 进度执行指数(SPI)和成本执行指数(CPI)是多少？说明了什么？

练习与思考

1. 什么是意外开支准备金？意外开支准备金有几种类型？

2. 项目成本管理所要考虑的因素有哪些？

3. 简述项目成本估算的步骤和依据。

4. 简述各种成本估算方法(自上而下估算法、参数模型估算法、自下而上估算法)的适用情况。

5. 图6-8是某机器安装项目网络图，请按照该图编制资源需求甘特图和资源需求平衡图。

6. 某项目预算总成本为400万元，计划工期为2年。在项目的实施过程当中，通过成本记录的信息可知：开工后第一年年末的实际发生成本为100万元，已完成工作的预算成本额为50万元。与项目预算成本比较，项目计划工作量的预算成本为200万元。试分析该项目的成本执行情况和计划完工情况？

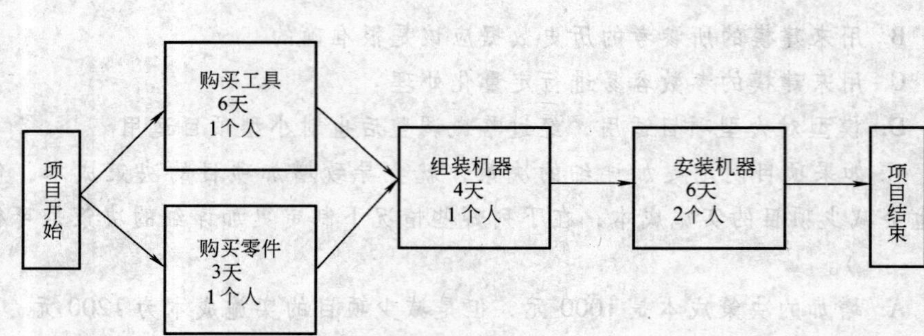

图 6-8　某机器安装项目网络图

第7章

项目质量管理

主要内容

- 概述
- 项目质量规划
- 项目质量保证
- 项目质量控制

学习目标

了解质量的定义；了解质量管理的有关术语；理解项目质量管理的理念；了解项目质量计划的编制；掌握编制项目质量计划的工具和方法；了解如何保证和控制项目质量；理解项目质量控制与项目质量保证之间的联系和区别；掌握项目质量保证和项目质量控制的工具和方法。

7.1　概述

7.1.1　质量的含义

国际标准ISO 9000：2000《质量管理体系基础和术语》(Quality Management System-Fundamentals and Vocabulary)中质量被定义为“一组固有特性满足要求的程度”。“固有特性”是指产品具有的技术特征，而不是后来人为附加的内容。

美国质量管理学家朱兰(J. M. Juran)博士认为：“质量(Quality)就是产品的适用性，即产品在使用时能够满足用户需要的程度。”这一定义说明了两方面的内容：一是产品只要适用，满足目的，就是达到了质量要求；二是产品质量的高低取决于其能够满足用户需求的程度，好的质量并不等于高质量，此处强调的是满足用户需求。由此可以看出，产品的质量是由客户定义的，而不是由生产者定义的。

国际标准化组织(ISO，International Standard Organization)在其《质量管理与质量保障术语》中认为：“质量是反映实体(产品、过程和活动等)满足明确的和隐含的需要的能力特性的总和。”

根据上述定义，我们可以进一步理解质量的含义：

(1) 所谓“实体”，是指承载质量属性的具体事物。质量的实体包括产品、过程和活动三个方面。产品是为人们提供一定功能的有形实体；过程是指满足人们需求的某种服务；活动是指人们在生产产品和提供服务的过程中所进行的工作。

(2) 质量是一个相对的概念，质量的高低并不取决于实体的能力特性优劣，只要其能力特性能够满足用户的需要即可。这里的需要包括“明确的和隐含的”两类。“明确的需要”一般是指在标准、规范、图样、技术要求或其他相关的文件(如合同)中明确标示的需要；“隐含的需要”一般是指被人们公认的、不言而喻的、不必明确的需要，如空调必须具备制冷和低噪声的基本功能。这类需要通常是通过市场调查或用户调查来加以识别和确定的，在项目范围内，质量管理的重要方面是通过项目管理把隐含需要转变成明确需要。

(3) 对于不同的实体来说，质量的实质内容是不尽相同的。对于产品来说，质量是指产品能够满足用户使用要求所具备的功能和特征，一般包括：

产品的性能、寿命、安全性、经济性、外观等特性；对于服务过程而言，质量主要是指服务能够满足用户期望的程度，服务质量取决于客户对服务的期望与客户对服务的实际体验两者的匹配程度；对于活动来说，质量一般是由工作的结果来衡量的，工作的结果既可以是产品，也可以是服务，因此工作质量可以用产品或服务的质量来度量。

7.1.2　质量管理的含义

关于质量管理(Quality Management)有许多不同的定义，较为典型的有日本的质量管理学家谷津进和国际标准化组织对于质量管理的定义，他们从不同的角度诠释了质量管理。这两种定义的具体描述与含义如下：

谷津进认为，质量管理“就是向消费者或顾客提供高质量产品与服务的一项活动。这种产品和服务必须保证满足需求、价格便宜和供应及时。”这一定义明确了质量管理的根本目的是向客户和消费者提供高质量的产品与服务，质量管理的目标和作用是使产品和服务符合“满足需求、价格便宜和供应及时”这三项要求。

国际标准化组织认为：“质量管理是确定质量方针、目标和职责，并在质量体系中通过诸如质量策划、质量控制和质量改进，使质量得以实现的全部活动。”从这个定义可以看出，质量管理是一项具有广泛含义的企业管理活动。

国际标准化组织给出了质量管理方面相关术语的解释如下：

(1) 质量方针。质量方针(Quality Policy)是由项目组织的最高管理者颁发的关于该组织总的质量宗旨和方向，它是项目质量管理的起点，项目质量管理必须贯彻组织的质量方针。

(2) 质量管理体系。科学、完善的质量管理体系(Quality Management System)是全面开展质量管理的基础，它主要包括质量管理过程中所需要的组织结构、程序和资源等。

(3) 质量策划。质量策划(Quality Plan)是指为实现项目的目标，而对项目质量管理进行规划，它包括制定项目质量的目标、确定采用的质量体系的目标及其所要求的活动。

(4) 质量控制。质量控制(Quality Control)是为了使项目的产品质量符合要求，而对项目的采购过程、生产过程等采取的一系列控制措施。质量控制包括：确定质量控制对象、制定控制标准、明确应采用的控制方法、规定对质量的验证方法、作好相关的质量记录等内容。

（5）质量保证。质量保证（Quality Assurance）是指提供足够的证据表明项目的产品能满足规定的质量要求，并且使项目干系人相信这种能力所采取的活动。质量保证包括两个方面：一是项目内部保证，即项目组织向项目经理提供的质量保证；二是项目外部保证，即项目组织向外部的项目客户或者顾客提供的质量保证。

（6）质量改进。质量改进（Quality Improvement）是为了提高项目组织的竞争力，向项目干系人提供价值更高或者效益更多的产品，而不断地对质量进行改进，从而使质量达到更高的水平。

7.1.3　项目质量管理的含义

项目质量是指项目的可交付成果能够满足客户需求的程度。而项目质量管理是为了保证项目的可交付成果能够满足客户的需求，围绕项目的质量而进行的计划、协调和控制等活动。它包括如下几方面的内容：

（1）项目质量管理贯穿从企业质量方针政策的制定到用户对项目产品质量的最终检验的全过程，它是专门针对保障和提高项目质量而进行的管理活动。

（2）项目质量管理需要所有项目干系人的共同努力，它包括：

1）项目客户、项目所属的公司和项目经理等关于质量目标、方针和职责的制定。

2）项目管理人员根据上面所制定的质量目标、方针，制定项目质量计划。

3）项目团队关于项目质量计划的具体实施方案。

（3）项目质量管理不仅包括项目产品的质量管理，而且还包括制造项目产品过程中工作质量的管理，因为项目最终产品的质量是由产品生产过程来保证的，只有保证高质量水平的生产过程，才能生产出高质量的产品。

项目质量管理的主要目的是确保项目的可交付成果满足客户的需求。项目团队必须与客户建立良好的关系，理解他们明确的以及隐含的需求，因为客户是项目质量是否达到要求的最终裁判者。

项目质量管理的概念与质量管理的概念有许多相同之处，也有不同之处，而不同之处是由项目的一次性特性所决定的。质量管理是针对日常运作所进行的活动，日常运作是重复做某件事情，一旦过程设计好了，只需以保守的态度采用诸如统计过程控制等方法进行监控即可，其质量管理的重点是在监控上。在日常运作管理中，通常会采用破坏性的测试，测试之后产品就会报废。例如，每100件产品可能会抽取一个进行测试。但在项目管理中，由于只有一次机会去完成项目，无法进行上述的破坏性测试，因此必须在项目的早期强调质量保证和质量控制。

项目质量管理包括三个主要工作过程：项目质量规划、项目质量保证、质量控制，如图7-1所示。项目质量管理通过制定质量方针、建立质量目标和标准，并在项目生命期内持续反复使用质量计划、质量控制、质量保证和质量改进等措施来落实质量方针的执行，确保质量目标的实现，最大限度地使客户满意。

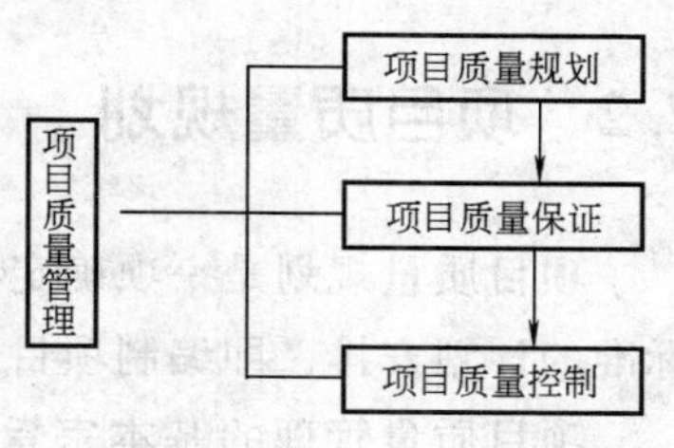

图7-1 项目质量管理的工作过程

7.1.4 项目质量管理的理念

1. 以客户满意为中心

客户的满意程度是衡量项目质量优劣的基本尺度，项目质量管理工作必须面向客户，充分了解客户的需求，把满足客户的需求放在项目质量管理工作的首位。

2. 质量不是靠检验获得的

项目的质量是通过项目团队的工作和项目经理的管理而形成的结果，而不是仅仅通过质量检验而得出的。通过质量检验可以找出不合格产品，从而对错误采取纠正措施，但是纠正错误的成本往往比避免错误的成本要高得多。因此，在项目质量管理中，要把重点放在日常的生产和经营管理上，而不能单纯依靠质量检验。

3. 质量管理必须坚持"二全管理"

"二全管理"就是指全员管理和全过程管理。项目质量管理不仅需要项目经理的正确领导，而且还依赖全体成员的参与，任何一个团队成员的工作都会在一定程度上影响项目可交付成果的质量，所以项目经理要提高项目团队全体成员的质量意识；全过程管理是指必须对质量形成过程中的各项工作进行全面的管理，把可能影响质量下降的因素和造成不合格产品的因素消灭在质量形成的过程中。

4. 项目质量管理必须坚持"戴明循环"

"戴明循环"[由戴明(Deming)博士提出]倡导一种持续改进的方法，也称为PDCA循环。P(Plan)代表计划，即通过市场调研来确定质量管理的目标以及为实现此目标所需的各种方法和对策；D(Do)代表执行，即将制定的方法和对策付诸实施；C(Check)代表检查，即对实施的结果进行检查；A(Action)代表处理，即对检查出来的问题进行处理，并总结经验。

7.2　项目质量规划

项目质量规划是一项确定项目所要达到的质量标准以及如何达到该质量标准的计划安排，即编制项目质量计划。

项目质量管理的基本宗旨是“质量出自规划，而非出自检查”，只有作出精确的质量计划，才能指导项目实施、做好质量控制。

项目启动时，项目经理就应编制一份项目质量计划以保证项目的质量。

在项目质量计划的编制中，重要的是确定每个独特项目活动的相关质量标准，把质量规划纳入项目的产品和管理过程之中。

编制项目质量计划，首先必须确定项目的范围、中间产品和最终产品，然后明确关于中间产品和最终产品的有关规定、标准，确定可能影响产品质量的技术要点，并找出能够确保高效满足相关规定、标准的过程及方法。

项目质量规划的主要工作如表7-1所示。

表7-1　项目质量规划的主要工作

依　据	工具和方法	结　果
质量方针	成本收益分析	项目质量计划
项目范围说明书	质量标杆法	项目质量工作说明
成果说明	流程图法	质量检查表
标准和规范	因果分析图法	
其他信息	试验设计	

7.2.1　项目质量规划的依据

1. 质量方针

项目质量方针主要包括三个部分：项目设计的质量方针、项目实施的质量方针和项目完工交付的质量方针。项目团队应充分了解项目的质量方针，并可以根据项目的实际情况，对项目的质量方针进行适当的调整。

2. 项目范围说明书

项目范围说明书是项目范围计划的结果，包括项目目标说明和项目任务说明，明确了为完成符合要求的项目产品而必须实施的活动以及对这些活动的要求。因此，它同样也是编制质量计划的重要依据。

3. 成果说明

成果说明详细地描述了项目可交付成果的特征、技术要求和其他注意事项等，对于质量计划的编制，具有非常重要的作用。

4. 标准和规范

编制项目质量计划时，要考虑工作标准、工艺标准、管理标准以及各种规范，这些标准和规范将会直接或间接地影响项目质量计划的编制。一般来说，编制质量计划的标准为目前国际通用的 ISO 9000 系列标准。

5. 其他信息

项目管理其他知识领域的信息也可能成为质量计划编制的依据，例如采购时的物料标准。

7.2.2 项目质量规划的工具和方法

1. 成本收益分析

成本收益分析是一种将项目所涉及的全部成本和收益系统地进行权衡的过程。在进行成本收益分析时，首先要衡量项目的收益和成本，然后才能评估其经济效益。将收益和成本进行比较并对它们进行关联研究都属于效益的范畴。

一般来说，效益的表达式有如下两种：

$$经济效益 = 收益 - 成本 \tag{7-1}$$

$$经济效率 = \frac{收益}{成本} \tag{7-2}$$

由以上两式可知，经济效益是投资的总体效果，经济效率是投资的单位效果。只有方案的经济效益 >0 或经济效率 >1，即收益 > 成本时，该方案才具有可行性。

编制项目质量计划时，必须考虑项目质量收益与项目质量成本的平衡。项目质量收益是指满足了质量要求而减少返工所获得的好处；项目质量成本是指实施项目质量管理活动所需支出的有关费用。

项目质量成本包括：

(1) 内部故障成本。交货前因产品未能满足质量要求所造成的损失(如重新提供服务、重新加工、返工、报废等)。

(2) 外部故障成本。交货后因产品未能满足质量要求所造成的损失(如产品的维护、担保、退货、责任赔偿等)。

(3) 预防成本。为确保项目质量而进行预防工作所发生的费用(如质量工作计划、质量情报、质量管理教育、质量管理活动等费用)

(4) 鉴定成本。为评定是否符合质量要求所进行的试验、检验和检查的费用。

项目的质量管理需要实施两方面的工作:一是质量保证工作;二是质量检验和质量纠正工作。这两方面的工作涉及两类成本,即质量保证成本(由预防成本和鉴定成本组成)和质量纠正成本(由内部故障成本和外部故障成本组成)。这两类成本呈反方向变动:质量保证成本越高,质量纠正成本就越低;质量保证成本越低,质量纠正成本也就越高。成本收益分析就是要使质量保证成本和质量纠正成本之和最小,那么即使收益不变,质量管理的经济效益和经济效率也都会有所提高。

2. 质量标杆法

质量标杆法就是以其他项目的质量计划和质量管理的结果为基准,从而制定出本项目质量计划的一种方法,其他项目可以是项目团队以前完成的类似的项目,也可以是其他项目团队已经完成或正在进行的项目。在参照标杆项目的质量方针、质量标准、质量管理计划、质量工作说明等文件时,必须结合本项目的实际情况来编制项目质量计划。在使用这一方法时,要特别注意基准项目实际发生的质量问题,在制定本项目质量计划时,要采取一些防范措施和应急计划,以避免类似问题的再次发生。

3. 流程图法

流程图法提供了项目的工作流程以及各活动之间的相互关系。流程图法有助于项目团队发现可能产生质量问题的工作环节,有助于明确项目质量管理的责任,有助于找出解决质量问题的方法和措施。图7-2是一个设计复查程序的流程图。

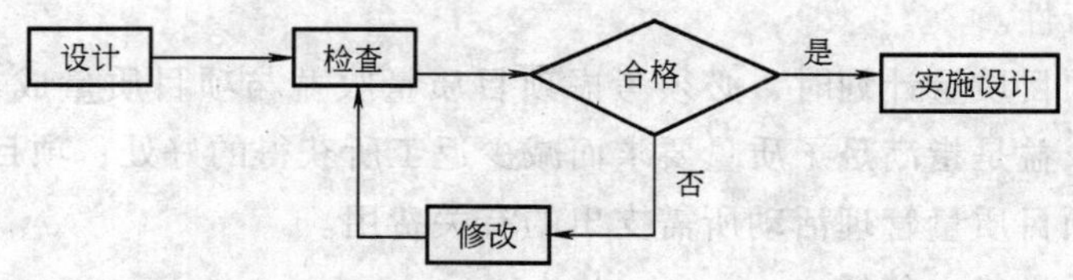

图7-2 设计复查程序流程图

4. 因果分析图法

因果分析图也称鱼骨图(Fish Bone)。它可以从不同的侧面找出造成项目质量问题的各种原因，并通过对这些原因进行分类为制定项目质量问题对策和编制质量计划提供基础和依据。在绘制鱼骨图时，要注意收集各种必要的信息，要将所有的项目活动都包括在内，从而确定影响项目质量的所有因素。图7-3是一种常用的因果分析图示例。

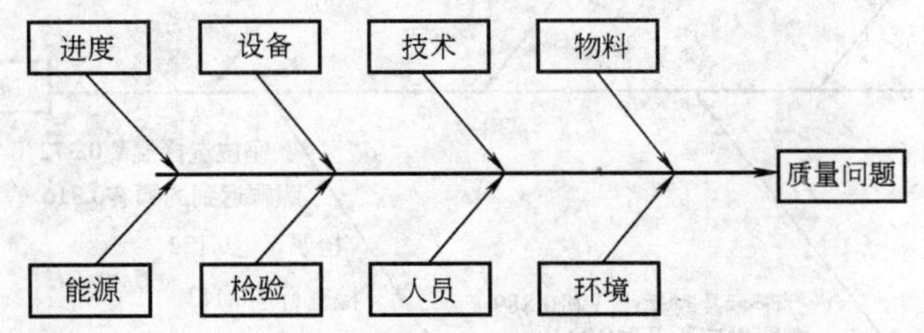

图7-3　因果分析图

例如，中北航空公司为了提高他们的服务质量，对1000多位经常搭乘中北公司班机的顾客进行了一项调查。调查显示，顾客认为航班延误的原因主要包括：天气状况不佳、飞机迟到、缺少登机口管理员、机器故障、行李未及时运上飞机、起飞通知错误、检票延迟、检查行李、空中交通延误、座位选择混乱、乘务人员迟到或缺勤、燃料供应不及时、照顾迟到的顾客、机组人员迟到或缺勤等。如表7-2所示。

表7-2　航空公司调查结果表

原　　因	反馈人数	原　　因	反馈人数
天气状况不佳	260	空中交通延误	170
飞机迟到	72	座位选择混乱	73
缺少登机口管理员	210	乘务人员迟到或缺勤	26
机器故障	30	燃料供应不及时	40
行李未及时运上飞机	320	照顾迟到的顾客	62
起飞通知错误	15	机组人员迟到或缺勤	23
检票延迟	24	总计	1347
检查行李	22		

根据以上信息，可以绘制出因果分析图，如图7-4所示。

5. 试验设计

试验设计是一种统计分析方法，它有助于鉴定哪些因素对项目的质量产

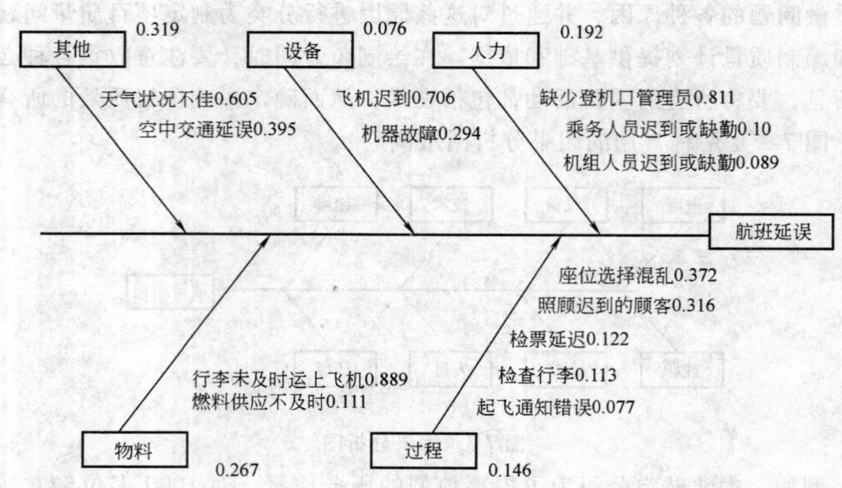

图 7-4 航班延误的因果分析图

生影响，并找出影响项目质量的关键因素，为编制项目质量计划提供方便。例如，高级发动机比低级发动机成本高，但它能在较短的时间内完成所分配的工作。通过试验设计可以了解项目中各种高级、低级发动机组合装置的成本和使用寿命，以便作出正确的决策。

7.2.3 项目质量规划的结果

1. 质量计划

质量计划是针对特定的项目、产品、过程或合同，规定其由谁及何时使用哪些程序和相关资源的文件。质量计划是质量规划的结果之一。项目的质量计划是针对具体项目的要求，以及应重点控制的环节所编制的对项目设计、采购、实施、检验等质量环节的质量控制方案。质量计划往往并不只是一个文件，而是由一系列文件组成的。项目开始时，应从总体考虑，编制一个保证项目质量规划性的质量计划，如质量管理计划；随着项目的进展，编制相应各阶段较详细的质量计划，如项目操作规范。项目质量计划的格式和详细程度并无统一规定，但应与用户的要求、供应方的操作方式和活动的复杂程度等相适应，计划应尽可能简明。

质量计划应明确指出所开展的质量活动，并直接或间接(通过相应程序或其他文件)指出如何实施所要求的活动。其内容包括：

1）需达到的质量目标，包括项目总质量目标和具体质量目标。

2）质量管理流程，可以用流程图等形式展示质量管理过程的各项活动。

3）在项目的各个阶段，职责、权限和资源的具体分配。

4）项目实施中需采用的具体的书面程序和指导书。

5）有关阶段适用的试验、检查、检验和评审大纲。

6）达到质量目标的测量方法。

7）随项目的进展而修改和完善质量计划的程序。

8）为达到项目质量目标必须采取的其他措施，如更新检验技术、研究新的工艺方法和设备、用户的监督、验证等。

这些内容可能包含在不同的质量计划文件中。

2. 质量技术文件

质量技术文件主要描述保证和提高项目质量的技术支持内容，包括与项目质量有关的设计文件、工艺文件、研究试验文件等。质量技术文件应准确、完整、协调和一致。

3. 质量检查表

质量检查表是用来核实项目质量计划的执行和控制是否得到实施的一种工具。该表以工作分解结构为基础，由详细的条目组成，常采用询问式或命令式的短语。

7.3　项目质量保证

质量保证是为保证项目质量计划的顺利实施，经常性地对项目质量计划的执行情况进行评估、核查和改进的过程，使项目质量能够满足客户的要求。

质量保证相当于疾病预防，其目的是为了防止缺陷的发生，确保项目一次性成功。

项目质量保证包括项目内部质量保证和外部质量保证。内部质量保证是向项目团队提供的质量保证；外部质量保证是向客户和其他项目干系人提供的质量保证。项目质量保证主要包括以下内容：

（1）制定科学、合理、可行的质量标准。在评估项目质量计划的执行情况时，制定科学合理的质量标准是非常必要的。项目质量标准可以根据以前的项目经验或国家或地区的质量标准来制定。

（2）建立项目质量保证体系。项目质量保证体系是指实施项目质量管理所需的组织结构和质量管理程序。为了使项目顺利实施，保证各项质量要求达到预期的目标，项目要建立完善的质量保证体系。

（3）开展有计划的质量改进活动。质量改进是为了提交符合客户质量要求的项目可交付成果，在项目组织内部开展的旨在提高项目质量的各项活动。实际上，质量改进活动是一种持续的、不断完善的项目活动，它包括对项目产品、项目活动、项目作业、项目管理等各方面质量的不断完善。

质量保证的主要工作如表 7-3 所示。

表 7-3　质量保证的主要工作

依　据	工具和方法	结　果
项目质量计划 项目质量计划的实际执行情况 项目质量工作说明	项目质量计划的方法 质量审计 事先规划 质量活动分解 质量保证体系	项目质量改进与提高的建议

7.3.1　项目质量保证的依据

1. 项目质量计划

项目质量计划是质量保证最根本的依据。

2. 项目质量计划的实际执行情况

项目质量计划的实际执行情况提供了项目质量的实际情况、相应的事实分析和评价，这是项目质量保证的重要依据。

3. 项目质量工作说明

项目质量工作说明是对项目质量管理工作的描述以及对项目质量保证和控制方法的说明。

7.3.2　项目质量保证的工具和方法

编制项目质量计划所采用的工具和方法在实施质量保证中同样适用。除此之外，实施质量保证还可以采用如下方法：

（1）质量审计。质量审计是按照审计程序对特定的质量管理活动进行的结构化的审查。通过质量审计，可以获得质量管理过程中的经验教训，从而提高项目的实施水平。质量审计可以是定期的，也可以是随时的，可由公司内部的审计员或特定领域有专门知识的第三方执行。

（2）事先规划。在实施质量保证的过程中，要针对可能出现的质量问题预先制定出防范措施。同时还要确定防范的范围和等级，如果范围过小或等级过低，就可能达不到质量要求；如果范围过大或等级过高，就会增加项目的工作量和成本。因此，实施质量保证的范围和等级要适当。

（3）质量活动分解。实施质量保证要对与质量有关的活动进行逐层分解，直到最基本的和比较容易控制的质量活动，从而对项目质量进行有效的保证。

（4）实施质量保证体系。实施质量保证体系是质量管理的基础，一个项目团队只有建立起有效的质量保证体系，才能全面地开展项目质量管理活动，从而实现项目的质量目标。如某项目为提高质量水平，设立了质量保证部门，该部门又下设了质保材料、质保检验、质保管理、质保工程和质保审计五个部门，这五个部门相互协调、相互制约，形成了一套有效的实施质量保证体系，从而提高了该项目的质量水平。

7.3.3　项目质量保证的结果

实施质量保证的结果主要是项目质量改进与提高的建议，它能提高项目活动的效率与效果。一般包括如下几个方面的内容：

（1）目前存在的项目质量问题及其后果。

（2）产生项目质量问题的原因分析。

（3）项目质量改进或提高的目标。

（4）进行项目质量改进或提高的方法和步骤。

（5）项目质量改进或提高的成果确认方法。

7.4　项目质量控制

项目质量控制是在项目的实施过程中，对项目质量的实际情况进行监督，判断其是否符合相关的质量标准，并分析产生质量问题的原因，从而制定出相应的措施来消除导致项目质量不符合质量标准的因素，确保项目质量得以持续不断地改进。

项目质量控制相当于疾病治疗，其目的是采取一定的措施消除质量偏差，弥补项目质量保证遗留下来的缺憾，追求质量零缺陷。

项目质量控制应贯穿于项目质量管理的全过程。项目质量控制主要包括以下内容：

（1）度量项目质量的实际情况。

（2）将项目质量的实际情况与质量标准进行比较。

(3) 识别项目存在的质量问题和偏差。

(4) 分析项目质量问题产生的原因。

(5) 如有必要，采取纠偏措施消除质量问题。

项目质量控制与项目质量保证既有联系又有区别。两者的目标都是使项目质量达到规定的要求，因此，在项目质量管理的过程中，它们是互相交叉、相互重叠的。但是，项目质量控制是一种纠偏性和把关性的过程，它直接对项目质量进行监控，并对项目存在的质量问题进行纠正；而项目质量保证是一种预防性和保障性的过程，它只是从项目质量管理组织、程序、方法等方面做一些辅助性的工作。

项目质量控制的主要工作如表 7-4 所示。

表 7-4　项目质量控制的主要工作

依　据	工具和方法	结　果
项目质量计划 项目质量工作说明 项目质量计划的实际执行情况 质量检查表	质量检验 控制图法 帕累托图 统计抽样 趋势分析	项目质量改进 验收决定 返工 项目调整

7.4.1　项目质量控制的依据

1. 项目质量计划和项目质量工作说明

项目质量计划明确了项目质量的最终要求，而项目质量工作说明是把项目质量的最终要求转变成项目质量控制的具体标准和参数。

2. 项目质量计划的实际执行情况

项目质量计划的实际执行情况是项目质量控制最基本的依据。

3. 质量检查表

质量检查表是针对具体活动编写的，其目的是核实某些具体的质量工作环节是否已经实施以及实施情况。

7.4.2　项目质量控制的工具和方法

在进行质量控制时，可采用的工具和技术有很多，在此，我们仅介绍如下几种方法，即质量检验法、控制图法、帕累托图、统计抽样和趋势分析。

1. 质量检验法

质量检验法包括测量、检查和测试等活动，其目的是确定项目质量是否与质量标准相一致。质量检验可以在任何层次中进行，其对象可以是一个单项活动的结果，也可以是整个项目的最终成果。

2. 控制图法

控制图法是通过描述各样本的质量特征所在的区域来进行质量控制的方法，其用途是判断项目的质量是否处于控制中，如图 7-5 所示。当项目质量特征在上控制界限和下控制界限范围内时(上控制界限和下控制界限范围是根据项目质量规定的标准制定的)，说明它处于受控状态；如果落在上控制界限和下限控制界限之外，说明质量已经处于失控状态，应该采取措施使它回到受控状态。

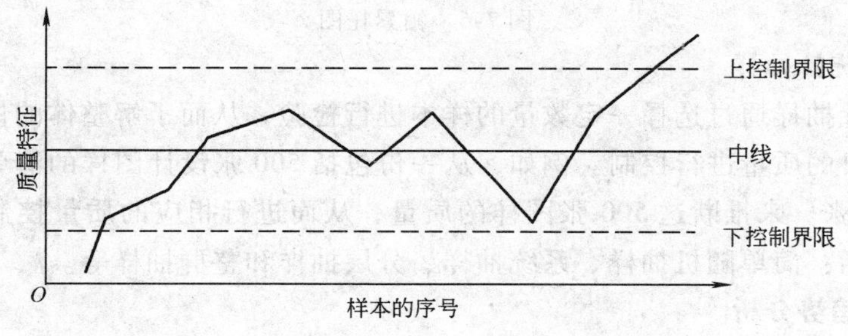

图 7-5　控制图

3. 帕累托图

帕累托图(Pareto Charts)是由意大利经济学家 Wilfredo Pareto 在分析社会财富的分布状况时提出的，他发现人类社会的进展历程中，少数人占有大量的财富，大多数人仅占有少量财富，而且那些少数人对财富起着决定性的支配因素，因此，他提出了“关键的少数和次要的多数”的观点，并且这一观点也适用于社会、经济生活的很多的方面。后来朱兰博士把这一观点运用到质量管理中，将其作为寻求影响质量因素的一种方法。

图 7-6 是帕累托图的一个示例，图中的曲线即为 Pareto 曲线，通常把影响质量的因素分为三类：A 类为关键的少数，是主要因素，其影响程度的累计百分数在 70%~80% 范围内；B 类是一般因素，其影响程度的累计百分数在 20%~30% 范围内；C 类为次要因素，其影响程度的累计百分数仅在0~10% 范围内。B 和 C 构成了次要的多数。因此，帕累托图法又称为 ABC 分析图法，在对这些因素进行 ABC 分类管理时，应对 A 类实行严格的质量控制，对 C 类实行较为宽松的质量控制。

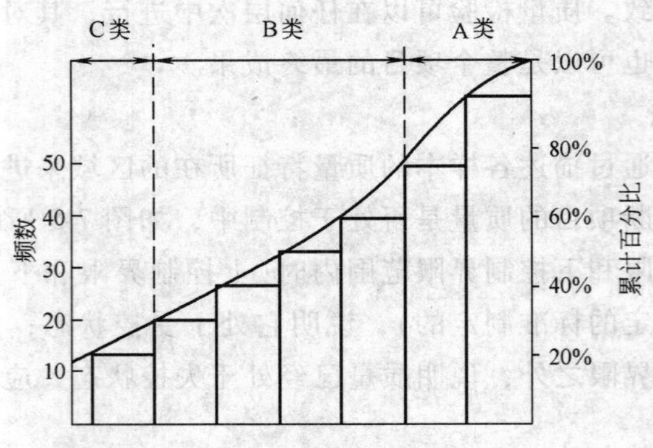

图 7-6　帕累托图

4. 统计抽样

统计抽样通过选择一定数量的样本进行检验，从而了解整体的情况，以便对项目的质量进行控制。例如，从一份包括 500 张设计图样的清单中随机抽取 50 张。来推断这 500 张图样的质量，从而进行相应的质量控制。统计抽样包括：简单随机抽样、系统抽样、分层抽样和整群抽样等。

5. 趋势分析

趋势分析是指根据过去的结果利用数学方法预测未来结果的一种方法。趋势分析常用于监控质量的实际情况，并预测质量的未来情况。它可以针对项目的实际执行情况鉴定出哪些工作存在质量问题，以及还有多少质量问题没有纠正。

7.4.3　项目质量控制的结果

1. 项目质量改进

项目质量改进是项目质量控制最主要的成果，即通过项目质量控制带来项目质量的提高，从而提高项目的效率。

2. 验收决定

通过对项目质量进行检验，决定是否接受项目的质量。如果项目质量达到了规定的标准，就作出接受的决定；如果项目质量没有达到标准，则作出拒绝的决定。被拒绝的项目可能需要返工。

3. 返工

返工是指针对在项目质量控制中发现的不符合质量要求的工作采取措施，使它符合质量标准的活动。返工一般是由于质量计划不合理或质量保证不得力，也可能是由于某些意外情况而发生的。返工可能会拖延项目的进度，增加项目的成本，损害项目团队的形象。因此，项目团队应该采取有效的质量控制措施，避免返工。

4. 项目调整

项目调整是根据项目质量控制中存在的较为严重的质量问题以及项目干系人提出的质量变更要求，对项目的活动采取相应的纠正措施进行调整。比如，一个项目的某项活动存在着严重的质量问题，对整个项目的影响较大，项目团队已经无法满足客户的质量要求，这时就需要与客户协商降低项目的质量标准。项目调整一般是按照整体变更的程序来进行的。

5. 质量检查表的完善

项目质量控制是以质量检查表为依据的，而完善后的质量检查表记录了项目质量控制的有关信息，为下一步的质量控制提供了基础。

本章小结

本章对项目质量管理的三个过程进行了比较详细的介绍，主要包括以下内容：

第1节，首先由质量、质量管理的定义引出项目质量管理的概念。项目质量管理是为了保证项目的可交付成果能够满足客户的需求，围绕项目的质量而进行的计划、协调和控制等活动。接下来，提出了项目质量管理的理念：以客户满意为中心，质量不是靠检验获得的，质量管理必须坚持“二全管理”，项目质量管理必须坚持“戴明循环”。

第2节，项目质量管理的基本宗旨是“质量出自规划，而非出自检查”，从中可见项目质量规划的重要作用。本节首先提出了项目质量规划的概念，其次讨论了项目质量规划的依据，进而讨论了项目质量规划的工具与方法：成本收益分析法、质量标杆法、流程图法、因果分析图法与试验设计，最后对项目质量规划的结果进行了总结。

第3节，项目质量保证是为保证项目质量计划的顺利实施，经常性地对项目质量计划的执行情况进行评估、核查和改进的过程，使项目质量能够满足客户的要求，项目质量保证包括：项目质量保证的依据、项目质量保证的工具和方法、项目质量保证的结果。

第4节，项目质量控制是在项目的实施过程中，对项目质量的实际情况进行监督，判断其是否符合相关的质量标准，分析产生质量问题的原因，制定出相应的措施来消除导致项目质量不符合质量标准的因素，以确保项目质量得以持续不断地改进。本节学习要点包括：项目质量控制的依据、项目质量控制的工具与方法、项目质量控制的结果。

本章记忆重点：项目质量管理的含义；项目质量规划；项目质量保证；项目质量控制。

自　测　题

一、判断题

1. 项目的质量方针是不可以调整的。(　　)

2. 项目质量保证的结果主要就是项目质量改进与提高的建议。(　　)

3. 项目质量规划的实际执行情况是项目质量控制的最基本依据。(　　)

4. 内部故障成本属于质量纠正成本。(　　)

5. 质量好并不代表质量高。(　　)

二、单选题

1. 戴明环的四个过程是(　　)。

A. 计划—处理—执行—检查　　B. 计划—执行—处理—检查

C. 计划—检查—执行—处理　　D. 计划—执行—检查—处理

2. 项目质量控制与项目质量保证的关系是(　　)。

A. 截然分开的　　B. 有不同的目标

C. 互相交叉、相互重叠的　　D. 采用相同的方法

3. 项目质量保证包括(　　)。

A. 项目内部和外部质量保证　　B. 项目内部质量保证

C. 项目外部质量保证　　D. 项目各项质量保证

4. 一个项目经理和他的团队正在努力确定，使用鱼骨图 Ishikawa 将会有多少不同因素会与潜在的问题相关联。项目经理要参与质量管理过程的步骤是(　　)。

A. 质量规划　　B. 质量工具

C. 质量保证　　D. 质量控制

5. 在成本/收益分析中，项目质量收益是指(　　)。

A. 项目质量的提高所增加的收益

B. 满足了质量要求而减少返工所获得的好处

C. 项目质量要求的降低所减少的成本

D. 项目质量的提高所增加的收益与增加的成本之差

6. 在项目质量控制中，关于质量检查表的表述错误的是(　　)。

A. 质量检查表可以作为项目质量控制的依据

B. 完善后的质量检查表记录了项目质量控制的有关信息

C. 完善后的质量检查表为下一步的质量控制提供了基础

D. 质量检查表作为编制项目质量计划的依据，不能作为项目质量控制的依据

7. 下列方法中，能找出发生次数少，但对项目质量影响程度大的方法是(　　)。

A. 趋势分析　　B. 质量检查表

C. 控制图　　D. 帕累托图

8. 下列方法中，能确定影响项目质量的因素是由随机事件还是由突发事件引起的方法是(　　)。

A. 流程图法　　B. 试验设计

C. 控制图　　D. 帕累托图

9. 项目质量审计发生在项目质量管理的(　　)阶段。

A. 质量计划　　B. 质量保证

C. 质量控制　　D. 质量改进

10. 下列方法中，能描述由不同的原因相互作用所产生的潜在问题的方法是(　　)。

A. 趋势分析　　B. 因果分析图

C. 控制图　　D. 帕累托图

11. 当检查质量成本时，培训成本属于(　　)。

A. 质量保证成本　　B. 质量纠正成本

C. 内部故障成本　　D. 外部故障成本

12. 范围确认和质量控制之间的区别是(　　)。

A. 没有区别

B. 范围确认关注工作结果的正确性，质量控制关注工作结果的可接受性

C. 范围确认关注确保变更是有益的，质量控制关注所有工作结果是正确的

D. 范围确认关注工作结果的可接受性，质量控制关注工作结果的正确性

13. 下列哪些属于符合质量成本的例子( )。

A. 返工 B. 质量培训

C. 废弃 D. 保修费用

三、多选题

1. 下列表述正确的是( )。

A. 项目保证成本越大，项目纠正成本就越小

B. 项目保证成本越大，项目纠正成本也就越大

C. 项目纠正成本越大，项目保证成本就越小

D. 项目纠正成本越大，项目保证成本也就越大

2. 质量计划编制的方法包括( )。

A. 帕累托分析 B. 因果分析

C. 流程图法 D. 成本/收益分析

3. 质量控制中常用的工具有( )。

A. 因果分析图 B. 控制图

C. 质量检查表 D. 帕累托图

4. 质量计划编制的依据包括( )。

A. 范围说明书 B. 成果说明

C. 标准和规范 D. 采购时的物料标准

5. 下列有关流程图的表述正确的是( )。

A. 流程图描述项目各活动之间的相互关系

B. 流程图有助于发现可能产生质量问题的工作环节

C. 流程图有助于明确项目质量管理的责任

D. 流程图有助于找出解决质量问题的方法

6. 下列表述正确的是( )。

A. 质量检查表可以核实项目质量计划的执行是否得到实施

B. 质量检查表通常以工作分解结构为基础

C. 质量检查表由详细的条目组成

D. 质量检查表可以包括某项工作是否已经完成的信息

7. 质量管理计划描述了( )。

A. 实施质量政策的方法

B. 项目质量系统

C. 项目质量控制、质量保证、质量改进计划

D. 用来进行成本、进度和质量之间权衡平衡分析的程序

练习与思考

1. 一个项目团队如何判断他们是否成功地完成项目——交付一个质量合格的产品？
2. 项目质量管理的理念有哪些？
3. 项目质量控制的方法有哪些？
4. 简述项目质量规划方法中的流程图法与鱼骨图法。

第 8 章

项目采购管理

主要内容

- 概述
- 项目采购规划
- 招标与询价
- 供应商确定
- 合同管理
- 合同收尾

学习目标

了解项目采购管理的有关概念；了解项目采购规划的依据；掌握项目采购规划的工具和方法，尤其是自制/外购分析和经济订货量分析法；了解招标与询价和供应商确定的有关概念和依据；掌握其中的工具和方法；理解合同管理的内容；了解合同管理的依据、工具、方法以及结果；了解合同如何收尾。

8.1 概述

1. 项目采购

项目采购(Project Procurement)是指从项目组织外部获得物料、工程和服务的整个采办过程。项目采购的分类通常有以下两种：

(1) 按采购对象不同分类。项目采购按对象的不同可分为如下种类，如图 8-1 所示。

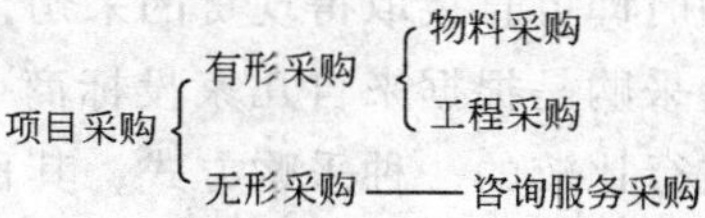

项目采购
- 有形采购
  - 物料采购
  - 工程采购
- 无形采购——咨询服务采购

图 8-1　项目采购按对象的分类

物料采购是指购买项目所需的各种机器、设备、仪器、仪表等物料，还包括与之相关的运输、安装、测试、维修等服务。

工程采购是指选择合格的承包单位来完成项目的施工任务，同时还包括与之相关的人员培训和维修等服务。

咨询服务采购是指聘请咨询公司或咨询专家来完成项目所需的各种服务，包括项目的可行性研究、项目的设计工作、项目管理、施工监理、技术支持和人员培训等服务。

(2) 按采购方式不同分类。项目采购按采购方式分为招标采购和非招标采购，具体分类如图 8-2 所示。

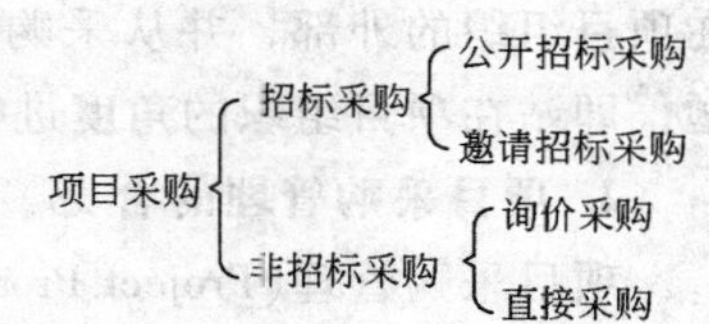

图 8-2　项目采购按采购方式分类

招标采购是由需求方提出招标条件和合同条件，然后许多投标商同时投标报价的采办过程。通过招标，需求方能够获得价格更为合理、条件更为优惠的货物或服务供应。招标采购又分为无限竞争的公开招标和有限竞争的邀请招标两类。

公开招标是由招标单位通过报刊、广播、电视等媒体工具发布招标广告，凡对该招标项目感兴趣又符合投标条件的法人，都可以在规定的时间内向招标单位提交意向书，由招标单位进行资格审查，核准后投标商购买招标文件，进行投标。公开招标的方式可以给一切合格的投标者平等的竞争机会，能够吸引众多的投标者，故又称为无限竞争性招标。

有限竞争性招标又称为邀请招标或选择招标。有限竞争性招标是由招标单位根据自己积累的资料，或由权威的咨询机构提供信息，选择一些合格的单位发出邀请，应邀单位(必须有 3 家以上)在规定时间内向招标单位提交投标意向书，购买招标文件进行投标。这种方式的优点是应邀投标者在技术水平、经济实力、信誉等方面具有优势，基本上能保证招标项目顺利完成。其缺点是在邀请时如带有感情色彩，就会使一些更具竞争力的投标商失去机会。对受客观条件限制和不易形成竞争的项目还可以采用协商议标的方式。非招标采购又可以分为询价采购、直接采购等。

询价采购，即比价方式，一般习惯称为“货比三家”。它适用于项目采购时即可直接取得现货的采购，或价值较小、属于标准规格产品的采购。询价采购是根据来自几家投标商(至少3家)所提供的报价，然后将各个报价进行比较的一种采购方式，其目的是确保价格具有竞争性。

直接采购是指在特定的采购环境下，不进行竞争而直接签订合同的采购方法，它主要适用于不能或不便进行竞争性招标或竞争性招标无优势的情况。例如，有些货物或服务具有专卖性质从而只能从一家制造商或承包商获得，或在重新招标时没有其他承包商愿意投标等。

本章所指的采购，与企业一般意义上的商品采购有所不同。它假设卖方在项目组织的外部，并从采购(买方—卖方)关系中买方的角度出发考虑问题，即站在项目组织的角度进行讨论。

2. 项目采购管理的含义

项目采购管理(Project Procurement Management)是指为达到项目的目标，而从项目组织的外部获取物料、工程和服务所进行的管理活动。

项目采购管理是保证项目成功实施的关键活动，如果采购的物料、工程和服务没有达到项目规定的标准，必然会降低项目的质量，影响项目的成本、进度和质量等目标的实现，甚至导致整个项目的失败。项目采购管理的总目标是以最低的成本及时地为项目提供其所需要的物料、工程和服务。项目采购管理是项目管理的重要组成部分，因为任何项目的实施都要大量投入，包括人力、原材料、设备等资源，一般来说，项目的采购支出约占项目投资总额的50%以上。如果采购这一工作环节出现失误，不但会影响项目的顺利进行，甚至还可能导致项目的失败。

项目采购管理由如下一系列具体的管理工作过程组成，如图8-3所示。

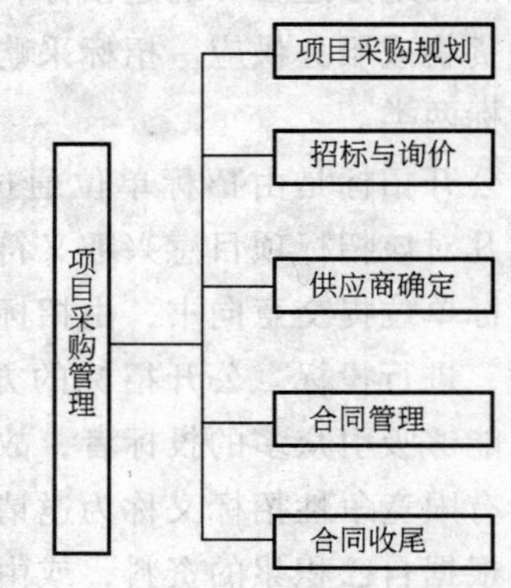

图8-3　项目采购管理的工作过程

8.2　项目采购规划

8.2.1　项目采购规划概述

项目采购规划(Project Procurement Planning)确定了如何从项目组织的外部获取资源才能最好地满足项目需求。制定项目采购计划是整个采购过程的第一步。项目采购规划的内容包括项目的采购方式、采购的预测成本、采购时间的安排、各种采购的相互衔接、采购如何与项目的其他方面(如进度计划和业绩报告)相协调等。

项目采购规划主要回答以下六个方面的问题：采购什么，即采购的对象及其品质；采购时点如何确定；如何采购，即采购过程中采用何种工作方式，是自制还是外购，采用招标采购还是非招标采购，选择何种合同类型等；采购多少，即采购的数量，可以通过经济订货量分析来确定合适的采购数量；从何处采购，即选择适当的供应商作为项目的供应来源，这要满足两个条件：一是经济性，即在供应来源中选择成本最小的，二是可获得性，即供应商必须能够及时提供项目所需的物料、工程或服务；以何种价格采购，即以适当的价格获得所需资源，项目团队要在保证资源质量和交货期限的同时寻找最低的合同价格。

编制项目采购计划时应注意的问题有：

(1) 采购物料、工程和服务的质量与使用性能要符合项目的要求。

(2) 采购计划要明确规定采购的步骤、时间、先后顺序及衔接等问题。

(3) 采购计划要对整个采购过程进行协调管理。

项目采购规划的主要工作如表8-1所示。

表8-1　项目采购规划的主要工作

依　　据	工具和方法	结　　果
项目范围说明书 成果说明 采购所需的资源 市场状况 其他相关的计划 项目的制约因素和假设条件 物料清单	自制/外购分析 独立估算 合同类型的选择 经济订货量分析	采购管理计划 合同工作说明书 自制或外购决策文件

8.2.2　项目采购规划的依据

1. 项目范围说明书

项目范围说明书提供了项目最基本的资源需求信息，这是编制项目采购计划所必须考虑的重要信息。

2. 成果说明

成果说明对项目可交付成果的功能、质量标准、特性等相关情况进行了描述，提供了所需的原材料、机器设备、工艺等质量和技术要求方面的信息，所以其应作为编制采购计划的依据。

3. 采购所需的资源

项目组织在进行采购活动的过程中，也要耗费一定的资源。如在检验供应商提供的样品时，就需邀请相关的专家进行试验测试等。

4. 市场状况

编制项目采购计划时，要考虑市场上资源的种类、供应商要求的价格以及适用的合同条款等。

5. 其他相关的计划

在编制项目采购计划时，还要考虑项目的一些其他计划，其中最重要的有项目成本计划、项目进度计划和项目质量计划等。如在决定何时采购时，就必须考虑项目进度计划的影响。

6. 项目的制约因素和假设条件

编制项目采购规划还要考虑一些项目的制约因素，如项目的资金是否充足；同时还要考虑假设条件，如项目所需资源的价格是稳定的。

7. 物料清单

物料清单是指产品的具体明细表，它不仅是采购部门确定采购计划的最重要的依据，而且是生产部门安排生产的依据，同时也是计划部门确定物料需求计划的依据。现以某数控机床为例，其物料清单如表8-2所示。从表中可以看出，物料清单是根据产品设计图样编制的，这里所说的零件包括生产最终产品（数控机床）的所有零部件和组件。

表8-2　数控机床的物料清单

序　号	零件编号	零件名称	数量/个	备　注
1	1000	数控机床	1	0级
2	1100	机械部件	1	1级

（续）

序　　号	零件编号	零件名称	数量/个	备　注
3	1200	电子部件	1	1级
4	1110	轮轴部件	1	2级
5	1120	支撑部件	1	2级
6	1210	主板部件	1	2级
7	1220	软件部件	1	2级
8	1111	长轴	8	3级
9	1112	短轴	10	3级
10	1211	CPU	1	3级
11	1212	RAM	1	3级
12	1221	主板软件	1	3级
13	1222	驱动软件	1	3级

8.2.3　项目采购规划的工具和方法

1. 自制/外购分析

在编制项目采购计划时，其中很重要的一个内容就是决定是自制还是外购。自制/外购分析可以用来判断项目组织所需的资源和服务是通过自制还是外购获得。在比较自制与外购的经济性时要考虑直接和间接两部分费用，并考虑组织的长远需求和项目的当前需求，如果能够满足组织的长远需求，外购成本分摊到当前项目上的比例就会小一些。

例8-1　某公司生产产品每年需要甲零件500件。如果自制，生产该零件不会增加公司的固定成本，该零件自制的单位变动成本为7元；如果外购，则该零件的单价为8元。

（1）试决定该零件是自制还是外购。

（2）如果该公司生产该零件每年要增加固定成本600元，确定该零件是自制还是外购。

解　（1）自制成本 =7×500元 =3500元

外购成本 =8×500元 =4000元

自制成本 <外购成本，应选择自制。

（2）自制成本 =7×500元 +600元 =4100元

外购成本 =8×500元 =4000元

自制成本>外购成本，应选择外购。

2. 独立估算

独立估算又称为合理费用估算。在编制项目采购计划时，往往需要预测采购的成本，而采购成本的预测一般是通过独立估算来完成的。项目组织应该对采购产品编制自己的估算，用以检查供应商的报价。如果差异较大，说明项目定义的范围不恰当，或者供应商对采购方的需求有误解或漏项。如果项目组织没有能力进行独立估算，也可以把独立估算的工作交由外部的咨询顾问来完成。

3. 合同类型的选择

合同类型的选择是根据各采购物料、服务或工程的具体情况和各种合同类型的适用情况进行权衡比较，从而选择最合适的合同类型。合同一般有三种类型，即固定价格合同、成本补偿合同和单价合同。

(1) 固定价格合同(Form Fixed Price Contract)。经项目组织和供应商协商，在合同中订立双方同意的固定价格作为今后结算的依据，而不考虑采购对象实际发生的成本。如果实际成本较低，对供应商有利，对项目组织不利；反之，则对项目组织有利，对供应商不利。固定价格合同对于项目组织来说风险比较小，只要计算好采购物料或工程的成本，然后按照这个成本签订合同，而不管供应商所花费的实际金额，也不必多付超出固定价格的部分。而对供应商来说，则有可能只获得较低的利润，甚至亏损，特别是当项目所需的资源价格大幅度上涨时，供应商就会面临亏损的风险。因此，签订这种合同时，双方必须对产品成本的估计均有确切的把握。固定价格合同适用于技术不太复杂、工期不太长、风险不太大的项目，因为这种合同界定比较明确，超支的风险较低。

(2) 成本补偿合同(Cost Compensating Contract)。成本补偿合同是以供应商提供资源的实际成本加上一定的利润或费用作为结算价格的合同。成本补偿合同适用于那些不确定性因素较多，所需资源的成本难以预测又急于上马的项目。成本补偿合同包括3种类型：成本加成合同、成本加固定费用合同和成本加奖励合同。

在成本加成合同(Cost Plus Earnings Contract)中规定在双方同意的合理范围内，以实际成本为基础，加上合同规定的成本利润率计算的利润，作为今后的结算价格。相对而言，成本加成合同对项目组织来说，风险较大，因为供应商所提供的资源花费很可能超过预定的价格。例如，若供应商提供A产品的实报实销成本为98000元，合同规定供应商的成本利润率为14%，则A产品的结算价格=98000元×(1+14%)=111720元。由此可见，实际成本越高，供应商获利越多。因此，采用这种定价方法容易造成供应商故意抬高成本，使项目组织蒙受损失，故在实际工作中很少采用。

在成本加固定费用合同(Cost Plus Fixed Fee Contract)中规定的结算价格由实际成本和固定费用两部分构成，成本是实报实销的，而固定费用则在合同中明确规定，与实际成本高低无关。相对于成本加成合同来说，这种合同可以避免供应商故意抬高成本，减少项目组织的风险，也能保证供应商获得一定的利润。其不足之处在于不能促使供应商主动地去降低成本。

在成本加奖励合同(Cost Plus Incentive Fee Contract)中订明预算成本和固定费用的金额，并约定当实际成本超过预算成本时，可以实报实销；实际成本如有节约，则按合同规定的比例由项目组织和供应商双方共同分享。奖励合同可以激励供应商想方设法降低成本。

(3) 单价合同。单价合同(Unit Price Contract)的结算价格是供应商每单位产品付出的劳动与劳动单位价格的乘积。这种合同适用于那些比较正规，且工作量难以预计的项目。

4. 经济订货量分析

经济订货量分析是通过建立经济订货量模型，对要采购的产品进行分析，确定采购的批量和采购的时间，使订购成本和库存成本之和最小。订购成本、库存成本与订货量的关系如图8-4所示。

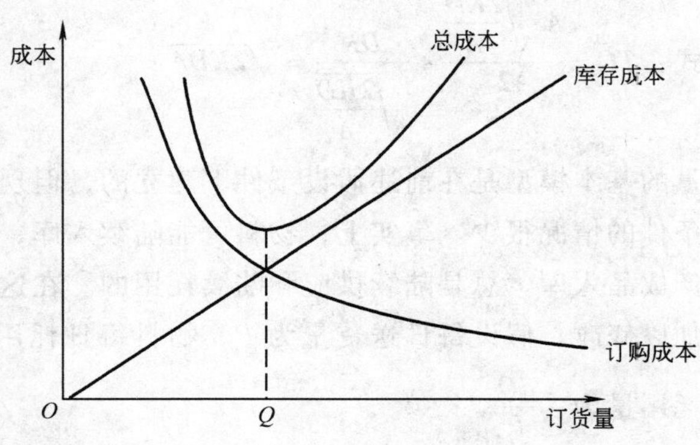

图8-4　成本与订货量关系图

经济订货量的基本模型存在以下假设条件：

(1) 项目组织能及时补充物料。

（2）能集中到货，而不是陆续入库。

（3）不允许缺货。

（4）物料单价不变，不考虑现金折扣。

（5）项目组织现金充足，不会因现金短缺而影响采购。

（6）采购数量稳定，并且能预测。

（7）市场供应充足。

假设每次订货费用为 K，采购数量为 D，年单位储存成本为 A，经济订货量为 Q，则：

库存成本和订购成本之和为：$\dfrac{QA}{2}+\dfrac{DK}{Q}$　（8-1）

要使订购成本和库存成本之和最小，必须满足：

$$Q=\sqrt{\frac{2KD}{A}} \tag{8-2}$$

这是经济订货量的基本模型，它还可以推导出一些其他形式：

每年最佳订货次数公式：$N=\dfrac{D}{Q}=\dfrac{D}{\sqrt{\dfrac{2KD}{A}}}=\sqrt{\dfrac{DA}{2K}}$　（8-3）

最佳订货周期公式：$t=\dfrac{1}{N}=\dfrac{1}{\sqrt{\dfrac{DA}{2K}}}=\sqrt{\dfrac{2K}{DA}}$　（8-4）

总成本公式：$TC=\dfrac{A\sqrt{\dfrac{2KD}{A}}}{2}+\dfrac{DK}{\sqrt{\dfrac{2KD}{A}}}=\sqrt{2KDA}$　（8-5）

经济订货量的基本模型是在前述假设条件下建立的，但现实生活中能够满足这些假设条件的情况很少。事实上，物料可能陆续入库，使库存量陆续增加，尤其是产成品入库，总是陆续供应和陆续耗用的。在这种情况下，就要对基本模型加以修改。假设每日送货量为 P，物料每日耗用量为 d，故送货期内的全部耗用量为：$\dfrac{dQ}{P}$。

则：

$$Q=\sqrt{\frac{2KDP}{A(P-d)}} \tag{8-6}$$

例 8-2　某项目要采购某种物料 6400 件，该物料的每件年单位储存成本为 2 元，每次订货费用为 16 元。

要求：计算并回答下列问题：

（1）如何确定该种物料的经济订货量？

（2）该种物料的最佳订货周期是多少天？

（3）如果该种物料是陆续供应和耗用的，假设其每日送货量为30件，每日耗用量为10件，则如何确定该种物料的经济订货量？

解

（1）$Q=\sqrt{\frac{2KD}{A}}=\sqrt{\frac{2\times16\times6400}{2}}$件$=320$件

（2）$N=\sqrt{\frac{DA}{2K}}=\sqrt{\frac{6400\times2}{2\times16}}$次$=20$次

$t=\frac{360}{20}$天$=18$天

（3）$Q=\sqrt{\frac{2KDP}{A(P-d)}}=\sqrt{\frac{2\times16\times6400\times30}{2\times(30-10)}}$件$=392$件

经过上述计算可以得出：①该种物料的经济订货量为320件；②该种物料的最佳订货周期为18天；③如果该种物料是陆续供应和耗用的，该种物料的经济订货量为392件。

8.2.4　项目采购规划的结果

1. 采购管理计划

采购管理计划中需说明如何对具体的采购过程进行管理，它包括：

（1）使用合同的类型。

（2）是否需要有独立的估算作为评估标准，由谁负责，何时编制这些估算。

（3）项目实施组织是否设计了采购部门，项目管理组织在采购过程中自己能采取何种行动。

（4）是否需要使用标准的采购文件，从哪里可以获得这些标准文件。

根据项目的具体要求，采购管理计划可以是正式的，也可以是非正式的；可以非常详细，也可以很粗略。此计划是项目整体计划的补充部分。

2. 合同工作说明书

合同工作说明书详细地说明了采购项目，以便潜在的承包商确定他们是否能够提供该采购项目所要求的货物或服务。合同工作说明书的详细程度可以视采购项目的性质、买方的要求或者预计的合同形式而异。

合同工作说明书在采购过程中可能被修改和细化。例如，潜在的承包商可能建议使用效率更高的方法或成本更低的产品。每一个单独的采购项目都要求有单独的合同工作说明书。但是，多种产品或服务可以组成一个采购项目，使用一个合同工作说明书。

合同工作说明书应尽可能清晰、完整、简洁，其中包括对所需附属服务的要求说明。在某些应用领域，对于合同工作说明书的内容和格式已有具体的规定。

3. 自制或外购决策文件

自制或外购决策文件说明了产品、服务或成果是由项目团队自制还是外购，还包括是否购买保险或履约保函。自制或外购决策文件可以简要说明决策的原因和依据。

8.3　招标与询价

8.3.1　招标与询价概述

招标是招标人选择中标人并与其签订合同的过程，招标人需遵循招标法律和法规进行招标活动，按照招标人参与程度，可将招标活动粗略划分为招标准备阶段、投标准备阶段、开标评标阶段和决标签约阶段。

询价就是让可能成交的供应商回复招标文件中提出的要求，即满足项目要求的报价和建议。这个过程的大部分工作实际上由可能成交的供应商完成，一般无须项目支付费用。项目不同，询价过程的简繁也不同。复杂的大型项目采购工作量大，询价时间长，投资的资源多，需要的专业知识和经验多，过程也复杂。简单的小项目就没有必要专设询价过程。招标与询价的主要工作如表8-3所示。

表8-3　招标与询价的主要工作

依　据	工具和方法	结　果
采购管理计划 合同工作说明书 项目组织先前的相关资源 自制或外购决策 采购文件	标准表格 专家判断 投标人会议 刊登广告 制定合格供应商清单	采购文件 评价标准 合格供应商清单 合同工作说明书(更新) 建议书

8.3.2　招标与询价的依据

1. 采购管理计划

采购管理计划应说明如何管理其采购过程，它的主要内容包括：采购合同的类型、由谁进行估算以及采取什么措施等。根据项目需要，采购管理计划可以是正式的或非正式的、非常详细的或概括的。

2. 合同工作说明书

合同工作说明书必须足够详细地说明所需的采购项目，以使预期的供应商确定其是否具备提供该项目的能力。详细的程度随采购项目的性质、买方的需求或预期合同形式的不同而不同。工作说明书应尽可能地明确、完整和简练。它应包括一份对所需附属服务的说明书。

3. 项目组织先前的相关资料

项目组织先前的相关资源通常是指组织的方针、程序、标准和原则确定过程中可供借鉴的相关经验(历史信息和经验教训)。

4. 自制或外购决策

自制或外购决策是项目组织对产品、服务或成果自制或外购的决策所形成的文档，包括为应对识别的风险而购买保险或履约保函。简单的自制或外购文档只需简要列出决策的原因和依据。

5. 采购文件

采购文件用于向潜在的供应商索要建议书。当主要依据价格选择供方时，通常采用术语“投标”和“报价”；当需要考虑非价格事项时，通常采用术语“建议书”。不过，这些术语也经常交换使用。各种类型采购文件的常用名称包括：投标邀请、邀请提交建议书、邀请报价、谈判邀请和承包商初始答复等。

8.3.3　招标与询价的工具和方法

1. 标准表格

标准表格包括标准合同、标准采购事项描述、保密协议、报价评标标准核对表，或所需的招标文件的全部或者部分标准版本。从事大量采购的组织应把上述大多数文件加以标准化。进行知识产权交易的买卖双方应在向对方提供任何具体知识产权信息之前批准和接受保密协议。

2. 专家判断

往往需要专家的技术判断来评估该过程的依据或者成果，也可依据专家的采购判断制定或修改评标标准。专家法律判断可能要求律师提供相关服务，协助作出非标准采购条款和条件方面的判断。该判断和专业特长(包括商业和技术特长)不仅适用于采购的产品、服务或成果的技术细节，而且也适用于采购管理过程的各个方面。

3. 投标人会议

投标人会议是在投标之前与潜在的投标者召开的会议，以确保所有潜在投标者有平等的机会对采购有一个清晰、共同的理解(技术要求、合同要求等)，对投标者问题的答复有可能作为修订条款包含到招标文件中去。

4. 刊登广告

招标者要在本国的官方公告或其他官方出版物上刊登招标公告，某些类型的采购项目还要求公开向大众做广告，如在政府合同下的子合同绝大部分要求必须公开向大众做广告，使所有合格的投标者都有同等的机会了解投标的要求，以形成广泛的竞争局面。

5. 制定合格供应商清单

如果项目组织的先前相关资源内有随机可用的合格供应商清单或类似信息，则可据此形成合格供应商清单。项目组织也可以建立自己的供应商资源。供应商的一般信息可通过互联网、图书馆收藏的厂商名录、当地有关协会、行业厂商名录和类似的信息源来获取。供应商详细资料则需付出更大的努力来获取。项目组织也可将采购文件送交潜在供应商，以确定其是否有兴趣成为潜在的合格供应商。

8.3.4 招标与询价的结果

1. 采购文件

有关采购文件的描述参见本书8.3.2中的第5点。

2. 评价标准

评价标准用于对建议书进行排序和评分。它们可以是客观的，也可以是主观的。评价标准经常是采购文档的一个组成部分。如果知道采购项目可以迅速地从几个可接受的来源中获得，则评价标准可能仅限于购买价格；否则就必须确定其他选择标准并形成相应的文档，以支持评估。

3. 合格供应商清单

制定合格供应商清单，并邀请清单上列出的供应商提供报价或建议书。

4. 合同工作说明书(更新)

在招标与询价过程中，可能确定对一项或多项合同工作说明书的修改。

5. 建议书

建议书是供应商准备的说明，是提供所要求产品的能力和意愿的文档。它是按照有关采购文档的要求准备的。建议书能辅助以口头的介绍。

8.4 供应商确定

8.4.1 供应商确定概述

供应商确定就是根据招标文件中列入的评标原则，接受某一承包商、供应商或咨询公司的标书或建议书，并请他提供本项目需采购的产品或服务。在建设项目上，供应商确定就是评标和授标。如何选择供应商往往要费些心思，除了费用或价钱以外，可能还有许多其他的因素需要考虑和评价。

(1) 价格可能是基本决定因素，但是如果承包商最后不能及时提供产品或服务，即使他的建议价最低，若选择他也有可能提高本项目的最终成本。

(2) 承包商建议书常分成技术和价格两部分，各部分要单独评价。

(3)对于大型项目或者重要的产品或服务，可能需要选择多个供应商。

对于大型项目采购，供应商确定过程可能要进行多次。先让投标人提交一份无报价的技术方案，即初步建议书，据此选出一些合格的承包商，然后再邀请初步中选者提交最终的技术建议和报价，并对其进行全面详细的评价。这种办法叫做“两步招标”或“两阶段招标”法，适用于招标前不宜进行完整的设计或相关技术迅速发展的情况。

8.4.2 供应商确定的依据

项目管理计划提供了项目管理的总体计划，包含相关从属计划及其组成部分。采购规划过程在一定程度上需要考虑其他可用的组件文件，包括风险登记册和与风险相关的合同协议。如表8-4种所示供应商确定的依据有项目组织的先前相关资源、采购管理计划、评估标准、采购文件、建议书和合格供应商清单项目管理计划等这些在前面已进行了详细描述，在此不再赘述。

表 8-4　供应商确定的主要工作

依　据	工具和方法	结　果
项目组织的先前相关资源	加权系统	选中的供应商
采购管理计划	独立估算	合同
评估标准	筛选系统	合同管理计划
采购文件	合同谈判	活动资源清单
建议书	供应商评级系统	采购管理计划(更新)
合格供应商清单	专家判断	项目变更申请
项目管理计划	建议书评估技术	

8.4.3　供应商确定的工具和方法

1. 加权系统

由于在供应商确定时要考虑多种定性因素，因此有必要通过加权将多种定性因素加以量化，以减少个人偏见对供应商选择的影响。加权的具体做法一般是：①对每一个评价标准赋予一个权数。②根据每一条评价标准给投标人评出分数。③将分数乘以权数。④把加权后的分数加总。

2. 独立估算

对许多采购项目，采购组织可以编制自己的估算，用以检查供应商的报价。如果独立估算与报价相比较有明显的差异，则表明工作范围不恰当或者可能的供应商对工作说明书有误解或漏项。独立估算经常称为“合理费用”的估算。

3. 筛选系统

筛选系统是指为一项或多项评估标准建立最低的绩效要求，并可应用加权系统和独立估算。例如，首先要求可能的供应商推荐的项目经理具备项目管理专业人士(PMP)资格，然后才考虑建议书的其余部分。

4. 合同谈判

合同谈判就是双方共同讨论、确定合同的结构和要求，并取得一致意见。需要谈判的问题一般包括双方责任、义务和权限、适用的条款和法律、技术和经营管理方法、项目的资金筹集和合同价等。有些项目，可能还要谈判其他一些问题。一般管理文献都深入地讨论了谈判的方式、技术和风格，多数都适用于项目的合同谈判。

5. 供应商评级系统

许多项目组织都建立了供应商评级系统，该系统可用的信息包括：供应商过去的业绩、质量等级、交付绩效和合同履约的情况。在合同管理过程中，先前的供应商形成的供应商绩效评估文件是该相关信息的来源之一。通常可将供应商评级系统与报价书结合起来进行供应商选择。

6. 专家判断

有关专家判断的内容参见8.3.3中的第2点。

7. 建议书评估技术

建议书的评级和打分可使用多种不同的方法，但所有方法都会涉及专家判断和一些评估标准。在正式的建议书评估过程中，通常为每一项评估标准设定一定的权重，根据确定供应商过程中获取的审查信息来确定各个标准的权重。最后，使用加权系统对所有建议书进行全面的评估和比较，以确定每份报价书的总加权分值。

8.4.4　供应商确定的结果

1. 选中的供应商

通过确定供应商这个过程定下来的供应商即为选中的供应商。

2. 合同

合同是一个约束供应商和买方双方的具有法律特征的协议，使供应商有义务按合同提供规定的产品，而买方则有义务付款。合同也可称为协议、分包合同、采购订单。

3. 合同管理计划

合同管理计划涵盖了合同生命期内的合同管理活动。

4. 活动资源清单

活动资源清单记录了资源的数量和可用性，以及具体资源的配置时间安排。

5. 采购管理计划(更新)

对采购管理计划(参见8.3.2中的第1点)进行更新，以反映经批准的影响采购管理的所有变更请求。

6. 项目变更申请

确定供应商过程可能会导致对项目管理计划及其从属计划和其他组成部分(如项目进度计划和采购管理计划)提出变更申请，项目组织可通过整体变更控制对请求的变更进行审查和处理。

8.5　合同管理

8.5.1　合同概述

合同(Contract)也称为契约，是指双方当事人按照法律的规定，有关订立、变更和解除民事权利和义务的协议。合同具有以下法律特征：

(1) 合同是一种法律行为，这种法律行为使双方当事人之间产生了权利和义务的关系，并保证双方当事人全面地履行合同。

(2) 合同是双方当事人的法律行为，只有在双方意见一致时，合同才能成立。

(3) 双方当事人在合同中具有平等的地位，即双方当事人以平等的民事主体的身份来签订合同。

(4) 合同是一种合法的法律行为，双方当事人必须按照国家法律的规定达成协议，才能签订合同。

(5) 合同关系是一种法律关系，具有强制性。

项目采购合同(Project Procurement Contract)是指项目组织和供应商为了实现项目采购计划，明确双方的权利和义务关系而达成的协议。项目组织选择供应商以后，经过一番合同谈判，双方达成一致意见即可以签订采购合同。项目采购合同主要包括如下方面：

1) 供应商的责任和权利。

2) 项目组织的主要责任和权利。

3) 合同价格、计价方法和补偿条件。

4) 工期要求。

5) 争执的解决方式。

6) 双方的违约责任。

7) 履行合同可能存在的问题和风险。

8) 附录。

合同一旦签署，合同管理工作就开始了。项目采购合同管理(Project Procurement Contract Management)是指保证合同双方严格地按照所签订合同规定的各项要求自觉履行各自的义务，维护各自权益的过程。项目组织和供应商应认真按照所签订合同的规定，在适当的时间、地点，以适当的方式全面完成自己所承担的义务，实施采购管理计划，以实现合同双方双赢的目标。在进行项目采购合同管理时，可先做项目合同工作分解结构，以利于采购合同的管理。

项目采购合同管理的主要工作如表8-5所示。

表8-5 合同管理的主要工作

依据	工具和方法	结果
合同 合同实施结果 变更申请 发货单 项目组织的支付记录	合同变更控制系统 支付系统	来往函件 合同变更 供应商付款要求

8.5.2 合同管理的依据

1. 合同

合同明确规定了合同双方各自的责任和权利，以及供应商提供的物料、工程和服务的要求等内容，是合同管理的蓝本。

2. 合同实施结果

合同实施结果包括承约商所提供的物料、工程和服务中，哪些已经完成，哪些没有完成，没有完成的进行到什么程度，质量是否达到了规定的标准，以及项目组织支付了多少价款等内容。这些信息为项目组织进行合同管理提供了依据。

3. 变更申请

在项目采购合同的实施过程中，合同可能会由于一方或双方的某种原因而发生变更，项目采购合同管理要根据合同变更申请所提供的双方已协商确认的最新信息来进行。变更申请可以由合同的任何一方提出，并由双方协商解决，以免延误项目的进度和影响项目的质量。

4. 发货单

供应商发出物料和提供工程、服务以后，应该及时向项目组织提供发货单，以便项目组织尽快据此付款。

5. 项目组织的支付记录

项目组织向供应商付款时，必须作好付款记录，作为项目合同管理的依据。

8.5.3 合同管理的工具和方法

1. 合同变更控制系统

合同变更控制系统规定了项目合同变更的程序和方法，项目组织应该根据该系统对项目采购合同的变更进行管理。合同变更控制系统包括文档工作、追踪系统、争议解决程序和授权变更的批准等级等内容。合同变更控制系统应与总体变更控制系统相协调，是整体变更控制系统的一个组成部分。

2. 支付系统

支付系统规定了项目组织向供应商支付款项时必须遵循的程序，如项目组织支付货款时，首先必须获得项目有关管理人员的批准，特别是对于大型项目来说，项目组织要根据项目的实际情况建立合理的支付系统。

8.5.4 合同管理的结果

1. 来往函件

来往函件是指合同双方沟通所形成的文件，它不仅包括合同本身，还包括项目组织发出的催货单、项目组织或供应商提出的变更申请，以及与合同有关的检查结果等。

2. 合同变更

合同变更是项目组织或供应商根据实际情况对合同进行的变更，有关合同变更的信息要反映到项目管理的其他文件(如进度计划、成本计划)中去。

3. 供应商对付款的要求

供应商根据合同的规定履行义务后，有权要求项目组织按照合同规定的方式和时间付款。

8.6 合同收尾

8.6.1 合同收尾概述

项目组织和供应商按照合同履行各自的义务后，合同就此终止。通常，合同一旦签订便不能随意终止，但当出现一些特殊情况时，合同也可能提前终止。合同提前终止的情况有：

(1) 合同双方混同为一方，如供应商加入项目组织，这时合同就提前终止。

(2) 合同由于不可抗力的原因提前终止，如一项建筑工程的地皮被政府强制征用，导致项目终止，因此采购合同也将提前终止。

(3) 合同双方通过协商，解除各自的义务，如项目组织和供应商通过协商达成一致意见，供应商不再提供货物，项目组织也不再继续付款，此时合同就终止了。

(4) 仲裁机构或法院宣告合同终止，如当合同纠纷交由仲裁机构或法院裁决时，合同被判决终止。

当采购合同已经完成或因故终止时，就需要进行项目采购合同收尾(Project Procurement Contract Closeout)。项目采购合同收尾实际上就是通过逐项检查合同的各项条款，并逐一终止这些条款要求的管理过程。该管理过程涉及核实所有的工作是否正确、圆满地完成，同时附有以便将来使用的相关信息和记录归档文件。项目团队应在合同收尾之前准备好与合同有关的所有文件，包括合同、合同报告记录、有关表格清单、发货单据、付款记录、验收签字等。项目合同收尾的具体步骤包括：检查和验收承包商的工作、核实合同付款情况、成本决算、归还租赁来的仪器设备、评审并终止分承包商的合同。项目合同收尾的主要工作如表 8-6 所示。

表 8-6　合同收尾的主要工作

依　据	工具和方法	结　果
合同文件	采购审计	合同归档 正式验收和收尾

8.6.2　合同收尾的依据

项目采购合同收尾的依据主要是合同文件，它泛指与合同双方有关的所有文件，主要包括：合同本身、合同的执行情况、申请和批准的合同变更、供应商的发货单和项目组织的支付记录等。

8.6.3　合同收尾的工具和方法

采购审计(Procurement Audit)是合同收尾的主要方法，是根据有关的法律和标准对从采购计划的编制到合同收尾的整个过程所进行的结构性审查。采购审计的目的在于确认项目组织采购过程中的成功和不足，以及是否存在违法现象，以便吸取经验和教训。

8.6.4　合同收尾的结果

1. 合同归档

对项目采购过程中的所有合同文件要进行整理并建立索引记录，以便日后备查，它是整个项目记录的一部分。

2. 正式验收和收尾

对采购的物料、工程和服务进行最后验收，包括解决所有项目进展中遗留的合同问题，对供应商的最终付款通常也同步进行，还要确认项目已经完成并且可以移交。负责合同管理的项目组织人员应该向供应商发出正式的文件，从而确认合同的终止。

本章小结

本章从项目组织的角度详细讨论了项目采购管理的概念及其五个工作过程(项目采购规划、招标与询价、供应商确定、合同管理和合同收尾)，主要包括以下内容：

第1节，首先通过项目采购的概念与分类，引出项目采购管理的定义。项目采购管理是指为达到项目的目标，而从项目组织的外部获取物料、工程和服务所进行的管理活动。

第2节，项目采购规划是整个采购管理过程的第一步，它确定了如何从项目组织的外部获取资源才能最好地满足项目需求。这一节首先讨论了项目采购规划的依据，其次重点介绍了项目采购规划的工具和方法：自制/外购分析、独立估算、合同类型的选择、经济订货量分析，最后总结了项目采购规划的结果。

第3节，首先介绍了招标与询价的定义，招标是招标人选择中标人并与其签订合同的过程，询价是让可能成交的供应商回复招标文件中提出的要求。其次分别讨论了招标与询价的依据、工具与方法和结果。

第4节，供应商确定就是根据招标文件中列入的评标原则，接受某一承包商、供应商或咨询公司的标书或建议书，并请他提供本项目需采购的产品或服务。供应商确定的工作要点包括：供应商确定的依据、供应商确定的工具与方法、供应商确定的结果。

第5节，由合同的概念引出对项目采购合同管理的定义，即保证合同双方严格地按照所签订合同规定的各项要求自觉地履行各自的义务、维护各自权益的过程。项目采购合同管理的工作要点包括：合同管理的依据、合同管理的工具与方法、合同管理的结果。

第6节，介绍了当采购合同已经完成或因故终止时，就需要进行项目采购合同收尾。项目采购合同收尾的工作要点包括：合同收尾的依据、合同收尾的工具和方法、合同收尾的结果。

本章记忆重点：项目采购管理；项目采购规划；招标与询价；供应商确定；合同管理；合同收尾。

自 测 题

一、判断题

1. 只有合同双方都履行完各自的义务时，合同才能终止。(　　)

2. 成本加奖励合同可以激励供应商想方设法降低成本。(　　)

3. 经济订货量是使购买成本和库存成本之和最小时的订货量。(　　)

4. 一般来说，公开招标采购比邀请招标采购能找到更多的投标者。(　　)

5. 对所有供应商的认证数量都应该是相同的。(　　)

二、单选题

1. 采购成本的预测一般是通过(　　)来进行的。

A. 综合估算　　B. 加权系统

C. 独立估算　　D. 参数模型法

2. 下列表述错误的是(　　)。

A. 项目采购绝大多数是通过非招标采购进行的

B. 非招标采购一般适用于单价较低、有固定标准的产品

C. 非招标采购主要包括：询价采购、直接采购和自营工程

D. 项目采购绝大多数是通过招标采购进行的

3. 某公司要将特殊防振动装置加入最新开发的真空系统。但该公司没有这方面的案例数据，并且还不知道如何获得这些装置。为了解决这些问题，你会建议其使用除(　　)以外的下列工具和方法。

A. 自制或购买分析　　B. 合同类型选择

C. 工作说明(SOW)　　D. 专家判断

4. 某客户要采购某种物料2000件，该物料每件年单位储存成本为4元，每次订货费用为10元，则确定其经济订货量为(　　)件。

A. 120　　B. 80

C. 90　　D. 100

5. 某公司生产产品每年需要甲零件300件，如果自制，该零件增加公司的固定成本300元，自制的单位变动成本为7元；如果外购，零件的单价

为8元。则该公司应该(　　)。

A. 自制　　B. 外购

C. 两者效果一样　　D. 不能确定

6. 将大部分的风险转移给供应商的合同类型是(　　)。

A. 成本加成合同　　B. 成本加固定费用合同

C. 奖励合同　　D. 固定价格合同

三、多选题

1. 招标与询价的主要依据是(　　)。

A. 采购管理计划　　B. 工作说明书

C. 采购文件　　D. 自制或外购决策

2. 成本补偿合同的类型包括(　　)。

A. 成本加成合同　　B. 固定价格合同

C. 奖励合同　　D. 单价合同

3. 项目组织在进行独立估算时，如果与供应商的报价的差异较大，其原因可能是(　　)。

A. 供应商对采购方的需求考虑不充分

B. 供应商对采购方的需求有误解

C. 项目定义的范围不恰当

D. 只有A和B

4. 采购管理计划应用于项目采购管理规化的过程有(　　)。

A. 项目采购规划　　B. 合同管理

C. 招标与询价　　D. 供应商确定

5. 编制项目采购计划时应注意(　　)。

A. 采购的物料的质量和使用性能要符合项目的要求

B. 采购计划要明确规定采购的物料衔接问题

C. 采购计划要对整个采购过程进行协调管理

D. 采购数量应尽量多，以备项目的不时之需

6. 解决项目采购合同纠纷的主要方式有(　　)。

A. 协商解决　　B. 调解解决

C. 仲裁解决　　D. 诉讼解决

四、计算题

1. 项目组织与供应商签订了一个奖励合同，合同目标成本是30万元，目标利润是5万元，目标价格是35万元，双方还约定了一个40万元的价格

上限和70/30的买卖双方分担比例。

（1）如果卖方履行合同完毕时实际成本是25万元，买方将支付给卖方多少利润？支付的总金额是多少？

（2）如果卖方履行合同完毕时实际成本是36万元，买方将支付给卖方多少利润？支付的总金额是多少？

（3）如果卖方履行合同完毕时实际成本是50万元，买方将支付给卖方多少？

2. 某企业全年需要甲产品12000件，每日送达300件，每日耗用240件，每次订购费用100元，每件产品年储存成本为3元。试确定其经济订货量。

练习与思考

1. 简述项目采购的分类。
2. 项目采购计划主要解决哪些问题？
3. 编制物料清单有几道程序？分别是什么？
4. 描述3种不同成本补偿合同的类型，并说明当每种合同被采用时与之相应的风险。
5. 选择供货商或承约商时，要考虑哪些因素？
6. 举例说明合同应该包括哪些内容以及它们的作用。
7. 简述项目采购管理的全过程。

第9章

项目沟通与冲突管理

主要内容

- 项目沟通管理
- 项目冲突管理

学习目标

理解项目沟通的过程和方式；掌握项目沟通管理的工作过程：了解项目沟通规划、项目信息发布、项目执行报告和项目干系人管理的依据、工具和方法以及结果；理解项目冲突的含义和阶段；了解项目冲突的来源和项目生命周期各阶段冲突强度的分布；掌握项目冲突的解决方式。

9.1 项目沟通管理

9.1.1 沟通概述

1. 沟通的含义

沟通(Communication)就是信息的交流。具体来说，沟通是信息的发出者将信息传递给接收者，并期望接收者作出响应的过程。管理学家西蒙认为："沟通可视为这样一种程序，组织中的每一成员可以借此程序将其所决定的意见传送给其他有关成员。"组织行为学家斯蒂芬 P·罗宾斯认为："沟通是信息的传递和理解。"

2. 沟通的过程

沟通是一个过程，完整的沟通过程如图 9-1 所示。

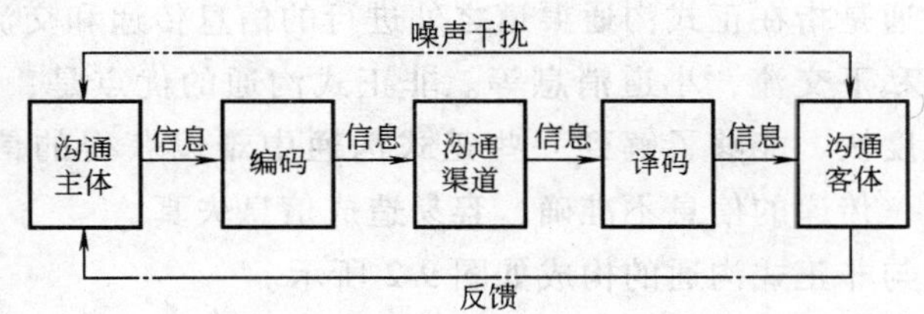

图 9-1　沟通的过程

（1）沟通主体，即信息的发出者或来源。

（2）编码，是指沟通主体采取一定的形式来传递信息的内容。

（3）渠道，即媒体。

（4）译码，是指沟通客体对接收到的信息作出的解释、理解。

（5）沟通客体，即信息的接收者。

（6）反馈，即沟通客体的反应。

从图 9-1 可以看出，沟通是一个双向、互动的反馈和理解过程。沟通主体将所要发送的信息进行编码后，使信息沿沟通渠道传递，并经过信息译码，然后为沟通客体接收。同时，沟通客体还要将信息理解的情况返回到沟通主体。需要注意的是，任何一个沟通过程都会存在干扰，消除干扰也是保证有效沟通的重要环节。

3. 沟通方式的种类

根据角度的不同，沟通方式可作如下两种划分：

（1）正式沟通和非正式沟通。

正式沟通是指通过项目组织内部规定的沟通方式进行的信息传递与交流，如组织之间的公函来往、组织内部的文件传达、召开会议、组织规定的汇报制度等。正式沟通的优点是：沟通效果好，约束力较强，易于保密，可以使沟通保持权威性；其缺点是：依靠组织系统层层传递，比较刻板，沟通的速度较慢。

正式沟通中通常包括上行沟通、下行沟通和平行沟通。上行沟通是将下级的意见向上级反映，即自下而上的沟通。如向上级反映情况、意见、要求和建议等。上行沟通有两种形式：一是层层传递，即根据一定的组织原则和程序逐级向上级反映；二是越级反映，是指一般员工直接向最高决策者反映意见，减少了中间环节。下行沟通是上级向下级发布命令和指示的过程，即自上而下的沟通。如上级将政策、目标、制度、方法等告诉下级。平行沟通是指组织中各同级部门之间的信息交流。

非正式沟通是指在正式沟通渠道之外进行的信息传递和交流，如项目团队成员之间的私下交流，小道消息等。非正式沟通的优点是：灵活、方便，直接明了，速度快，能够了解到一些正式沟通中难以获得的信息；其缺点是：难于控制，传递的信息不准确，容易造成信息失真。

正式沟通与非正式沟通的构成如图 9-2 所示。

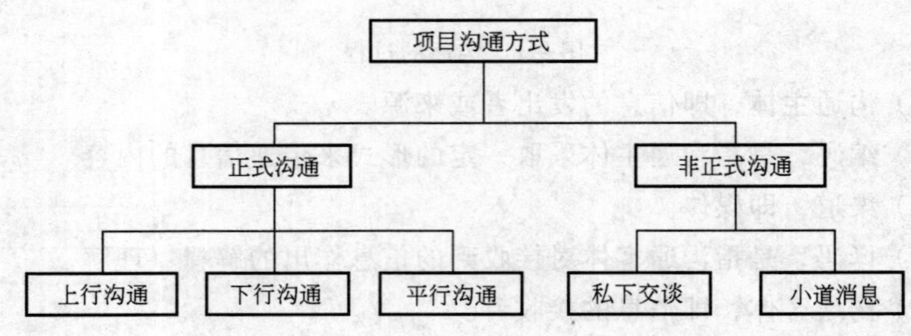

图 9-2　正式沟通与非正式沟通的构成

（2）言语沟通和体语沟通。

言语沟通是利用语言、文字、图画、表格等形式进行的沟通。其优点是简单明了，通俗易懂。

言语沟通通常包括书面沟通和口头沟通两种形式。书面沟通是指以合同、规定、协议、通知、布告等书面形式进行的信息传递和交流。它的优点是正式、准确、具有权威性，可以作为资料长期保存、反复查阅。口头沟通是指以谈话、报告、讨论、讲课、电话等口头表达的形式进行的信息交流活动。它的优点是比较亲切、灵活、速度快，双方可以自由交换意见，沟通效果好。其缺点是事后难以进行准确查证。

体语沟通是利用动作、表情、姿势等非语言方式进行的沟通。

言语沟通与体语沟通之间的关系及其构成如图 9-3 所示。

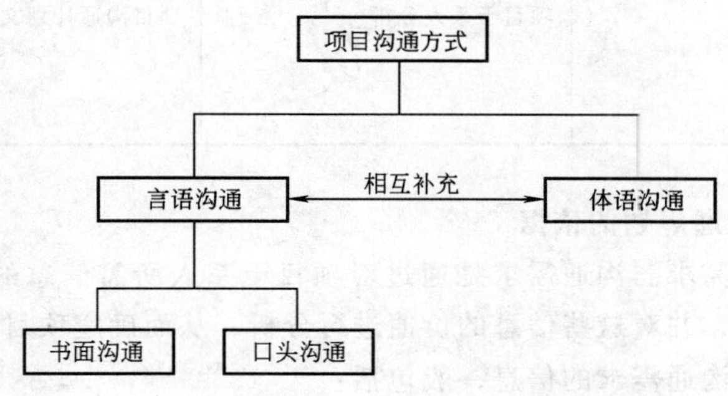

图 9-3　言语沟通与体语沟通的关系及其构成

9.1.2　项目沟通管理的含义

在项目的整个生命期中，项目的沟通起着至关重要的作用。项目沟通包括项目团队与客户的沟通、项目团队与供应商的沟通、项目团队内部的沟通等，这些沟通贯穿了项目生命期的始终。项目沟通是项目管理的一个重要组成部分，是联系其他各方面管理的纽带，也是影响项目成败的重要因素。

项目沟通管理（Project Communications Management）是指为了确保项目信息的合理收集和传递，对项目信息的内容、信息传递的方式、信息传递的过程等进行的全面的管理活动。项目沟通管理的对象是项目进展中的全部沟通活动。

项目沟通管理的工作过程包括：项目沟通规划、项目信息发布、项目执行报告和项目干系人管理，如图 9-4 所示。

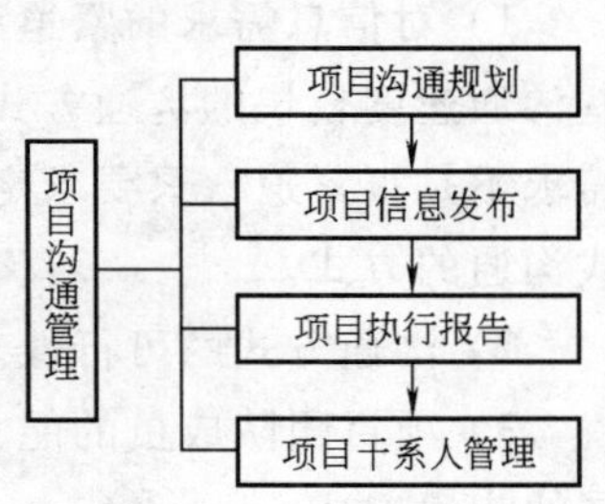

图 9-4　项目沟通管理的工作过程

9.1.3　项目沟通规划

项目沟通规划（Project Communication Planning）是针对项目干系人的沟通需求进行分析，从而确定谁需要什么信息、什么时候需要这些信息以及采取何种方式将信息提供给他们等。虽然所有的项目都需要信息沟通，但是信息需求和信息传递的方式可能存在很大差别。因此，确定项目干系人的信息需求和传递信息需求的方式，是项目成功的关键。

项目沟通规划的主要工作如表9-1所示。

表9-1　项目沟通规划的主要工作

依　据	工具和方法	结　果
沟通需求 沟通方式 项目的制约因素 项目的假设条件	项目干系人分析	项目沟通计划文件

1. 项目沟通规划的依据

（1）沟通需求。沟通需求是通过对项目干系人所需信息的类型、内容、形式加以分类，并对这些信息的价值进行分析，从而确定项目干系人对信息的需求。项目沟通需求的信息一般包括：

1）项目组织和项目干系人的责任关系。

2）项目涉及的技术领域、部门和行业。

3）项目所需的配备人员。

4）项目组织与外部的关系。

5）外部信息需求(如媒体)。

（2）沟通方式。信息沟通的方式很多，采用何种沟通方式，主要取决于下列因素：

1）对信息需求的紧迫程度。如果项目要求不断更新信息，可以采取一些沟通速度较快的沟通方式，如口头沟通或非正式沟通；如果项目对信息的需求不是很紧迫，只要求定期提交书面报告，那么就可以采用书面沟通或正式沟通的方式。

2）沟通方式的可行性。某些沟通方式在特定的情况下可能是不适用的。

3）项目团队成员的能力。应根据项目团队成员的经验和能力来选择不同的沟通方式。

（3）项目的制约因素。项目沟通计划的编制必须考虑到项目的一些制约因素，不能超出它的限制。

（4）项目的假设条件。在编制沟通计划时，需要假设一些条件来代替未来的、不可预测的情况，从而保证沟通计划的合理性。

2. 项目沟通规划的方法

进行项目沟通规划的常用方法就是项目干系人分析。知道什么信息发给哪位项目干系人是十分重要的。项目经理和团队应对不同项目干系人的信息需求进行分析，同时还要考虑到他们所需信息的来源和渠道，以及如何有效地满足他们的信息需求。在进行项目干系人信息需求时，需明确如下三点：①谁需要什么样的信息；②谁什么时侯需要信息；③如何将信息发送给不同的干系人。通过项目干系人分析，可以避免不必要的信息传递，减少资源浪费。

3. 项目沟通规划的结果

沟通规划的结果是生成一份项目沟通计划文件，其主要内容包括：

（1）信息收集的渠道，即采用何种方法，从何处收集项目干系人所需的信息。

（2）信息发布的渠道和时间，即应该在何时、以何种方式将信息传递给项目干系人。

（3）信息发布的形式，包括信息发布的格式、内容、详细程度以及采用的符号规定等。

（4）项目沟通日程表，说明项目信息的创建、收集和发送工作的时间安排。

（5）更新和细化沟通计划的方法，主要包括信息更新的依据和修改程序以及在信息发布之前查找现时信息的各种方法。

9.1.4 项目信息发布

项目信息发布(Project Information Distribution)是指将项目干系人所需要的项目信息及时传递给他们的过程，既包括对沟通计划规定的信息进行发布，还包括对临时索取的信息进行发布。

项目信息发布的主要工作如表 9-2 所示。

表 9-2 项目信息发布的主要工作

依　据	工具和方法	结　果
工作成果 项目沟通计划 项目计划	人员沟通技能 项目管理信息系统	项目记录

1. 项目信息发布的依据

（1）工作成果。工作成果是为完成项目而进行的具体活动的结果。它确定了项目哪些活动已经完成或还没有完成，项目质量所达到的标准，项目发生的实际成本等，据此可以确定哪些信息可供发布。

(2) 项目沟通计划。沟通计划明确了何时应向哪些项目干系人发布何种信息。

(3) 项目计划。项目计划是用于管理和控制项目实施的文件。项目组织应该及时、分阶段地把有关项目计划的信息分发给项目干系人。

2. 项目信息发布的工具

(1) 沟通技能。在项目沟通中使用的沟通技能非常宽泛。它包括：项目正式沟通(报告、报表等)和非正式沟通(聊天、备忘录等)的技巧和方法，项目纵向沟通(上、下级之间沟通)和横向沟通(同级同事之间的沟通)的技巧和方法，等等。

(2) 项目管理信息系统。项目管理信息系统通常被用于搜索、综合、发布信息，它能快速检索和处理复杂的事件，项目干系人可以通过各种方法共享该系统的信息。项目管理信息系统包括信息检索和信息发布两个子系统。信息检索系统包括手工档案系统、电子文档数据库、项目管理软件等。信息发布系统包括项目会议、书面文档复印件、共享网络电子数据库、传真、电子邮件、语音邮件和电视会议等。

3. 项目信息发布的结果

项目信息发布的结果就是项目记录，它包括各种项目活动的原始记录、项目的来往函件、备忘录和各种会议记录文档等。项目团队要将这些文件以各种方式收集起来，并完整地保存和管理，以备今后复查。

9.1.5 项目执行报告

项目执行报告(Project Performance Reporting)是指收集和发布项目执行情况信息的活动。一般来说，项目执行情况报告中应提供范围、进度、成本、质量、风险和采购等信息，它一般包括：

(1) 项目状态报告(Project Status Reporting)，用来描述项目当前的进展情况。

(2) 项目进度报告(Project Progress Reporting)，用来描述项目团队已经完成的进度。

(3) 项目预测报告(Project Forcasting Reporting)，用来预测项目未来的进展情况。

项目执行报告的主要工作如表9-3所示。

表9-3 项目执行报告的主要工作

依　据	工具和方法	结　果
项目计划 工作成果 其他项目文件	执行情况审查 偏差分析技术 趋势分析 项目信息发布的工具和方法	项目执行情况报告 变更申请

1. 项目执行报告的依据

（1）项目计划。项目计划提供了有关衡量项目执行情况的标准。

（2）工作成果。工作成果提供的信息是编制项目执行情况报告的重要依据。

（3）其他项目文件。其他项目文件中通常会包括有关项目的具体信息，在衡量项目的执行情况时也应考虑到这些信息。

2. 项目执行报告的工具和方法

（1）执行情况审查。执行情况审查就是对项目的状况或进度进行评价，通常与其他方法一起使用。

（2）偏差分析技术。偏差分析又称为挣值分析，是指将项目的实际进展情况和计划数据进行对比。

（3）趋势分析。趋势分析是指随时检查项目的执行情况并据此预测项目未来的进展情况。

（4）项目信息发布的工具和方法。项目执行情况报告借助信息发布的工具和方法进行发送，这些工具和方法主要包括沟通技能和项目管理信息系统等。

3. 项目执行报告的结果

（1）项目执行情况报告。项目执行情况报告对有关项目执行情况的信息进行总结，提出分析结果，并按照项目沟通计划的规定向项目干系人提供所需要的信息。执行情况报告的通用格式包括甘特图、S曲线图、矩形图和表格等。

（2）变更申请。项目团队通过对项目的实际执行情况进行分析，常常会对项目的某些方面提出变更申请。

9.1.6 项目干系人管理

项目干系人管理（Project Stakeholder Management）是指为满足项目干系人的需求而对其相互间的沟通进行的管理。对项目干系人进行有效地管理，可促使项目沿预期轨道行进，同时可以提高团队成员协同工作的能力。通常，由项目经理负责干系人管理。

项目干系人管理的主要工作如表9-4所示。

表 9-4 项目干系人管理的主要工作

依　据	工具和方法	结　果
项目沟通计划	沟通方法 问题记录单	已经解决的问题记录 更新的项目管理计划

1. 项目干系人管理的依据

项目干系人管理的依据是项目沟通计划。沟通管理计划包含在项目管理计划中或作为项目管理计划的从属计划，包括的内容有：项目干系人的沟通要求；对所要发布信息的描述；信息接收者的情况；信息传达所需的技术或方法；沟通频率；随着项目绩效评估的进行对沟通管理计划进行更新或细化的方法；通用词语表等。

2. 项目干系人管理的工具和方法

(1) 沟通方法。在项目干系人管理中，应使用项目沟通计划中为每个干系人确定的沟通方法。召开会议是与项目干系人讨论和解决问题的最有效的方法。

(2) 问题记录单。问题记录单可用来记录并监控问题的解决情况。以特定的方式对问题进行澄清和陈述，有助于问题的解决。同时，需要针对每项问题分派负责人，并规定解决问题的截止日期。如果问题未得到解决，则可能导致冲突甚至项目延期。

3. 项目干系人管理的结果

(1) 已经解决的问题记录。随着项目干系人沟通要求的识别和解决，问题记录单内将就已经提交和解决的问题进行记录。示例如下：

1) 为项目增添人员，使有关项目缺乏某种技能和资源的问题得以解决。

2) 与组织内的职能经理就匮乏的人力资源问题进行谈判，并达成令双方都满意的结果，因而未对项目造成延迟。

3) 解答董事会成员就项目经济可行性提出的问题，使项目按原计划开展。

(2) 更新的项目管理计划。即对项目管理计划进行更新，以反映沟通管理计划的修改。

9.2 项目冲突管理

9.2.1 冲突概述

冲突(Conflict)是两个或两个以上的个人、团体或组织在某个争端上所产生的纠纷。对于冲突的看法，存在着两种观念。传统的观念认为冲突是无益的，会影响正常的群体活动和组织的秩序与效率。20世纪30至40年代以前，研究团体行为理论的人大多支持这种观点，主张避免和消除冲突，从而对冲突的处理方式是被动地、暂时性地解决一件已发生的纠纷事件。自20世纪40年代中期起，管理学家和行为学家改变了对冲突的看法，认为冲突是任何组织都不可避免的，是不可能被消除的，而且适度的冲突能使组织保持旺盛的生命力和永不满足、坚持创新的态度。对有些冲突，可等其发展到一定阶段再进行处理；但对另外一些冲突，如果处理不及时，就可能会造成危害，甚至会影响组织的长远发展。

冲突是一个能动的、互相影响的过程。冲突发生可划分为五个阶段：

（1）冲突的潜伏阶段。冲突的潜伏阶段存在着可能产生冲突的条件，但是这些条件并不一定会导致冲突，只有当特定的情况发生后，它们才可以转变为冲突。

（2）冲突的被认知阶段。冲突的被认知阶段是冲突各方开始注意到可能会产生分歧的阶段。

（3）冲突的被感觉阶段。当一个或更多个人、团体或组织在情绪上对存在的分歧有反应时，冲突就达到了被感觉的阶段。

（4）冲突的出现阶段。在这一阶段，冲突由认识转化为实际的行动。冲突的当事人可能会扩大冲突，也可能采取适当措施将其及时消化处理。

（5）冲突的结局。冲突双方相互作用的结果就是冲突的结局。分析冲突可能出现的结局有助于作出正确的决策。

9.2.2 项目冲突管理的含义

项目始终处于冲突的环境中，冲突影响着项目的进展及结果。项目管理专家对项目的冲突给出了如下的定义：

项目冲突是组织冲突的一种特定表现形态，是项目内部或外部某些关系难以协调而导致的矛盾激化和行为对抗。项目冲突是项目内外某些关系不协调的结果，一定形态的项目冲突的发生表明该项目在某些方面存在着问题。深入认识和理解项目冲突，有利于项目内外关系的协调和对项目冲突进行有效管理。

项目冲突管理（Project Conflict Management）是指识别冲突、分析冲突并解决冲突的过程，如图9-5所示。项目冲突管理的作用是引导项目冲突的结果向积极的、合作的、而非破坏性的方向发展。在这个过程中，项目经理是解决冲突的关键，他的职责是在项目冲突发生时，分析冲突的来源和强度，并运用正确的方法来化解冲突。

9.2.3　项目冲突的识别

项目冲突的识别就是分析项目冲突的来源。以项目的执行过程为例，冲突可能来源于如下方面：

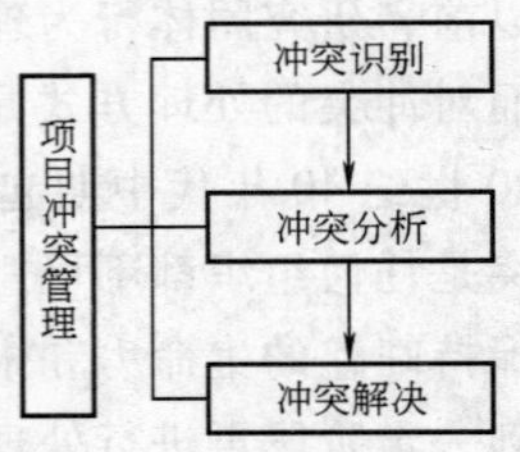

图9-5　项目冲突管理的过程

(1) 人力资源冲突。人力资源冲突是指由于项目团队成员来自不同的职能部门所引起的有关人员支配方面的冲突。特别是在矩阵型组织结构中，这种冲突尤为突出。由于职能经理和项目经理都具有项目团队成员的支配权，他们很可能就用人问题产生冲突。

(2) 成本费用冲突。成本费用冲突一般是指在费用分配问题上产生的冲突。比如，由于经费紧张，项目经理缩减了各子项目的预算，而各子项目的负责人都希望能够获得充足的预算，这就可能导致成本费用冲突的产生。

(3) 技术冲突。技术冲突是指在技术性能要求、实现手段和相关技术问题上产生的冲突。如项目的技术部门为了达到项目的技术性能要求，主张采用先进的新技术，而项目经理考虑到项目的成本、进度和风险等因素，建议采用较为成熟的技术方法。

(4) 管理程序冲突。管理程序冲突是围绕项目管理问题所产生的冲突。在管理部门发生的冲突包括发生在项目经理的权利和责任、不同项目团队之间或项目团队与合作方之间的冲突等。

(5) 项目优先权冲突。项目优先权冲突是指项目参加者由于对实现项目目标应该完成的工作活动的先后次序存在不同的看法所产生的冲突。项目优先权冲突可能发生在项目团队内部，也可能发生在项目团队与相关的职能部门之间。

(6) 项目进度冲突。项目进度冲突是指项目工作活动的完成次序、所需时间与项目进度计划不一致所产生的冲突。这主要是由于项目经理和职能经理对同一工作时间安排的看法不一致导致的。

(7) 成员个性冲突。项目团队成员个性冲突是指由于项目团队成员的价值观不同、个性差异等造成的冲突。相对于其他冲突来说，个性冲突的强度较小，但却是最难解决的。

9.2.4 项目生命期中冲突的分析

项目生命期中冲突的分布如图9-6所示。它仅适用于一般项目。

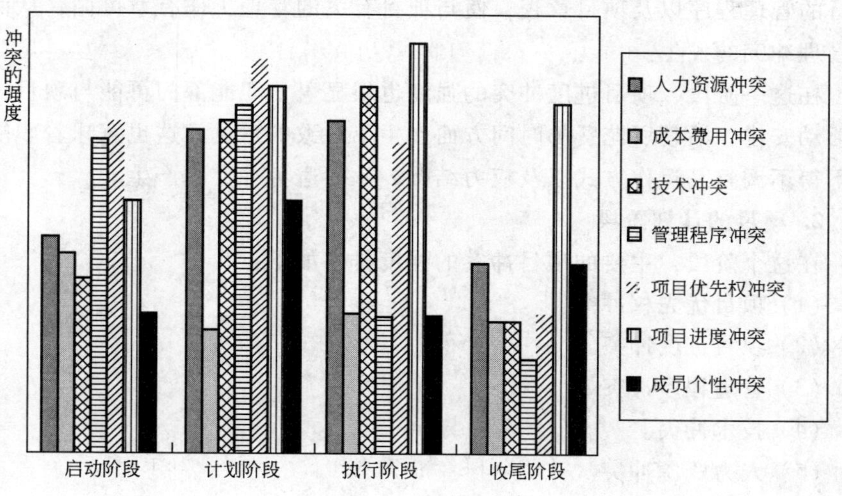

图9-6 项目生命期冲突的分布

1. 项目的启动阶段

项目的启动阶段是项目生命期中的第一阶段，在这个阶段项目冲突的强度排序如下：

(1) 项目优先权冲突。

(2) 管理程序冲突。

(3) 项目进度冲突。

(4) 人力资源冲突。

(5) 成本费用冲突。

(6) 技术冲突。

(7) 成员个性冲突。

在这一阶段，项目优先权冲突的强度排在首位，在工作活动的优先权问题上，项目经理的权力还不明确，项目经理和职能部门常常会产生冲突。项目经理应该同有关职能部门进行协商，明确定义项目的计划，同时必须对优先权冲突进行仔细分析，尽早作出安排并找出解决方案，消除和减少优先权冲突可能引发的有害结果。

管理程序冲突的强度排在第二位，因为项目启动阶段涉及很多复杂的问题，如项目组织结构的选择，项目经理的职责和权利，项目经理对人力资源和物质资源控制的程度，沟通方式等。这些问题主要由项目经理考虑各个方面的因素来解决，冲突常常在这个过程中发生。项目经理应该设计一套详细可行的管理程序以及项目章程，使与项目有关的管理工作有章可循，从而减少管理冲突的发生。

在这一阶段，项目进度冲突的强度也很显著，职能部门可能与项目组织在活动安排、活动所花费的时间方面产生不一致的意见，这也意味着职能部门不得不调整其运作方式以及权力结构，从而避免冲突的产生。

2. 项目的计划阶段

在这个阶段，主要的项目冲突的强度排序如下：

(1) 项目优先权冲突。

(2) 项目进度冲突。

(3) 管理程序冲突。

(4) 技术冲突。

(5) 人力资源冲突。

(6) 成员个性冲突。

(7) 成本费用冲突。

这一阶段，项目优先权、项目进度和管理程序的冲突仍然是重要的冲突，通过比较可以发现：在项目启动阶段排在第三位的项目进度冲突在计划阶段成了第二大冲突。这时，项目的进度计划要保证在规定的时间内实现项目的目标，在某些方面与职能部门会产生不一致，从而产生冲突。因此，在制定项目进度计划时，应该和职能部门一起安排各个活动的进度。

管理程序冲突的强度开始降低，这主要是由于随着项目的进展和各项项目章程的完善，管理项目的各项活动有了一定的依据，于是可能出现的管理问题无论在数量上还是频率上都有所降低。

值得注意的是，技术冲突变得显著起来，由前一阶段的第六位上升到这一阶段的第四位。在制定计划的时候，项目的技术部门不能满足技术规定的要求或要求增加技术投入就会导致技术冲突的发生。

成本费用冲突有所降低，主要是因为一些项目在计划阶段还不够成熟，不会引发项目组织与职能部门之间关于成本的冲突。

3. 项目的执行阶段

在项目执行阶段，冲突的排序与其他阶段相比发生了明显的变化：

(1) 项目进度冲突。

（2）技术冲突。

（3）人力资源冲突。

（4）项目优先权冲突。

（5）成本费用冲突。

（6）管理程序冲突。

（7）成员个性冲突。

进度冲突通常是在项目计划阶段发展起来的，到了项目的执行阶段，项目进度计划可能需要根据项目的实际进展情况进行相应的调整，从而导致与某些职能部门产生更加强烈的冲突。因此，项目经理要对项目的执行情况进行监督，与受到影响的职能部门进行沟通，并预测可能产生的问题，事先制定出解决方案。

技术冲突也是执行阶段的一种重要冲突，技术冲突在这一阶段的强度较高，主要是由于项目的成本和进度的限制，以及质量控制标准、技术方案的可行性导致技术冲突更为强烈。项目经理应该尽早使技术人员了解项目的成本和进度的实际情况，就技术方案达成一致的意见。

人力资源冲突在这一阶段上升为第三位。在执行阶段，项目对人力资源的需求达到了最高峰，如果此时其他项目组织也要求职能部门提供人员，而职能部门又不会增加人员数量，则必定会产生冲突。项目经理要事先预测人员的需求量，并尽早与职能部门进行沟通。

4. 项目的收尾阶段

项目收尾阶段是项目生命期的最后阶段，主要冲突的强度排序发生了一定的变化：

（1）项目进度冲突。

（2）成员个性冲突。

（3）人力资源冲突。

（4）项目优先权冲突。

（5）成本费用冲突。

（6）技术冲突。

（7）管理程序冲突。

在这一阶段，项目进度冲突依然是最主要的冲突。许多项目执行阶段中的进度偏差，很可能遗留到项目的收尾阶段。这些偏差经过一段时期的积累将会严重影响整个项目，甚至会导致项目的失败。项目经理应该在一些关键活动上增加新的人员，加快项目进度。

成员的个性冲突上升到了第二位，这里主要有两个原因：一是在项目完成后，项目团队就要解散，因此团队成员可能会感到前途未卜；二是由于团队成员在项目进度、质量要求、成本等方面要承受一定的压力。因此，项目经理要缓解项目中紧张的工作气氛。

在这一阶段，人力资源冲突的强度趋于上升，排在了第三位。这是因为公司中新启动的项目常常会与进入收尾阶段的项目争夺人员，职能部门也常常会招回项目的剩余人员，因此造成项目人力资源冲突。项目经理要保持与各职能部门、其他项目组织的合作关系，通过协商来调配所需的人员。

不同的冲突在项目生命期中的强度如图 9-7 所示。值得注意的是，各种冲突的强度并不能代表冲突的重要程度。

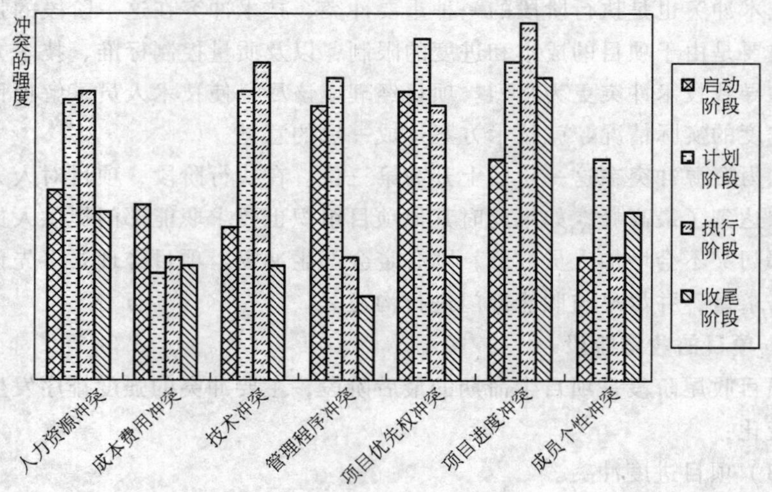

图 9-7　项目生命期中各冲突的强度的分布图

9.2.5　项目冲突的解决

项目通常处于冲突的环境中，但冲突并不可怕，如果处理得当，反而能促进项目工作的完成。冲突能帮助项目团队尽早发现项目所存在的问题并引起有关人员的注意；冲突有利于项目团队的建设，能激发团队成员进行讨论，这样可以形成一种比较民主的工作氛围；冲突能培养团队成员的积极性和创造性，促进项目团队寻找新的解决办法，从而实现项目创新。面对众多的冲突，项目管理专家提出了一些常用的解决方式。

1. 回避

回避是指卷入冲突的项目团队成员从这种状态中撤出，从而避免发生实际的或潜在的争端。采用回避方式的效果一般不大，因为这种方式未触及冲突的根源。冲突可能依然存在，只不过被人际或群体间的相互交往掩盖了，当被回避的冲突在另一个地方再次出现时，冲突可能会加剧。

2. 竞争

这种方法的实质是“非赢即输”。它认为在冲突中取得胜利要比勉强保持人际关系更为重要。这是一种积极的解决冲突的方式。但是，这种方法也存在一些弊端，可能会导致团队成员之间产生怨恨，恶化工作环境。

3. 缓和

这种方法的实质是“求同存异”，即在冲突中找出一致的方面，忽视两者之间的矛盾。这种方式认为，维持人际关系比解决问题更为重要，强行解决问题可能会伤害团队成员之间的感情，降低团队的凝聚力。尽管这一方法能避免一些矛盾，但它并不能彻底解决问题。

4. 妥协

这是一种通过协商使冲突双方在一定程度上获得满意的折中方法。尤其是当冲突双方势均力敌、难分胜负时，妥协也许是较为恰当的解决方式，但是这种方法并非永远可行。

5. 正视

正视就是直接面对冲突，这是一种解决冲突的有效方式。它既要求有效地解决问题，又要求维持良好的人际关系。

6. 防范

防范是对可能产生的冲突进行处理的最佳方法。为了作好冲突防范，项目经理必须确保所有的项目团队成员都清楚地理解项目目标和项目计划，在团队建设中强调成员间的信任和成员的自信，形成一个融洽的工作氛围等。

通过对项目经理解决冲突方法的调查，项目管理专家得出图9-8。

图9-8表明，防范方式是每个项目经理都采用的解决方法；正视方式也是项目经理比较常用的解决方法，70%的项目经理采用这种方式来解决冲突；其后是妥协方式，然后是缓和方式，最后是竞争和回避方式。可见，项目经理经常使用的是防范、正视和妥协的解决方式，正视通常用于解决与上级的冲突，妥协常常用于解决与职能部门的冲突。

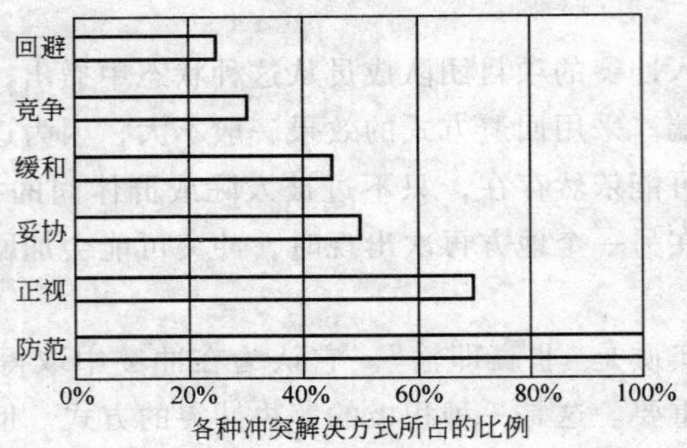

图 9-8 项目冲突的解决方式

本章小结

本章对项目沟通与冲突管理的相关内容进行了比较详细的阐述，主要内容如下：

第1节，首先介绍了沟通的含义。尽管不同的学者对沟通的定义有所不同，但这些定义均从不同程度上揭示了沟通的本质：沟通就是信息的交流。其次介绍了沟通的过程。然后介绍了沟通方式的种类。沟通方式按划分角度不同可分为正式沟通和非正式沟通、言语沟通和体语沟通。最后在项目沟通管理含义的基础上引出项目沟通管理的四个过程：项目沟通规划、项目信息发布、执行报告和项目干系人管理，并对每个过程的主要工作进行了阐述。

第2节，首先介绍了冲突的含义，并阐述了历史上曾出现过的对待冲突的两种截然不同的观念，即从传统的“冲突是无益的”到现代的“冲突是不可避免的”。然后介绍了冲突发生的5个阶段。最后在项目冲突管理含义的基础上引出项目冲突管理的三个过程：冲突的识别、冲突的分析和冲突的解决。冲突的识别就是分析项目冲突的来源；以项目的执行过程为例，冲突可能来源于人力资源、成本费用、技术、管理程序、项目优先权、项目进度、成员个性，而在项目生命期中的每个阶段，这些冲突来源的强度排序又会有所不同。项目冲突分析就是分析各个阶段这些冲突来源的强度，以采取相应措施解决冲突。在解决项目冲突时，可以采用回避、竞争、缓和、妥协、正视、防范等方式。

本章记忆重点：项目沟通管理的含义；项目沟通管理的过程；项目冲突发生的阶段划分；项目冲突管理的含义；项目冲突管理的过程；项目执行过

程中冲突的七种来源；项目冲突的解决方式

自　测　题

一、判断题

1. 冲突是项目组织的必然产物，它在组织的任何层次都会产生。(　　)

2. 相对正式沟通而言，非正式沟通的沟通效果好。(　　)

3. 冲突的强度越高，就说明它越重要，应该尽快解决。(　　)

4. 在冲突双方势均力敌、难分胜负时，妥协也许是较为恰当的解决方式。(　　)

5. 项目进度冲突往往是由于项目经理的权力受限而发生的。(　　)

二、单选题

1. 从潜在的冲突中解脱出来的冲突解决方式是(　　)。

A. 妥协　　B. 缓和

C. 竞争　　D. 回避

2. 现代观点认为冲突(　　)。

A. 是破坏性的

B. 如果处理得当，可能是有益的

C. 可能是有益的，但取决于和谁发生冲突

D. 以上皆是

3. (　　)是解决冲突的关键。

A. 项目管理专家　　B. 客户

C. 团队成员　　D. 项目经理

4. 除了防范之外，(　　)是项目经理最常用的解决方法。

A. 正视　　B. 缓和

C. 竞争　　D. 回避

5. 在项目实施的整个过程中，(　　)的强度最大。

A. 技术冲突　　B. 个性冲突

C. 进度冲突　　D. 人力资源冲突

6. 项目经理应当(　　)。

A. 控制所有信息

B. 努力控制沟通

C. 授权沟通的控制

D. 拥有沟通系统中各种冲突的信息

7. 项目沟通管理中信息的过滤(　　)。

A. 应当尽量限制

B. 是有效沟通所必须的

C. 只有当项目出现重大问题或危机时才应该发生

D. B和C

8. 缺乏沟通和未解决的争端意味着(　　)。

A. 项目复杂　　B. 进度计划失败

C. 项目团队效率低下　　D. 项目团队的职责界定不明确

三、多选题

1. 非正式沟通的优点是(　　)。

A. 灵活、方便　　B. 约束力较强

C. 速度快　　D. 可以使沟通保持权威性

2. 项目沟通计划就是针对项目干系人的沟通需求进行分析，主要包括(　　)。

A. 确定向谁发布信息　　B. 发布什么信息

C. 什么时候发布信息　　D. 采取何种方式发布信息

3. 采用何种沟通方式，取决于(　　)等因素。

A. 对信息需求的紧迫程度　　B. 沟通方式的可行性

C. 项目团队成员的能力　　D. 项目执行情况

4. 下列有关冲突解决方式的表述正确的是(　　)。

A. 缓和是一种折中的方法

B. 缓和是从冲突中找出一致的方面，忽视两者之间的矛盾

C. 正视通常用于解决与上级的冲突

D. 妥协常常用于解决与职能部门的冲突

5. 为了作好冲突防范，项目经理应该(　　)。

A. 确保项目团队成员都清楚项目的目标

B. 让项目团队成员明白项目计划

C. 提高项目成员的自信

D. 建立一个融洽的工作氛围

6. 下列选项中，(　　)是非正式沟通的例子。

A. 工程师的笔记　　B. 电子邮件信息

C. 管理计划　　D. 发给项目团队成员的备忘录

7. 项目经理可以通过(　　)促进项目沟通。

A. 运用多种沟通渠道　　B. 进行信息的追踪与反馈

C. 成为一个沟通联络者　　D. 主持有效的会议

练习与思考

1. 在项目进程中，通常有哪些冲突？
2. 举例说明“冲突并非百害无益”的道理。
3. 对比各种冲突在项目生命期各阶段的变化情况，思考为什么会有这样的变化。
4. 解决冲突有哪几种方式？
5. 下面有几种关于冲突的观点，你支持哪些？反对哪些？为什么？

A. 应该力求避免冲突，因为它会制造麻烦。

B. 如果冲突能带来有益的结果，应该加以正确引导，促使其正确发展下去。

C. 如果你和团队中另一位成员发生冲突，为了维护和谐的工作环境，应该采用妥协的冲突解决方式。

D. 项目经理在关于某项工作任务的成本预算中与其团队队员小张发生了分歧，因为项目经理是主管，小张应该采取回避的方式。

第 10 章

项目风险管理

主要内容

- 概述
- 项目风险管理规划
- 项目风险识别
- 项目风险评估
- 项目风险应对
- 项目风险控制

学习目标

理解风险、项目风险和项目风险管理的含义；理解项目风险管理规划的含义、过程及工具与方法；掌握项目风险识别、风险评估、风险应对和风险控制的工具和方法。

10.1 概述

任何项目都存在不能达到预期目的的风险。所以，为了使项目能够成功、顺利地完成，对项目进行风险管理尤为重要。风险管理起源于第一次世界大战中战败的德国，当时的风险管理强调风险的控制、风险的分散、风险的补偿、风险的转嫁、风险的预防、风险的回避与抵消等。风险管理于20世纪30年代，开始在美国兴起。直到20世纪50年代，风险管理才过渡到全面风险管理，此后逐渐发展为一门独立的学科。

10.1.1 风险的含义

风险一词由英文Risk翻译而来，在字典中的解释是“损失或伤害的可能性”，通常人们对风险的理解是“可能发生的问题”。一般而言，风险的基本含义是损失的不确定性。但是，由于人们理解的不同，对风险还未形成一个适用于各个领域的统一的、公认的定义。目前，关于风险的定义，比较典型的主要有如下几种：

以研究风险问题著称的美国学者A. H. 威雷特认为：“风险是关于不愿发生的事件发生的不确定性之客观体现。”

美国经济学家F. H. 奈特认为：“风险是可测定的不确定性。”

日本学者武井勋认为：“风险是在特定环境中和特定期间内自然存在的导致经济损失的变化。”

中国台湾地区学者郭明哲认为：“风险是指决策面临的状态为不确定性产生的结果。”

美国人韦氏(Webster)认为：“风险是遭受损失的一种可能性。”

还有学者认为，风险是有害后果发生的可能性，是对潜在的、未来可能发生损害的一种度量；风险是在一定的时间和空间、在冒险和弱点交互过程中产生的一种预期损失；风险是一个统计概念，用于描述在给定的时间和空间中消极事件和状态影响人或事件的可能性等。

从上述的定义我们可以看出，风险一词有两方面的含义：一是指风险意味着出现了损失，或者是未实现预期的目标；二是指这种损失的出现与否是一种不确定的随机现象。

风险是普遍存在的现象，它具有客观性、可转化性、相对性、阶段性和风险与收益对称性的特征。

(1) 风险的客观性。风险是客观存在的，不以人的意志为转移。只要决定项目风险的因素存在，那么无论项目主体是否能够意识到风险的存在，风险在一定情况下都将发生。

(2) 风险的可转化性。项目本身或者环境发生变化，项目的风险也会随着转化，如风险性质的转化、风险后果的转化和新风险的出现。

(3) 风险的相对性。风险是相对不同的风险管理主体而言的，不同的风险管理主体由于自身条件的差异，即使面临相同的风险，其风险承受能力也会有所不同。

(4) 风险的阶段性。一般而言，风险的发生可以分成如下不同的阶段：

1) 风险潜在阶段。风险在这一阶段对项目是没有危害的，但是如果放任其发展，它将会逐步成为现实的风险；

2) 风险发生阶段。此时风险已经发生，但是尚未对项目产生危害，如果不及时采取措施加以处理，就会给项目带来危害；

3) 造成后果阶段。这一阶段的风险对项目已经造成了危害，而且其后果无法挽回，此时只能采取措施尽量减少项目风险后果的危害。

(5) 风险与收益对称性。对于风险主体来说，风险和收益是对等的，即收益是以一定的风险为代价的。项目干系人为了获得一定的收益就要承担相应的风险。

10.1.2　项目风险的含义

项目风险是指由于项目所处环境和条件的不确定性，以及项目干系人受到主观上不能准确预见或控制的因素影响，使项目的最终结果与项目干系人的期望产生偏离，并存在给项目干系人带来损失的可能性。

按照不同的标准，对项目风险可以做不同的分类：

(1) 按项目风险的影响范围，将其分为总体风险和局部风险。总体风险是指那些存在于群体行为中的，其结果产生的影响范围涉及整个群体的风险。局部风险是指那些仅与某个特定个人行为相关的，其结果产生的影响范围也仅涉及有关特定个人的风险。

(2) 按项目风险的后果，将其分为纯粹风险和投机风险。纯粹风险是指那些只能带来损失的风险，它往往由外部的不确定因素引起，如战乱、自然灾害、连带责任等。纯粹风险只有“造成损失”和“不造成损失”两种可能的后果，它总是和不幸、损失、威胁等联系在一起。投机风险是指那些既能带来损失又能带来利益的风险，如市场状况的变化、天气情况的变化等。投机风险有“造成损失”、“不造成损失”和“获得利益”三种可能的后果。

（3）按项目风险的来源，将其分为自然风险和人为风险。自然风险是指由于自然力的作用，造成人员伤亡或财产毁损的风险，如洪水、地震、火灾等造成的损害。人为风险是指由于人们的活动所带来的风险，它可进一步细分为行为风险、经济风险、技术风险、政治风险和组织风险等。

（4）按项目风险的预警特性，将其分为无预警信息风险和有预警信息风险。无预警信息风险是指没有任何预警信息而突然爆发的风险，人们很难对这类风险进行事前预防，因为人们很难提前识别这种项目风险。人们只能在这种风险发生时采取急救措施来控制和减少其产生的后果。例如，某些人力不可抗拒和人们尚未认识的风险。有预警信息风险是指风险的发生存在一定的渐进性和阶段性。风险的渐进性是指项目风险并不是突然爆发的，而是随着环境、条件变化和自身固有的规律逐渐产生、发展而形成的。风险的阶段性是指风险的发展是分阶段的，不是一步发展完成的。

10.1.3　项目风险管理的含义

根据美国项目管理学会的报告，项目风险管理（Project Risk Management）有三种表述：

第一种表述认为：项目风险管理是系统识别和评估风险因素的形式化工程。

第二种表述认为：项目风险管理是识别和控制引起不希望的变化的潜在领域或事件的形式、系统的方法。

第三种表述认为：项目风险管理是在项目实施期间识别、分析风险因素，采取必要措施的决策科学和决策艺术的结合。

综上所述，我们认为：项目风险管理是指通过风险识别、风险评估去认识项目的风险，并以此为基础合理地使用各种管理方法、技术和手段对项目风险实行有效的控制，妥善处理风险事件所造成的不利后果，以最少的成本保证项目总体目标的实现。

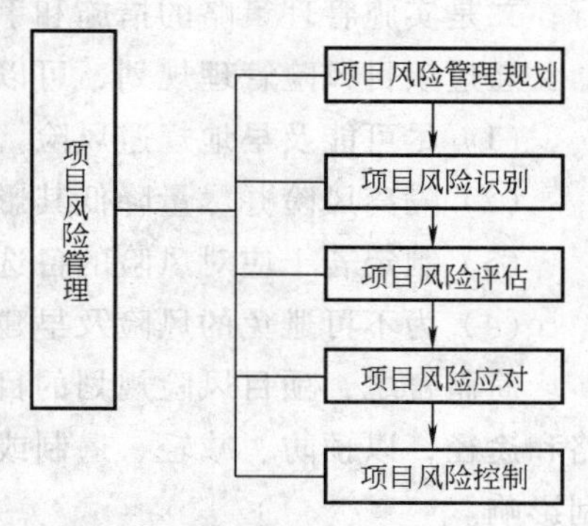

图 10-1　项目风险管理的工作过程

一般认为，项目风险管理的工作过程主要由项目风险管理规划、项目风险识别、项目风险评估、项目风险应对、项目风险控制五个过程组成。如图 10-1 所示，这些阶段不仅相互作用，而且与项目管理的其他过程也相互影响。

(1) 项目风险管理规划——规划和设计如何进行项目风险管理活动的工作，是进行项目风险管理的第一步。

(2) 项目风险识别——识别哪些风险可能影响项目并记录这些风险的属性。

(3) 项目风险评估——通过评估风险以及风险之间的相互关系，来评定风险可能产生的后果及其影响范围。

(4) 项目风险应对——制定应对前面风险识别和评估中已确认的、一旦发生危害严重且很可能出现威胁的计划。

(5) 项目风险控制——跟踪已经识别的风险，识别未出现的风险，保证风险应对计划的执行。

10.2　项目风险管理规划

10.2.1　项目风险管理规划的含义

人们在进行项目风险管理时需要编制一整套计划，这个编制计划的工作过程就是项目风险管理规划，风险管理规划是指确定一套全面、有机配合、协调一致的策略和方法，并将其形成文件的过程。这套计划具体包括定义项目组及成员实施风险管理的行动方案和方式；选择合适的风险管理方法；确定判断风险的依据等。

事实上，风险管理规划就是制定风险规避策略以及具体实施措施和手段的过程。这一阶段要考虑两个问题：一是风险管理策略本身是否正确、可行；二是实施管理策略的措施和手段是否符合项目总体目标。

通过项目风险管理规划，可以实现以下目的：

(1) 尽可能及早地规避风险。

(2) 隔离风险并尽量降低其影响。

(3) 制定若干应对风险的备选行动方案。

(4) 为不可避免的风险及早建立时间和资金等资源储备。

简而言之，项目风险规划的目的就是明确有组织、有目的的风险管理思路和途径，以预防、减轻、遏制或消除不良情况的发生，避免对项目产生不利影响。

项目风险管理规划实际上也是一个系统的活动过程。一般来说，项目风险管理规划的流程如图 10-2 所示。

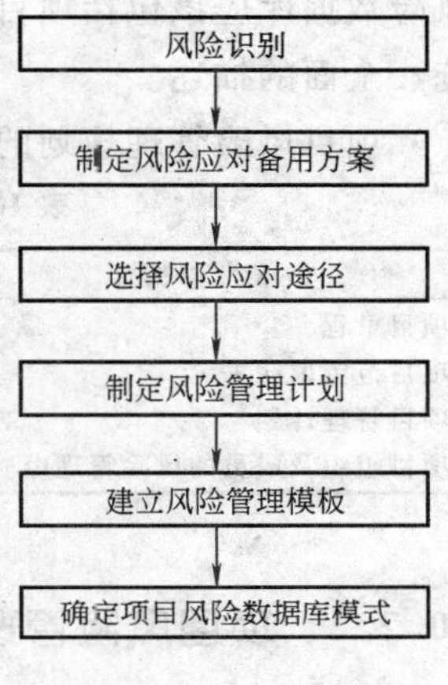

图 10-2　项目风险管理规划的流程

1. 风险识别

风险识别是指对项目中可能导致风险发生的事件所进行的分析和判断。在风险识别中，应考虑所有对项目成功有关键影响的风险事件。一般包括以下三个步骤：第一步是假设风险事件已经发生，考虑如何应对这些风险事件；第二步是考虑应该如何防范风险；最后一步是列示风险事件不发生的情况。

2. 制定风险应对备用方案

风险应对备用方案是指那些可以用于应对风险的各种备选方案。一般采用接受、避免、保护、减少、研究、储备和转移等风险应对策略来制定风险应对备用方案。

3. 选择风险应对途径

风险应对途径的应用缩小了风险应对备用方案的选择范围，几种风险应对策略可以结合为一条综合途径，从而将精力集中在应对风险的最佳备选方案上。

4. 制定风险管理计划

风险管理计划详细说明了风险应对途径的选择、风险应对所需的资源和批准风险应对方案的授权。风险管理计划一般应包含下列因素：批准授权、负责人、所需资源、开始日期、活动、预计结束日期、采取的行动、取得的结果。

5. 建立风险管理模板

在项目实施的初期，风险评估倾向于识别那些至关重要的风险，而忽略比较次要的风险，这些较为次要的风险在风险管理计划中容易被忽略，在问题跟踪中也容易被遗忘，但它们却可能导致无法补救的后果。为了避免这种情况的出现，可使用以定量目标和阈值为基础的触发器来尽早警告。风险管理模板就是一种很好的风险触发器。为了使风险管理标准化、程序化和科学化，风险管理模板规定了风险管理的基本程序、风险量化的基本目标、风险警告的级别、风险控制的标准等。

6. 确定项目风险数据库模式

项目风险数据库模式，一般是从项目风险数据库结构设计的角度来介绍项目风险数据库的。它一般包括两部分内容：数据库结构和数据文件。项目风险数据库应该包括项目生命期所有的相关活动，以便对项目活动有一个系统、全面的描述。

项目风险管理规划的主要工作如表10-1所示。

表10-1　项目风险管理规划的主要工作

依　据	工具和方法	结　果
项目章程 项目范围说明书 项目管理计划 项目组织及成员的风险管理经验	风险管理规划会议 风险管理图表 工作分解结构	项目风险管理计划 项目风险规避计划

10.2.2　项目风险管理规划的依据

项目风险管理规划的依据包括以下几个方面：

（1）项目章程。项目章程有时也称为项目许可证，它是正式承认项目存在的一个特别文件，也可以用其他文件代替，如项目商业需求说明书、产品说明书等。项目章程应由项目以外的负责人发布，它赋予项目经理为从事项目有关活动而使用资源的权利。

（2）项目范围说明书。在项目范围说明书中详细说明了项目的可交付成果、为提交这些可交付成果而必须开展的工作和项目的主要目标，它能够使项目团队实施更详细的计划，是进行项目风险管理规划时的有效信息。

（3）项目管理计划。项目管理计划确定了执行、监视、控制和结束项目的方式与方法。

（4）项目组织及成员所经历和积累的风险管理经验。

10.2.3　项目风险管理规划的工具和方法

1. 风险管理规划会议

召开风险管理规划会议是项目风险管理规划的主要工具，项目经理和负责项目风险管理的团队成员都应该参加。项目风险管理的工具、方法、具体的时间计划以及报告与跟踪形式等内容，都可以通过风险管理规划会议来决定。

2. 风险管理图表

风险管理图表一般包含在项目风险管理计划中，它是将输入转变为输出的过程中所用的技巧和工具，以使人们能够清楚地获得关于风险的组织方式的信息。风险管理中的主要图表是风险管理表格、风险核对表和风险数据库模式。

风险管理表格是一种系统地记录风险信息并跟踪到底的方式，它记录了对项目风险进行管理的基本信息。风险管理表格是一种比较方便的风险管理规划工具，它可以供任何人在任何时候使用，也可以采用匿名评阅的方式对风险进行规划。

为了理解风险的特点，风险核对表将各个侧重点进行了分类，它可以帮助人们彻底识别特定领域内的风险。例如，可以选用项目风险分类系统或项目工作分解结构作为核对清单，使关键路径上的项目组成一个亟待管理的进度风险核对清单。

风险数据库模式将风险信息按一定的方式组织起来，供人们查询、跟踪状态、排序和产生报告，从而表明了识别项目风险及其相关信息的组织方式。因为一个简单的电子表格就能自动完成排序、报告等，所以它可以作为风险数据库的实现。因为风险是动态的，随着时间的变化而改变，所以风险数据库的实际内容不是计划的一部分。

3. 工作分解结构

工作分解结构是将项目按照其内在结构或实施过程的顺序逐层进行分解而形成的结构示意图。它可以将项目分解成各个工作单元，也可以直观地将各个工作单元在项目中的地位与结构表示在项目的生命期中，使用部门不仅应将项目的 WBS 作为规划未来的系统工程管理、分配资源、预算经费、签订合同和完成工作的协调工具，还应依据项目的 WBS 来报告工程进展、运行效能和项目评估数据，为控制项目风险服务。

10.2.4　项目风险管理规划的结果

项目风险管理规划的结果是形成一份风险管理计划文件，这个文件中包括项目风险管理计划和项目风险规避计划。

1. 项目风险管理计划

在项目风险管理规划文件中，项目风险管理计划起控制作用，它详细说明了项目风险识别、项目风险评估、项目风险应对和项目风险监控的所有方面。在风险管理计划中还说明了项目整体风险评价的基准、使用的评价方法以及如何使用这些评价方法对项目的整体风险进行评估。

2. 项目风险规避计划

在风险分析工作完成之后就可以制定详细的风险规避计划。项目不同，制定的风险规避计划也是不一样的，但一般都会包括以下内容：

(1) 识别风险来源，并分析每一种来源中的风险因素。

(2) 识别关键风险，并说明其对项目目标的实现产生的影响。

(3) 评估关键风险，即评估其发生的概率和潜在的破坏力。

(4) 评价已考虑的风险规避策略，并评估其代价。

(5) 评价建议使用的风险规避策略。

(6) 将各个单独的规避策略进行综合，经过分析之后制定出其他的风险规避策略。

(7) 将项目风险形势估计、风险管理计划和风险规避计划三者进行综合分析之后制定出总的风险规避策略。

(8) 制定实施规避策略所需资源的分配计划。

(9) 安排实施规避策略的人员，并赋予其相应的权利与责任。

(10) 实施风险管理的日期、时间和关键环节。

(11) 制定评价风险规避成功的标准，并制定进行跟踪监控的时间和方法。

(12) 制定应急计划，以便发生紧急情况时使用。

(13) 项目组高层领导对项目风险规避计划进行确认并签字。

10.3 项目风险识别

10.3.1 项目风险识别的含义

对项目可能面临的风险进行识别是项目风险管理的基础和重要组成部分。项目风险识别是指识别项目可能存在的风险及其产生的原因，描述这些风险的特征并对这些风险进行归类的过程。

风险识别需要确定的三要素为：风险来源、风险事件和风险征兆(风险征兆又称风险触发器，它是实际风险事件的间接表现)。项目风险识别不是一次能够完成的，它应该在整个项目运作过程中定期而有计划地进行。

项目风险识别是制定项目风险应对计划的依据，其主要作用表现为以下几点：

(1) 帮助项目找出最重要的合作伙伴，为以后的风险管理打下基础。

(2) 风险识别是风险分析的基础性工作，它为风险分析提供了必要的信息。

(3) 项目的风险识别是系统理论在项目管理中的具体体现，是制定项目计划与实施项目控制的重要的基础性工作。

(4) 通过项目风险识别，能够鼓励项目组成员树立项目成功的信念。

通过进行项目风险识别工作，可以将项目的不确定性转变为项目的风险描述，具体步骤如图10-3所示。

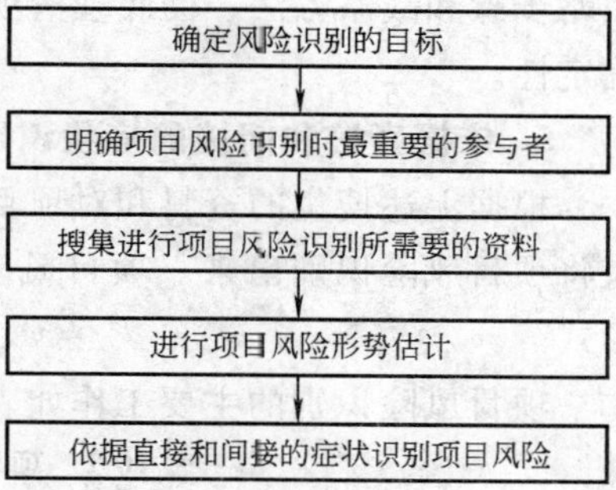

确定风险识别的目标
↓
明确项目风险识别时最重要的参与者
↓
搜集进行项目风险识别所需要的资料
↓
进行项目风险形势估计
↓
依据直接和间接的症状识别项目风险

图10-3 项目风险识别的流程

1. 确定风险识别的目标

项目风险识别首先要进行的工作是根据项目的总目标和风险管理规划制定出项目风险识别的目标。

2. 明确项目风险识别时最重要的参与者

在项目中有很多参与者，如项目发起人、项目组、设计项目组、监理项目组、施工项目组、承包商项目组等，要根据项目风险管理规划明确各自项目风险管理的范围和侧重点，由此来确定参与项目风险识别的人员。参与项目风险识别的人员需要具有沟通的技巧和团队合作的精神，要善于分享信息。

3. 搜集进行项目风险识别所需要的资料

进行项目风险识别还要依据大量的资料，应该搜集的资料一般包括：

(1) 项目产品或服务说明书。项目产品或服务性质的不确定性在一定程度上决定了项目可能遇到的风险种类。

(2) 项目的前提、假设和制约因素。一般可以通过审查项目范围管理计划、人力资源与沟通管理计划、项目资源需求计划、项目采购与合同管理计划来识别出项目所有的前提、假设和制约因素。

(3) 与本项目类似的案例。借鉴以前类似项目的经验和教训是进行项目风险识别的重要手段。可以通过查看项目档案、阅读公共出版的资料以及采访项目参与者的方式获取这方面的资料。

4. 进行项目风险形势估计

在项目风险识别阶段，应该根据风险分析的结果对项目风险形势进行估计，目的是为了明确项目的目标、战略、战术以及实现项目目标的手段和资源。在风险形势估计中要对已经选定的风险规避策略的有效性进行评价，着重分析可能取得的成果。风险形势估计的内容主要是：判断项目目标的明确性、可测性、现实性和不确定性；分析评价保证项目目标实现的战略方针、战略步骤和战略方法；彻底理清项目可以使用的资源，以评价战术方案的不确定性。

5. 依据直接和间接的症状识别项目风险

根据上述搜集的资料和对项目风险形势的分析，通过编制项目风险识别表将项目风险识别出来。项目风险识别表可以根据项目的不同而有不同的形式。

项目风险识别的主要工作如表 10-2 所示。

表 10-2　项目风险识别的主要工作

依　据	工具和方法	结　果
项目风险管理计划	头脑风暴法	已识别的项目风险
成果说明	德尔菲法	潜在的项目风险
历史资料	风险检查表	对项目管理其他方面的改进
项目计划的信息	流程图	
项目风险的种类	系统分解法	
制约因素和假设条件	情景分析法	

10. 3. 2　项目风险识别的依据

1. 项目风险管理计划

项目组进行风险识别的首要依据就是项目风险管理计划。项目风险管理计划是关于如何组织和进行风险识别、评估、量化、应对及监控的计划，而且这个过程贯穿项目的整个生命期。从项目风险管理规划中可以得到以下信息：

（1）风险识别的范围。

（2）获取信息的渠道和方式。

（3）进行项目风险识别时，成员的分工和责任分配。

（4）需要重点调查的项目干系人。

（5）项目组可以应用的识别方法及规范。

（6）应该何时由何人进行何种风险再识别。

（7）风险识别结果的形式、信息通报和处理程序。

2. 成果说明

成果说明是进行项目风险识别的主要依据，因为项目风险识别的最终目的是确定项目是否能够在规定的时间和预算内，按照要求的质量，最终产生项目的可交付成果。所以，项目风险识别就要根据成果说明来确定可能影响项目目标实现的各种风险。

3. 历史资料

以前类似项目实际发生风险的历史资料，为识别现有项目的风险提供了非常重要的参考，是项目风险识别的重要依据之一。我们可以从本项目或其他相关项目的档案文件中获取历史资料，也可以从公共信息渠道中获取对本项目有借鉴意义的风险信息。项目管理人员可以查阅过去项目的相关档案，也可以向曾参与过去项目的有关人员征集资料信息。在这些资料档案中常常详细地记录了一些事故的来龙去脉，这对识别现有项目的风险极有帮助。因此，任何可能显示潜在问题的资料均可以用于风险识别。一般来说，项目的历史资料来源于历史项目的各种原始记录、公用数据库、项目团队成员的经验等。

在项目的进展中，项目风险的来源遍及项目管理的所有知识领域，如表10-3所示。

表 10-3　项目风险的来源分布

知识领域	可能出现的风险
范围管理	目标不明确；范围不清；工作不全面；范围控制不恰当
进度管理	错误估算时间；浮动时间的管理失误；进度安排不合理
成本管理	成本估算错误；资源短缺；成本预算不合理
质量管理	设计、材料和工艺不符合标准；质量控制不当
采购管理	没有实施的条件或合同条款；物料的单价偏高
风险管理	忽略了风险；风险评估错误；风险管理不完善
沟通和冲突管理	沟通计划编制不合理；缺乏与重要利益相关者的协商；冲突管理不完善
人力资源管理	项目组织责任不明确；没有高层管理者支持
整体管理	整体计划不合理；进度、成本、质量的协调不当

4. 项目计划的信息

项目风险识别过程中，要针对各项目计划中包含的风险进行识别。项目计划包括了项目目标、项目任务、项目范围计划、项目进度计划、项目成本计划、项目资源计划、项目采购计划及项目承包商、业主方和其他项目干系人对项目的期望值等信息，这些信息都可以作为识别项目风险的依据。如项目进度计划的信息是分析项目质量的重要依据，如果项目进度过快就可能保证不了项目的质量。

5. 项目风险的种类

不同的风险源可以产生各种各样的项目风险，这些风险的种类为风险识别提供了一个总括的框架。项目风险主要包括以下几种：项目技术风险、项目质量风险、项目组织风险、项目财务风险。项目所在行业及应用领域的特征也可以从项目风险的种类中反映出来，如果能够掌握各类风险的特征规律，那么也就掌握了识别风险的钥匙。

6. 制约因素和假设条件

项目的一些文件资料的估计和预测，如项目建议书、可行性研究报告等一般都是建立在若干假设、前提条件下的，这些假设和前提在项目实施期间可能成立，也可能不成立。当项目的前提发生变化或假设条件不成立时，就很可能成为项目新的风险源。因此，项目的前提和假设中隐藏着风险。

由于项目总是处于一定的环境中，会受到许多内外因素的制约，其中的一些制约因素是项目活动主体无法控制的，因此，在这些制约因素中就隐藏着一定的风险。对项目的所有管理计划进行审查，可以明确项目计划和规划的前提、假设和制约因素。审查的内容主要包括以下几个方面：

（1）通过审查范围说明书，可以揭示出项目的成本、进度目标是否合适，而通过审查管理计划中的工作分解结构，可以发现隐藏的机会或威胁。

（2）通过审查人力资源与沟通管理计划中的人员安排计划，能够找出对项目的实施有重大影响的人员，并可以判断这些人员是否能够在项目过程中发挥其应有的作用，从而发现项目中的潜在威胁。

（3）通过审查项目采购与合同管理计划中有关合同类型的规定和说明，可以得到项目干系人承担的不同风险，外汇汇率对项目预算的影响，项目干系人的各种改革、并购及战略调整对项目直接和间接的影响。

10.3.3　项目风险识别的工具和方法

1. 头脑风暴法

头脑风暴法是最常用的风险识别方法。该种方法借助于专家的经验，从而获得一份该项目的风险清单，以备在将来的风险评估过程中进一步加以分析。头脑风暴法的优点是：善于发挥相关专家和分析人员的创造性思维，从而对风险源进行全面的识别，并按照一定的标准对风险进行分类。

2. 德尔菲法

德尔菲法是以匿名的方式邀请相关专家就项目风险这一主题，达成一致的意见。该方法的特点是：将专家最初达成的意见再反馈给专家，以便进行进一步的讨论，从而在主要的项目风险上达成一致的意见。由此可见，该方法的优点是：有助于减少数据方面的偏见，并避免因个人因素对项目风险识别的结果产生不良的影响。

3. 风险检查表

风险检查表是一个从以往类似项目和其他信息途径收集到的风险识别经验的列表，通过查找此表可以简便快捷地识别风险。其缺点是永远不可能编制一个详尽的风险检查表，而且管理者可能受检查表所局限，不能识别出该表未列出的风险，因此其应用范围有一定的局限性。这种方法一般在项目初期使用，以便提早减少存在的危险因素。

4. 流程图

流程图提供了项目的工作流程以及各活动之间的相互关系。通过对项目的流程进行分析，可以发现项目风险发生在哪项活动中以及项目风险对各项活动可能造成的影响。

流程图法首先要建立一个项目的总流程图与各分流程图，以此来分析项目实施的全部活动。图10-4显示了某项目的简单流程。

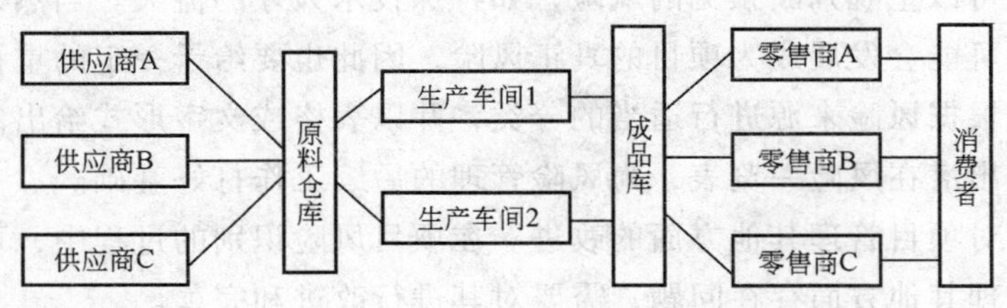

图10-4 某项目流程图

由图10-4可以看出，该项目存在以下潜在的风险：

（1）原料采购与存储过程中的风险：①采购价格波动；②运输途中货物损耗；③材料仓库毁损。

（2）生产过程中的风险：①残次品损耗；②返工损失。

（3）销售过程中的风险：①延迟供货；②销售退回；③售后额外服务。

5. 系统分解法

系统分解法是一种将复杂的项目风险分解成比较容易识别的风险子系统，从而识别各个子系统风险的方法。比如在投资建造一个食品厂的项目中，可以根据项目风险的特征，将项目风险分解为：市场风险、经营风险、环境污染风险、技术风险以及资源供应风险等，然后再将这些风险进一步分解，如市场风险可以分解为竞争风险、价格风险和替代风险等。

6. 情景分析法

情景分析法就是通过对项目未来某种状况的详细描述和分析，找出各种引发风险的关键因素及其影响程度。情景分析法的程序如下：

（1）描述项目的状态。

（2）确定项目某种因素的变动对项目的影响。

（3）预测哪些风险可能会发生。

（4）确定上述风险发生的后果。

10.3.4　项目风险识别的结果

一般来讲，风险识别的结果包括：

（1）已识别的项目风险。已识别的项目风险是项目风险识别最重要的结果，它通过定性的项目风险清单来表示，该清单对项目风险的描述应该尽量简单、容易理解。

（2）潜在的项目风险。潜在的项目风险是没有迹象表明会发生的风险，但是人们可以主观判断预见的风险，如特殊技术人才的流失。当然，潜在的项目风险可能会发展成为项目的真正风险，因此也要给予一定的重视。项目团队应该根据风险来源进行适当的分类，并以表格或文字形式给出清楚的描述，编制出潜在风险一览表，为风险管理的后续工作打好基础。

（3）对项目管理其他方面的改进。在项目风险识别的过程中，可能会发现项目管理其他方面存在问题，需要对其进行改进和完善。

10.4　项目风险评估

10.4.1　项目风险评估的含义

项目风险评估是在风险识别的基础上，运用概率论和数理统计的方法对项目风险发生的概率、项目风险的影响范围、项目风险后果的严重程度和项目风险的发生时间进行估计和评价的过程。在进行项目风险评估时可借助项目风险分解结构来进一步地制定项目风险评估流程。

项目风险评估的流程是将识别出来的项目风险转变成按一定顺序排列的风险列表，然后根据项目目标和评价标准，将识别和排列的结果进行系统分析，明确项目风险之间的因果关系，最后确定项目风险总体水平和风险等级的过程，具体包括以下步骤：

(1) 系统地研究项目风险的背景信息。

(2) 详细研究项目中已识别的关键风险。

(3) 使用风险估计方法和工具对项目可能存在的风险进行估计。

(4) 对估计出的风险进行分析，确定其发生的概率及后果。

(5) 根据以上分析作出主观判断。

(6) 将识别和估计的风险按照一定的标准排列优先顺序。

(7) 根据项目的目标、项目风险的特点和项目主体对每一种风险后果的可接受水平等确定进行项目风险评价的基准。

(8) 使用风险评价方法综合所有单个风险来确定项目整体风险水平。

(9) 使用项目评价工具挖掘项目各个风险因素之间的因果关系，以确定影响风险的关键因素。

项目风险评估的主要工作如表 10-4 所示。

表 10-4　项目风险评估的主要工作

依　据	工具和方法	结　果
已识别的风险	统计法	量化的项目风险清单
项目的进展情况	风险值法	
项目的性质	决策树方法	
数据的准确性和可靠性	模拟法	
风险的重要性水平	专家判断	

10.4.2　项目风险评估的依据

1. 已识别的风险

已识别的风险是项目风险评估的基础。

2. 项目的进展情况

项目所处的生命期阶段不同，风险的不确定性也会不同，也就是说在项目的不同阶段，所面临的风险程度是不同的。一般来说，随着项目的进展，项目风险发生的可能性就会逐步降低。

3. 项目的性质

由于项目的性质不同，风险对其影响程度是不一样的。一般来说，简单的项目风险程度较低；复杂的或者高新技术项目的风险程度较高。

4. 数据的准确性和可靠性

数据的准确性和可靠性都会影响项目风险评估的结果，所以也要对数据的准确性和可靠性进行评估。

5. 风险的重要性水平

风险的重要性水平是划分项目风险大小的重要依据，在风险重要性水平以内的风险就可能不会引起项目风险管理人员的注意。

10.4.3　项目风险评估的工具和方法

项目风险评估可分为定性、定量和定性与定量相结合三类方法。常用的定性方法是专家意见法。由于定量方法一般需要大量的数据支撑，而这些数据通常又难以获得，故导致该方法不能普遍应用。在项目风险评估中运用较多的是定性与定量相结合的方法。在项目风险评估中，运用何种方法，取决于项目风险的来源、发生的概率、风险的影响程度和管理者对风险的态度。

1. 统计法

虽然项目是一次性的，但是对于类似的项目，它们的风险具有很大的相似性。因此，对类似项目的历史资料进行统计分析，可以推算出该项目的风险。

统计法应用大数法则和类推原理，主要指标有分布频率、平均数、众数、方差、正态分布、概率等。

(1) 分布频率。将收集到的类似项目风险的数据进行整理后，可以得出风险分布频率，从而推测出该项目各种风险发生可能性的大小。风险分布频率一般采用直方图来表示。

(2) 平均数和众数。平均数和众数分别表示项目风险发生的平均水平和最可能发生的水平。

(3) 方差。方差是表示项目风险离散程度的指标，离散程度即项目风险与其平均水平的偏离程度。

(4) 正态分布。假设项目的风险服从正态分布（事实也证明项目风险造成的损失金额服从正态分布），可以据此来推断未来风险的状况。

(5) 概率。运用概率分布的原理和相关的数学原理可以推测出项目风险发生可能性的程度。

2. 风险值法

风险值法的思路是：首先估算出项目风险发生的概率和项目风险可能造成的后果，然后将两者相乘，得出一个风险值，并以此来度量项目的风险。

即有

风险值 = 项目风险发生的概率 × 项目风险可能造成的后果

使用该方法需要估算出项目风险发生的概率和项目风险可能造成的后果。项目风险发生的概率可通过上述统计方法得到，有时由于难以获取样本数据，项目管理者只能根据自己的经验来估测项目风险发生的概率。项目风险可能造成的后果主要可从以下四方面来衡量：

（1）风险后果的大小和分布，即风险后果的严重程度及其变化幅度，用数学期望值和方差来表示。

（2）风险后果的性质，即风险的后果是属于技术性的，还是经济性或其他方面的。

（3）项目风险的影响，即风险会对哪些项目干系人造成损失。

（4）风险后果的时间性，即风险是突发的，还是随时间渐进的，以及这些风险发生的时间等。

3. 决策树方法

我们将由影响项目风险的有关因素，如风险的状态、风险发生的概率、风险的后果等，绘制而成一个从左至右展开的树状图，这个树状图即称为决策树。决策树主要由方块节点、圆形节点以及由这些节点所引出的分支组成。

决策树的优点是：能够进行多级决策，并且能够使项目管理者有步骤、有层次地进行决策分析。同时，决策树也存在一些缺点：它不能把所有的因素全部考虑进去，如果分级太多，决策树图就会很复杂。

例 10-1　某项目准备投产两种产品甲和乙，分别需投资 55 万元和 60 万元，两种产品的生产年限是一样的。经过市场调研，预测新产品上市后，畅销的概率为 60%，滞销的概率为 40%。甲、乙两种产品在不同情况下的收益如表 10-5 所示。

表 10-5　甲、乙产品的收益情况表

情况 / 产品	畅销（60%）	滞销（40%）
甲产品	180 万元	−100 万元
乙产品	200 万元	−140 万元

根据以上信息，可以运用决策树法进行分析。首先，画出该项目的决策树，如图 10-5 所示。

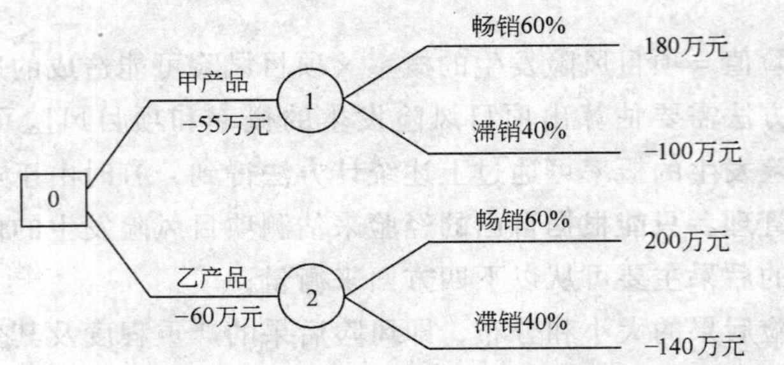

图 10-5　某项目的决策树

然后计算各状态节点处的风险后果。结果如下：

状态节点 1 = 180 万元 × 60% + (−100) 万元 × 40% = 68 万元

状态节点 2 = 200 万元 × 60% + (−140) 万元 × 40% = 64 万元

决策节点 0 = max{68 − 55，64 − 60} = 13 万元

所以，应选择投产甲产品。

4. 模拟法

模拟法是一种通过模仿实际运行情况，针对复杂系统进行研究的手段。它一般通过多次改变参数模拟项目风险，得到模拟结果的统计分布，并以此作为项目风险估算的结果。由于这一过程非常复杂，一般都要借助计算机来完成。

模拟法在项目风险管理中特别适合估算项目成本风险和进度风险。由于项目成本风险和进度风险是项目风险管理的核心，因此模拟法在项目风险评估中的运用越来越广泛。

5. 专家判断

专家判断常被用来替代或补充以上的项目风险估算技术。例如，项目专家对项目成本风险、项目进度风险和项目质量风险的判断通常都比较准确。因此，在很多情况下，运用专家的判断往往是其他项目风险评估方法很好的补充。

除了上述方法以外，可用于项目风险评估的方法还有层次分析法、要素加权平均法、不确定性分析方法、模糊综合评价法等，有些方法已经在其他章节详细说明，在此不再赘述。

10.4.4　项目风险评估的结果

项目风险评估最重要的结果就是由量化方法得出的项目风险清单。该清

单综合考虑了项目风险发生的概率、项目风险后果的影响程度等因素，因此可以借助于该清单对项目风险进行排序，从而为项目管理人员确定采取什么样的风险应对措施以及风险控制到什么程度提供依据。项目风险清单包括以下内容：

（1）项目风险发生的概率大小。

（2）项目风险可能影响的范围。

（3）对项目风险预期发生时间的估算。

（4）项目风险可能产生的后果。

（5）项目风险等级的确定：

1）灾难级。这类等级的风险必须立即予以排除。

2）严重级。这类风险会造成项目偏离目标，需要立即采取控制措施。

3）轻微级。暂时不会对项目产生危害，但也要考虑采取控制措施。

4）忽略级。这类风险可以忽略，不采取控制措施。

10.5　项目风险应对

10.5.1　项目风险应对的含义

项目风险应对就是提出处置意见和办法以应对项目风险的过程。通过对项目风险进行识别、估计和评价，然后综合考虑项目风险发生的概率、损失造成的严重程度以及其他因素，就可得出项目风险发生的可能性及风险的危害程度。最后再将前期工作得到的结果与公认的安全指标相比较，就可确定项目的风险等级，从而决定采取什么样的措施加以应对并控制应对措施的实施程度。

通过项目风险评估，一般会有两种情况：一是项目风险超过了项目干系人能够接受的水平；二是项目风险在项目干系人能够接受的范围内。对于第一种情况，如果项目风险超出可接受水平很多，无论采取何种措施都无能为力，那么就应该停止甚至取消该项目；如果项目风险稍微超过可接受水平，可以通过采取措施以避免或减弱风险带来的损失。对于第二种情况，虽然项目风险在可接受的水平内，为了把项目风险造成的损失控制在最小的范围内，也应该采取积极措施加以应对。

项目风险应对的思路就是通过执行项目风险管理计划，将项目风险降低到可以接受的水平上。具体包括以下步骤：

(1) 根据项目风险评估的结果，进一步确认风险对项目产生的影响程度。

(2) 考虑可能存在的风险，制定相应的风险应对策略和措施。

(3) 借鉴以前的经验教训，认真研究风险应对策略和技巧。

(4) 根据项目风险的情况，执行项目风险管理计划。

(5) 提出进行风险防范和监控的建议。

在进行项目风险应对的具体工作时，可以从项目每个阶段的风险识别表入手，依据风险识别表上列举的检查内容进行讨论，由此制定具体的风险应对计划。

项目风险应对的主要工作如表10-6所示。

表10-6 项目风险应对的主要工作

依 据	工具和方法	结 果
量化的项目风险清单 项目团队抗风险的能力 可供选择的风险应对措施	回避风险 转移风险 减轻风险 接受风险	项目风险管理计划(更新) 应急计划 应急储备

10.5.2 项目风险应对的依据

1. 量化的项目风险清单

量化的项目风险清单是风险评估的主要结果，也是风险应对的重要依据。项目风险清单说明了项目风险性质及其项目风险发生可能性的大小、影响程度等。根据不同性质的风险要制定相应的应对措施，如对项目进度风险和成本风险就要采取不同的措施；根据项目风险发生可能性的大小及其影响危害程度的大小，也要采取不同的措施，如对影响程度高，发生可能性大的风险，要采取紧急的风险应对措施，对影响程度低，发生可能性小的风险，可延缓采取风险应对措施。

2. 项目团队抗风险的能力

项目团队抗风险的能力决定了其面对风险所采取的措施。如对于相同的风险，那些资金实力雄厚、承受风险能力强的项目团队与资金实力弱、抗风险能力差的项目团队所采取的措施就会有所不同。

3. 可供选择的风险应对措施

项目团队针对项目风险所采取的措施受到措施选择范围的限制。如风险应对措施可以是：通过市场研究和行业分析来减少市场风险；运用投资组合理论来降低项目的投资风险；通过控制投资规模来降低经营风险；通过制定应急计划来预防风险。

10.5.3　项目风险应对的工具和方法

根据风险评估的结果可以使用不同的方法来应对项目风险，一般来讲，项目风险应对的方法如图10-6所示。

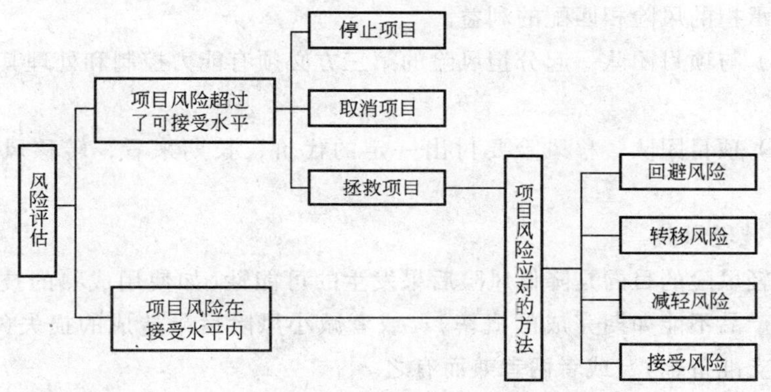

图10-6　项目风险应对方法

1. 回避风险

当某项活动的风险导致的损失比较大时，可以采取放弃或改变该活动的方式，以回避与该活动相关联的风险。可见，回避风险是一种最彻底的风险应对技术。相比之下，回避风险可以在风险发生之前，完全消除该风险可能带来的各种损失，而不仅仅是降低损失。在回避风险时，要注意以下几个方面：

（1）当风险发生的概率比较高，后果比较严重并且对风险的认识比较充分时，采用回避风险的方法会取得良好的效果。

（2）不是所有的风险都能采取回避方法，如自然灾害、自然死亡等，是不能回避的。

（3）回避一种风险有可能会产生另一种新的风险，如采用优质原材料代替劣质材料会避免质量风险，但是同时有可能产生成本超支风险。

（4）当采用其他风险应对方法的效果不理想时，就只能采用回避的方法。

2. 转移风险

转移风险也称为分担风险，其目的是在不降低风险发生概率的前提下，借助一定工具将一部分风险损失转移给项目的第三方。转移风险的方式主要包括：保险、担保、出售、发包、开脱责任合同等。采用转移风险要注意的事项有：

(1) 当项目风险发生的概率较小但导致的损失较大，而且项目团队很难应付这种风险时，采用转移风险的方法会取得较好的效果。

(2) 在转移风险的过程中，必须让分担风险者，即项目的第三方，获得与其所承担的风险相匹配的利益。

(3) 与项目团队一起分担风险的第三方必须有能力控制和处理其所承担的风险。

(4) 项目团队转移风险要付出一定的代价，长期来看，转移风险并不理想。

3. 减轻风险

减轻风险的目的是降低风险后果发生的可能性（如使用成熟的技术以降低项目产品不能如期完成的概率），或者减小风险后果造成的损失（如设立意外开支准备金），或者两者兼而有之。

减轻风险后果是一种很重要的战略，它可能需要较高的成本或不需要什么成本。但在大多数情况下，减轻风险后果所需要的成本比没有减轻风险后果所导致的损失要小些。

在减轻风险后果的过程中，可以根据不同的风险采取不同的策略：

(1) 对于已知风险，项目团队可以在很大程度上加以控制，使风险后果减小。例如，可以通过压缩关键活动的时间来减轻项目进度滞后的风险。

(2) 对于可预测风险，可以采取迂回策略，将每个风险后果都减少到项目干系人可以接受的水平上。

(3) 对于不可预测风险，要尽量使之转化为可预测风险或已知风险，然后加以控制和处理。

减轻项目技术风险、成本风险和进度风险的方法如表10-7所示。

表10-7　减轻项目风险的策略

技术风险	成本风险	进度风险
强调团队支持 改善问题处理和沟通 经常进行项目监督 咨询项目管理专家	经常进行项目监督 使用WBS、PERT或CPM 理解项目目标 团队支持	经常进行项目监督 使用WBS、PERT或CPM 选择最具经验的项目经理

4. 接受风险

接受风险也称为自留风险，是指项目团队自己承担所有风险后果。接受风险有主动和被动之分。主动接受是指当风险实际发生时，启动相应的风险应急计划；被动接受是指风险实际发生时，不采取任何措施，只是接受一个风险损失最小的方案。采用接受风险应注意以下问题：

（1）对那些发生概率小且后果不是很严重的风险，采取接受风险的方式是可行的。

（2）当采用其他的风险应对方法产生的费用大于不采用风险应对方法造成的损失时，应采用风险接受的方法。

10.5.4　项目风险应对的结果

1. 更新后的风险管理计划

项目风险应对的主要结果是更新后的风险管理计划。它是对项目的风险管理计划和其他的支持性细节内容所作的修改和更新的结果。

2. 应急计划

应急计划（Contingency Planning）是指当一个风险事件发生时，项目团队将要采取的预先制定好的措施。好的应急计划把风险看作是由某种“触发器”引起的。应急计划包括风险的描述、完成计划的假设、风险出现的可能性、风险的影响及适当的反应。

3. 应急储备

应急储备（Contingency Reserves）是指在项目计划中为了应付项目进度风险、项目成本风险和项目质量风险而持有的准备补给物（资金或物料）。它可以用来转移项目的风险，比如，当项目采用了劣质的原材料导致项目的质量不过关时，可以动用项目的应急储备购买符合质量要求的原材料。

10.6　项目风险控制

10.6.1　项目风险控制的含义

项目风险控制是指根据项目的风险管理计划，对整个项目进程中的风险事件实施的控制活动。另外，当项目的情况发生变化时，要重新对项目的风险进行分析，并制定新的风险管理计划。

项目风险控制的流程如图 10-7 所示。

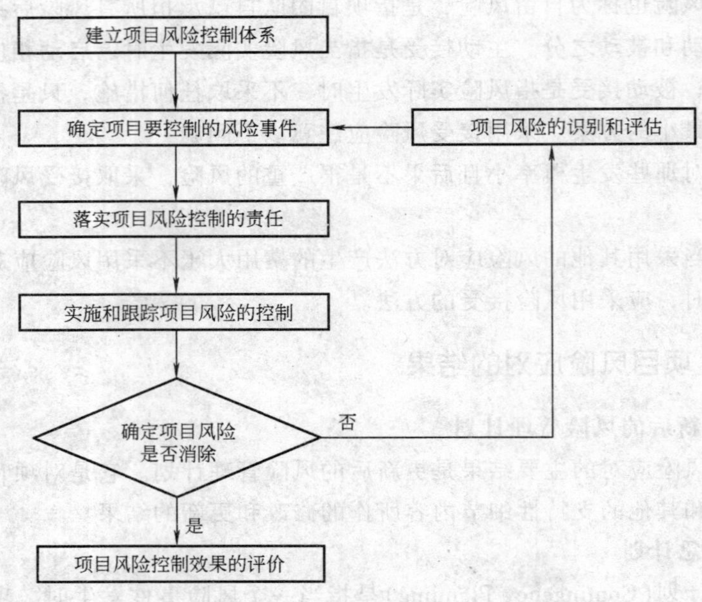

图 10-7　项目风险控制流程图

1. 建立项目风险控制体系

在实施项目风险控制之前，要根据项目风险识别和项目风险评估的结果，制定出项目风险控制的体系，从而使项目风险控制更加程序化。项目风险控制体系包括项目风险控制的目标、项目风险控制的程序、项目风险信息报告制度、项目风险控制决策制度以及项目风险控制的计划和方案等要素。

2. 确定项目要控制的风险事件

在项目风险中，不是所有的风险都要加以控制。通常根据项目风险事件发生的概率、风险后果的严重性、以及项目团队风险控制的资源来确定项目要控制的风险事件。

3. 落实项目风险控制的责任

需要实施控制的项目风险应该落实到具体的负责人员身上，这些人员必须对自己控制的风险负相关的责任。

4. 实施和跟踪项目风险的控制

根据项目控制的目标和计划对项目风险实施控制，通过跟踪项目风险活动来反馈项目控制的成效，从而进一步指导项目控制方案的具体实施。

5. 确定项目风险是否消除

根据项目风险控制的目标，来确定项目风险是否已经消除。如果项目的风险已经消除，则风险控制工作结束；如果项目的风险没有消除，则需要对该风险实施新一轮的控制。

6. 项目风险控制效果的评价

项目风险控制效果的评价是对项目风险控制方案的效果进行的科学评价，主要是对项目风险控制技术的实用性以及项目风险控制收益的分析和评价。

项目风险控制的主要工作如表10-8所示。

表10-8　项目风险控制的主要工作

依　　据	工具和方法	结　　果
项目风险管理计划 项目风险应急计划 项目沟通 其他的风险识别和分析	附加的风险应对计划 核对表 偏差分析技术 定期的项目风险评估	新的项目风险应对措施 变更申请 控制风险活动

10.6.2　项目风险控制的依据

1. 项目风险管理计划

项目风险管理计划是项目风险控制的主要依据，主要内容在上节已经介绍过，这里不再赘述。

2. 项目风险应急计划

项目风险应急计划为项目风险控制提供了现成的方法。

3. 项目沟通

在项目的进行过程中，项目执行情况报告可以描述项目的风险，这为项目的风险控制提供了依据。

4. 其他的风险识别和分析

在项目评估和报告时，可能会发现以前没有注意到的风险，在项目的风险控制中，需要对这些风险进行管理。

10.6.3　项目风险控制的工具和方法

1. 附加的风险应对计划

如果新的风险事件出现，或者项目风险事件后果比预期的要大，计划好的应对措施可能不足以解决项目的风险，这就需要重新制定风险应对计划。

2. 核对表

在项目风险的控制过程当中，运用核对表可以明确地显示出项目的进展情况和项目风险的预计情况。从而更有效地进行项目风险的控制。

3. 偏差分析技术

偏差分析技术通过分析实际已经完成工作和项目计划工作之间的偏差，然后预测这种偏差的发展趋势。如果偏差变大，就需要制定进一步的风险控制程序。

4. 定期的项目风险评估

风险发生的概率和后果的影响程度会随着项目的进展而发生变化，所以需要对项目的风险进行定期的分析和评估，这样有利于对项目的风险实行动态的控制。

10.6.4　项目风险控制的结果

1. 新的项目风险应对措施

在项目风险的控制过程中，可能会采用事先没有计划好的应对措施，这些风险应对措施应编制到项目的风险管理计划中，为管理以后可能出现的风险提供参考。

2. 变更申请

实施应急计划时常会导致项目风险管理计划的变更，此时就要提交变更申请。

3. 控制风险活动

控制风险活动是指按照事先做好的风险管理计划、风险应对计划等对项目的风险活动进行控制管理。

本章小结

本章对项目风险管理的相关知识点进行了比较详细的介绍，主要内容如下：

第1节，首先介绍了风险的含义，综合各方观点，风险一词具有两方面的含义：一是指风险意味着损失或者是未实现预期的目标；二是指这种损失出现与否是一种不确定的随机现象。其次介绍了项目风险的含义。项目风险是指由于项目所处环境和条件的不确定性以及项目干系人主观因素影响，使项目的结果与期望产生背离，并存在给项目干系人带来损失的可能性。然后介绍了项目风险管理主要由项目风险管理规划、项目风险识别、项目风险评估、项目风险应对以及项目风险控制五个过程组成。

第2~6节，分别从含义、依据、工具和方法及其结果等方面阐述了项目风险管理规划、项目风险识别、项目风险评估、项目风险应对、项目风险控制等项目风险管理的五个阶段的相关知识点。

本章介绍了流程图法、决策树法等项目风险管理的方法，掌握这些方法对于本章的学习具有重要意义。

本章记忆重点：项目风险管理；项目风险管理规划；项目风险识别；项目风险评估；项目风险应对；项目风险控制。

自 测 题

一、判断题

1. 项目风险管理是对项目的风险进行识别和分析，并对项目风险进行控制的系统过程。(　　)

2. 转移风险可以降低风险发生的概率。(　　)

3. 应急储备可以用来减轻项目的风险。(　　)

4. 德尔菲法可以避免由于个人因素对项目风险识别的结果产生不当的影响。(　　)

5. 转移风险从长期来看总是有益的。(　)

二、单选题

1. 项目团队另外准备了一套备用的进度计划，这属于(　　)。

A. 关键路径分析　　B. 蒙特卡罗仿真

C. 应急计划　　D. 进度偏差

2. 下面四个选项中哪一项与风险影响分析有关(　　)。

A. 风险管理　　B. 风险识别

C. 风险评估　　D. 风险减轻

3. 风险所产生的影响是通过(　　)来计算的。

A. 将风险发生的概率和风险后果相乘

B. 将风险发生的概率和风险的个数相乘

C. 将风险的个数和风险后果相乘

D. 以上皆是

4. 风险识别应最先解决的是(　　)。

A. 影响程度高，发生概率较小的风险

B. 影响程度低，发生概率较小的风险

C. 影响程度高，发生概率较大的风险

D. 影响程度低，发生概率较大的风险

5. 项目在(　　)阶段的风险最大。

A. 启动　　B. 计划

C. 执行　　D. 收尾

6. 如果一项商业投资有60%的机会赚得200万元，也有40%的可能损失150万元，那么，这次投资的预期货币价值为(　　)。

A. 5万　　B. 30万

C. 50万　　D. 60万

7. 从客户的角度来看，如果没有把项目的风险管理好，(　　)将会对客户造成最久远的影响。

A. 范围风险　　B. 进度计划风险

C. 成本风险　　D. 质量风险

8. 下面作为风险识别输入的历史资料中，相对来讲，最不可靠的历史资料有(　　)。

A. 项目原始文件　　B. 公用数据库

C. 项目团队成员的经验　　D. 吸取教训的数据库

9. 项目风险管理过程中使用决策树分析的优点在于它(　　)。

A. 考虑了决策者对风险的态度

B. 帮助决策者识别并假定项目风险情形

C. 迫使决策者考虑各项结果的概率

D. 反映了风险是如何发生的

10. 下列选项中不是项目风险评估影响因素的是(　　)。

A. 风险事件　　B. 保险费

C. 项目的性质　　D. 风险概率

11. 向经验丰富的技术专家咨询以应对项目所面临的技术风险，这属于(　　)。

A. 风险规避　　B. 风险转移

C. 风险减轻　　D. 风险接受

12. 现在不处理项目未来可能所面临的技术风险，这属于(　　)。

A. 风险规避　　B. 风险转移

C. 风险减轻　　　　　　　D. 风险接受

三、多选题

1. 下列说法正确的是(　　)。

A. 转移风险也称为分担风险

B. 项目的风险对不同的组织来说大小是相同的

C. 项目总是存在风险的

D. 相同的风险在项目的不同阶段是不同的

2. 为了降低项目的风险而改变项目的范围时，项目团队应该考虑对(　　)的影响。

A. 进度　　　　　　　　B. 成本

C. 质量　　　　　　　　D. 以上皆不是

3. 下面选项中，(　　)是通过风险转移来降低风险的例子。

A. 担保　　　　　　　　B. 合同

C. 应急计划　　　　　　D. 发包

4. 下列有关回避风险的描述正确的是(　　)。

A. 回避风险有可能会产生新的风险

B. 回避风险可以完全消除该风险所带来的各种损失

C. 如果风险后果比较严重，就可以采用回避风险的方法

D. 所有项目风险是可以回避的

5. 内部风险包括(　　)。

A. 项目团队人事风险　　　B. 项目成本估算的风险

C. 项目资源的市场单价变动　　D. 国家政策

6. 导致项目风险造成的后果从(　　)方面来衡量。

A. 风险后果的大小　　　　B. 风险后果的性质

C. 项目风险的影响　　　　D. 风险后果的时间性

7. 下列有关项目决策树的说法正确的是(　　)。

A. 决策树是一个从左至右展开的树状图

B. 决策树只能进行单级决策分析

C. 决策树分级越多，决策树图就会越复杂

D. 决策树能够使项目管理者有步骤地进行决策

8. 下列说法正确的是(　　)。

A. 项目风险超出可接受水平过多时，可考虑停止甚至取消该项目

B. 项目风险稍微超过可接受水平时，应采取措施减弱风险带来的损失

C. 项目的风险在可接受水平内时，不需要采取措施来控制风险

D. 在减轻项目风险时，把项目的风险降得越低越好

9. 下列选项中(　　)是项目风险管理的目的。

A. 识别可能影响项目范围、质量、时间和成本的因素

B. 对所有已识别的风险制定风险应对计划

C. 为不能控制的项目因素制定基准计划

D. 通过影响能够被控制的项目因素而减轻影响

练习与思考

1. 假设现有一个新药开发项目，试说明该项目可能存在的风险。
2. 简述项目风险管理的过程。
3. 项目风险的特点有哪些？请举例加以说明。
4. 试说明质量管理、成本管理和进度管理中可能存在的风险。
5. 项目风险等级是如何划分的？
6. 试述项目风险应对的主要方法及应注意的问题。
7. 风险控制的主要流程是怎样的？

第 11 章

项目验收与项目后评价

主要内容

- 项目验收
- 项目后评价

学习目标

项目验收与项目后评价是项目管理的最后一个工作环节，做好项目的验收与后评价事关一个项目的成败。通过本章的学习，应该理解项目验收的含义；了解项目验收的标准、依据和程序；理解项目后评价的含义和特点、项目后评价与可行性研究的联系与区别；了解项目后评价的作用、内容和过程；掌握项目后评价的方法；了解项目后评价报告的内容。

11.1　项目验收

项目收尾和启动一样重要。总体来讲，项目收尾工作可以归纳为项目验收、项目合同收尾和项目后评价等工作。

由于项目合同收尾的内容已经在本书的第 8 章中涉及，在此不再赘述。本章将对项目验收和后评价作较为详细的介绍。

11.1.1　项目验收的含义

项目验收包括核查项目规定范围内各项工作或活动是否已经全部完成、最终可交付成果是否令人满意，并将核查结果记录在验收文件中的一系列活动。

在项目收尾时，项目团队要把已经完成的项目产品交给客户或项目团队的上级部门。所要移交的外部交付产品有设备、图样、设计文件、数据、程序等，所要移交的内部交付产品有会议纪要、检查表、各类记录等。实际工作中，内部交付物的移交常常被忽视，然而这些记录、检查表等文件都是项目的宝贵财富，不仅可以为今后的其他项目提供历史参考，而且可以为项目团队积累经验。

如果项目是由于无法继续实施而提前结束的，同样应查明哪些工作已经完成，完成到什么程度，并将核查结果记录在案，形成文件归档。参加交接的项目团队成员和接收方人员应在有关文件上签字，表示对已完成项目工作的认可和验收。

项目验收时，要关注如下三个方面：一要明确项目的起点和终点：二要明确项目的最后可交付成果；三要明确项目各阶段成果的标志。

11.1.2　项目验收的分类

根据项目的目的、验收人的需要和项目的特点不同，一般有如下几种验收分类方式：

（1）按项目的生命期分类，可分为合同期验收、中间验收和竣工验收。

（2）按项目验收的范围分类，可分为部分验收和全部验收，或称为单项工程验收和整体工程验收。

（3）按项目的特点分类，可分为投资建设项目验收、生产性项目验收、R&D 项目验收、系统开发项目验收和服务项目验收等。

（4）按项目验收的内容分类，可分为质量验收和文件验收。质量验收和文件验收是一般项目验收的两大部分，也是比较全面、准确地把握项目验收的基础。

11.1.3　项目验收的标准、依据和结果

1. 项目验收的标准

项目验收的标准是判断项目产品是否合乎项目目标的依据。所以，只有制定科学、权威的标准才能对项目进行有效的验收。项目验收的标准一般包括：项目合同书、国际惯例、国际标准、行业标准、国家和企业的相关政策、法规。不同性质的项目，选用的验收标准也不尽相同。

项目合同书规定了在项目实施过程中各项工作应遵守的标准、项目要达到的目标、项目成果的形式和要求等。它具有法律效力，是项目实施管理、跟踪与控制的首要依据。因此，在对项目进行验收时，最基本的标准就是项目合同书。

国际标准、行业标准和相关的政策、法规，是比较科学的、人们普遍接受的标准。项目验收时，如无特殊规定，可参照国际标准、行业标准和相关的政策、法规进行验收。

国际惯例主要是针对一些常识性的内容，如无特殊说明，可参照国际惯例进行验收。

2. 项目验收的依据

（1）工作成果。工作成果是项目实施的结果，项目收尾时提交的工作成果要符合项目目标。工作成果验收合格，项目才能终止。因此，项目验收的重点是对项目的工作成果进行审查。

（2）成果说明。项目团队还要向客户提供说明项目成果的文件，如技术要求说明书、技术文件、图样等，以供验收审查。项目成果文件说明随着项目类型的不同而有所不同。

3. 项目验收的结果

（1）项目正式验收报告。通过正式验收后将产生经项目团队和项目干系人确认并签字的项目验收报告，也可称为项目验收鉴定书。

（2）项目结束报告。项目终止后，项目经理的一项非常重要的工作就是编写项目结束报告。项目结束报告通常也是项目管理中的最后一个文件，其目的是积累项目管理经验，为改进将来的项目管理服务。项目结束报告并非是一份简单的项目评价记录，而是项目历史的记录。项目结束报告的提交标

志着项目的最后结束。

项目结束报告应包含如下五项内容：①项目绩效。比较项目最终实施结果和项目计划目标，并提出相应的项目管理建议。②管理绩效。记录项目管理过程中出现的问题及相应问题的解决方式，总结管理经验。③项目组织结构。记录项目团队所采用的特有的组织结构，并分析其优缺点。④项目团队成员。对项目团队成员的表现情况、沟通情况及是否具有相互合作精神进行评价。⑤项目管理技术的运用。项目实施结果在一定程度上依赖于项目管理技术的运用。常用的项目管理技术主要有预测技术、计划技术、预算技术、进度计划、资源分配技术及控制技术等。这里主要是检查这些技术是否运用得当并总结相关经验。

11.1.4　项目验收的组织和程序

1. 项目验收的组织

项目验收的组织是指对项目成果进行验收的组织和个人，一般由项目接收方、项目团队和项目监理人员构成。项目性质的不同，项目验收组织的构成存在较大的差异。

2. 项目验收的程序

项目验收的工作程序如图 11-1 所示。

(1) 做好项目的收尾工作。当项目快要结束时，大部分的工作已经完成，但是还有一些零星、琐碎的收尾工作需要处理。收尾工作如果处理不好，可能会影响到项目今后的正常运营。因此，项目经理要带领项目团队成员保质保量地完成项目的收尾工作，做到善始善终。

(2) 准备验收材料。项目文件是项目验收的重要依据，在项目实施过程中，项目团队要不断收集各种项目文件，如项目计划、项目成果说明、设计图样、测试材料等。当准备项目验收时，要将这些项目文件汇总、整理并归档，形成一套完整的验收材料，从而为项目顺利通过验收提供保障。

(3) 项目团队进行自检并提交验收申请。项目管理人员先要同生产、技术、质量等部门的有关人员对项目产品进行检查，从而找出项目存在的问题和漏洞，并及时采取补救措施。项目自检合格后，项目团队就可以向客户提出验收申请，并附送相关的验收材料，以备客户组织人员进行验收。

(4) 验收工作组检查验收材料。项目客户会同项目监理人员、政府有关人员和其他相关人员组成验收工作组，按照项目的要求对项目验收材料进行

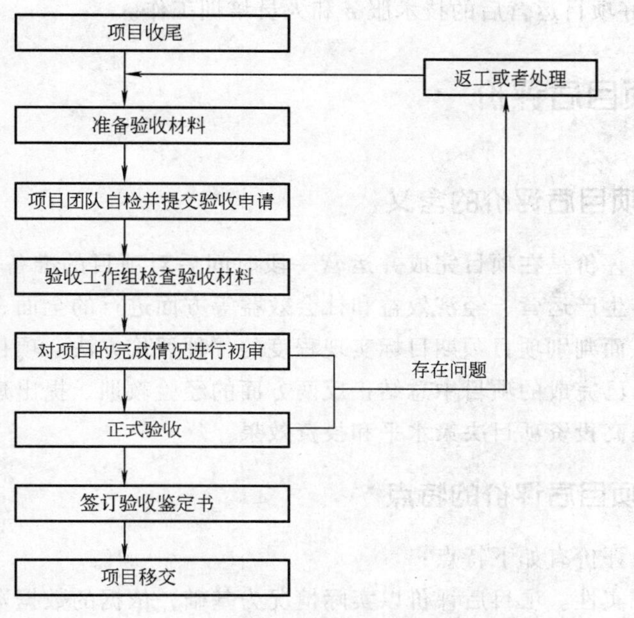

图 11-1　项目验收程序图

检查。如果验收材料不齐全或不合格，就要通知项目团队在规定的期限内予以补交或修改。

（5）对项目的完成情况进行初审。项目验收工作组根据项目团队提交的验收申请，可组织人员对项目产品进行初步检查。如果发现项目产品存在问题，要通知项目团队及时进行处理。

（6）正式验收。项目验收工作组在验收材料和初审合格的基础上，就可以组织人员公开、公正地对项目产品进行全面的正式验收。如果正式验收不合格，则要通知项目团队返工以待再作验收。如果正式验收中发现项目存在较为严重的问题，而双方又难以达成一致意见，可诉诸法律来解决。

（7）签订验收鉴定书。项目验收后，如果项目产品符合验收标准和相关法律、法规，项目团队要和客户签订验收鉴定书，表示双方当事人已经认可并验收了该项目产品。

（8）项目移交。项目移交是在签订完项目验收鉴定书后，项目团队将项目产品和相关技术档案资料移交给客户。项目移交要做好以下的工作：

1）做好项目的收尾工作，准备好所要移交的项目产品和文件材料。

2）由项目团队负责进行项目产品的试运营。

3）办理项目产品的移交手续。

4）做好项目运营后的技术服务和人员培训工作。

11.2 项目后评价

11.2.1 项目后评价的含义

项目后评价是在项目完成并运营一段时间后对项目的准备、立项决策、设计施工、生产运营、经济效益和社会效益等方面进行的全面、系统的分析和评价，从而判别项目预期目标实现程度的一种评价方法。项目后评价的目的主要是从已完成的项目中总结正反两方面的经验教训、提出建议、改进工作、不断提高投资项目决策水平和投资效果。

11.2.2 项目后评价的特点

项目后评价有如下特点：

(1) 现实性。项目后评价以实际情况为基础，依据的数据资料是现实发生的真实数据或根据实际情况预测的数据。它与项目前期的可行性研究不同，可行性研究是预测性的评价。

(2) 全面性。项目后评价的范围很广，要对项目的准备、立项决策、设计施工、生产运营等方面进行全面、系统的分析。

(3) 反馈性。项目可行性研究用于投资项目的决策，而项目后评价的目的在于向有关部门反馈信息，为今后的项目管理工作提供借鉴，不断提高未来投资的决策水平。

(4) 合作性。项目后评价，由单独设立的后评价机构或上级决策机构，组织主管部门会同计划、财政、审计、银行、设计、质量、司法等有关部门进行。项目后评价工作的顺利进行需要各参与方融洽合作。

11.2.3 项目后评价与可行性研究的比较

1. 相同点

(1) 性质相同，都是对项目生命期全过程进行技术、经济论证。

(2) 目的相同，都是为了提高项目的效益，实现经济、社会和环境效益的统一。

2. 不同点

(1) 评价的主体不同。项目后评价主要由单独设立的后评价机构或上级决策机构进行，以确保后评价的公正性和客观性；可行性研究主要由投资主体(企业、部门或银行)或投资计划部门组织实施。

(2) 在项目管理过程中所处的阶段不同。后评价在项目竣工投产后，对项目建设全过程和运营情况及产生的效益进行评价；可行性研究则属于项目前期工作，为投资决策提供依据。

(3) 评价的依据不同。项目后评价是项目实施后或实施中的评价，所依据的是实际记录的数据和发生的情况，以及据此预测的未来数据；可行性研究全部运用预测的数据，因此项目后评价比可行性研究具有更高的现实性和可靠性。

(4) 评价的内容不同。项目后评价主要是针对可行性研究的内容进行再评价，而且对项目决策、项目实施效率进行评价，以及对项目建设全过程和运营情况及产生的效益进行评价；可行性研究的内容主要是项目建设条件、工程设计方案、项目的实施计划及经济社会效益的评价和预测，从而决定是否立项实施。

(5) 在决策中的作用不同。项目后评价是对项目选择决策的各种信息的反馈，对项目实施结果的鉴定，其鉴定结论间接作用于未来项目的选择决策，从而提高未来项目决策的科学化水平；可行性研究直接作用于项目选择决策，其结论是项目取舍的依据。

11.2.4 项目后评价的作用

项目后评价的作用主要包括如下五个方面：

(1) 总结项目管理的经验教训，提高项目管理水平。项目管理涉及许多部门，只有这些部门密切合作，项目才能顺利完成。如何协调各部门之间的关系，采取什么样的具体合作形式都尚在不断摸索中。项目后评价通过对已建成项目实际情况进行分析研究，总结经验，从而提高项目管理水平。

(2) 提高项目决策科学化水平。通过建立完善的项目后评价制度和科学的方法体系，一方面可以促使评价人员努力做好可行性研究工作，提高项目预测的准确性，另一方面可以通过后评价的反馈信息，及时纠正项目决策中存在的问题。

(3) 为国家投资计划和政策的制定提供依据。通过项目后评价能够发现宏观投资管理中的不足，从而使国家可以及时修正某些不适合经济发展的技术经济政策，修订某些已过时的指标参数，确定合理的投资规模和投资流向，协调各产业、各部门之间及其内部的各种比例关系。

(4) 为银行部门及时调整信贷政策提供依据。通过项目后评价，及时发现项目建设过程中使用资金存在的问题，分析贷款项目成功或失败的原因，从而为银行部门调整信贷政策提供依据。

(5) 可以对企业经营管理进行诊断，促使项目运营状态的正常化。项目后评价通过比较实际情况和预测情况的偏差，探索偏差产生的原因，提出切实可行的措施，从而促使项目运营状态的正常化，提高项目的经济效益和社会效益。

11.2.5 项目后评价的内容

1. 项目目标评价

项目目标评价是指对项目目标的实现程度进行评价，对照原计划的主要指标，检查项目的实际情况，分析差异产生的原因，并对项目决策的正确性、合理性和实践性进行分析评价。

2. 项目实施过程评价

项目实施过程评价是将可行性研究报告中所预计的情况和实际执行情况进行比较分析，找出差别并分析原因。

3. 项目影响评价

项目影响评价包括经济影响评价、环境影响评价及社会影响评价。

(1) 经济影响评价。主要分析评价项目对所在地区、所属行业产生的经济方面的影响。主要包括分配、就业、国内资源成本、技术进步等方面。

(2) 环境影响评价。项目的环境影响评价一般包括项目的污染控制、地区环境质量、自然资源利用和保护、区域生态平衡和环境管理等方面。

(3) 社会影响评价。即对项目在社会经济和发展方面的有形和无形的效益与影响进行分析评价。

4. 项目持续性评价

项目的持续性是指在项目的建设资金投入后，项目是否可以持续地发展下去，是否能继续实现既定目标，是否可在未来以同样的方式建设同类项目。

11.2.6 项目后评价的步骤

1. 提出问题

明确项目后评价的具体对象、评估目的及具体要求。项目后评价的提出单位可以是国家计划部门、银行部门、各主管部门，也可以是企业(项目)

自身。

2. 筹划准备

问题提出后，承担单位进入筹划准备阶段。筹划准备阶段的主要任务是组建一个评估领导小组，并按委托单位的要求制定一个详细的项目后评价计划。

3. 深入调查，收集资料

本阶段的主要任务是制定详细的调查提纲，确定调查对象和调查方法，并开展实际调查工作，收集整理后评价所需要的各种资料。

4. 分析研究

围绕项目后评价内容，采用定量和定性的分析方法，发现问题并提出改进措施。

5. 编制项目后评价报告

将分析研究的成果汇总，编制出项目后评价报告，并提交委托单位和被评估单位。

11.2.7 项目后评价的方法

1. 资料收集法

资料收集是项目后评价的重要内容和手段，资料收集的效率和方法直接影响项目后评价的进展和结论的正确性。常用的资料收集方法有：专题调查法、固定程式的意见咨询、非固定程式的采访、实地观察法和抽样法。

2. 市场预测法

项目后评价发生在项目投产后，其数据大部分都是项目准备、建设、投产运营等过程中的实际数据，为了与前期的评价进行对比分析，还需要根据实际情况对项目运营期间的全过程进行重新预测。具体预测方法分为经验判断法和历史引申法等。

3. 分析研究方法

对于通过实际调查和市场预测所得到的各种数据，只有经过加工处理并对其进行分析研究后，才能发现其中存在的问题。常用的分析研究方法有：

(1) 指标计算法。即通过计算项目各阶段实际效果指标，来衡量投产项目所取得的实际效果。

(2) 指标对比法。即通过将项目实际指标与预测指标或者与国内外同类项目的相关指标进行对比，发现项目实际存在的问题，提出改进的方法。

(3) 因素分析法。项目投资效果的各个指标，通常都是由多种因素决定。因素分析法就是把综合指标分解成原始因素，以便找出造成指标变动的原因。

(4) 统计分析法。具体做法是在项目实施前，就某一指标分别确定两组考察对象，试验组在项目所在区，对照组不在项目所在区，也就是不受项目实施的影响。进行项目后评价时，对比两组，考察项目实施怎样影响这一指标。

11.2.8　项目后评价报告

项目后评价报告是对评价结果的汇总，是反馈经验教训的重要文件。后评价报告必须反映真实情况，报告的文字要准确、简练，尽可能不用过分生疏的专业词汇；报告的结论、建议要和提出的问题相对应，并把评价结果与未来规划以及政策的制定、修改相联系。

项目后评价报告主要包括：摘要、项目概况、评价内容、主要变化和问题、原因分析、经验教训、结论和建议、基础数据和评价方法说明等。

本章小结

本章是本书的最后一个部分，也是项目管理过程的最后一个环节，只有通过这个环节，项目才有可能交付使用。本章对项目验收的相关知识进行了比较详细的阐述，主要包括以下内容：

第1节，首先从项目验收的含义入手，介绍了项目验收时应关注的三个方面：明确项目的起点和终点、明确项目的最终可交付成果和阶段成果的标志。其次介绍了根据项目特点不同，对验收进行的分类。然后介绍了项目验收的标准和依据。标准一般包括项目合同书、国际惯例、国际标准、行业标准、国家和企业的相关政策及法规；项目验收依据包括工作成果和成果说明。最后，介绍了项目验收的组织和程序。

第2节，首先阐述了项目后评价的含义、特点和目的。项目后评价是在项目完成并运营一段时间后对项目的准备、立项决策、设计施工、生产运营、经济效益和社会效益等方面进行的全面、系统的分析和评价。项目后评价的特点包括：现实性、全面性、反馈性及合作性。项目后评价的主要目的是从已完成的项目中总结正反两方面的经验教训、提出建议、改进工作、不断提高投资项目决策水平和投资效果。其次在此基础上将项目后评价与可行性研究进行了比较，归纳了二者的异同，同时总结了项目后评价的主要作用。然后阐述了项目后评价的内容、步骤和方法。项目后评价的内容包括：项目目标评价、项目实施过程评价、项目影响评价和项目持续性评价。最后介绍了项目后评价报告的内容，主要包括：摘要、项目概况、评价内容、主要变化和问题、原因分析、经验教训、结论和建议、基础数据和评价方法说明等。

本章记忆重点：项目验收的含义；项目验收的标准和依据；项目验收的程序；项目后评价的含义和特点；项目后评价与可行性研究的异同；项目后评价的作用；项目后评价的内容；项目后评价报告的内容。

自 测 题

一、判断题

1. 项目验收与范围核实是两项工作。(　　)

2. 项目后评价报告必须使用专业化的词汇，以保证其格式的规范性。(　　)

3. 项目后评价报告的首要作用是总结项目的经验教训。(　　)

二、单选题

1. 下列有关项目验收与项目后评价的表述正确的是(　　)。

A. 如果项目失败就不需要进行项目的验收与项目后评价

B. 进入项目验收与项目后评价过程表示项目已经完成

C. 只有在项目验收与项目后评价过程才能为客户提交可交付成果

D. 在项目验收与项目后评价过程中要将完成的项目成果移交给客户

2. 下列有关项目验收的表述正确的是(　　)。

A. 项目验收就是将项目移交给其他项目团队，以便继续实施项目

B. 如果项目无法开展下去，也要进行项目的验收

C. 项目验收是将项目分包给承包商

D. 如果在项目实施过程中，需要更换项目经理，则需要进行项目验收

3. 下列表述错误的是(　　)。

A. 项目后评价工作不属于项目生命期内的工作

B. 选择的被评价项目可以是失败的项目

C. 项目后评价是在项目结束后，对项目的目标、实施情况、影响等进

行分析和评价

D. 项目后评价一般在项目的收尾过程中进行

三、多选题

1. 项目后评价的特点有(　　)。

A. 现实性　　B. 全面性

C. 反馈性　　D. 合作性

2. 项目后评价主要包括(　　)。

A. 项目目标评价　　B. 项目实施过程评价

C. 项目影响评价　　D. 项目持续性评价

3. 项目影响评价包括(　　)。

A. 经济影响　　B. 社会影响

C. 环境影响　　D. 财务影响

练习与思考

1. 列出项目终止的四种方式，并比较其特点。
2. 简述项目审计主要的工作内容？
3. 项目后评价和可行性研究的联系和区别有哪些？
4. 项目后评价的意义有哪些？

第 2 篇

项目管理应用实例

第 12 章

项目管理在房地产开发项目中的应用

主要内容

- 项目范围管理
- 项目整体管理
- 项目人力资源管理
- 项目进度管理
- 项目成本管理
- 项目采购管理
- 项目质量管理
- 项目风险管理
- 项目沟通管理
- 项目收尾

学习目标

结合房地产开发项目，理解项目范围管理、项目整体管理、项目人力资源管理、项目进度管理、项目成本管理、项目采购管理、项目质量管理、项目风险管理和项目沟通管理等项目管理知识领域所涵盖的具体内容和应达到的目标，并从项目管理九大知识领域的角度，掌握各单项项目管理在房地产开发项目中的具体应用。

本章以W房地产公司拟开发的一项A高档办公住宅两用建筑(以下简称A项目)为例，具体说明项目管理各知识领域在项目管理实际工作中的应用。目的在于使读者能够从项目管理知识领域的角度构建项目管理整体框架。

12.1 项目背景介绍

12.1.1 项目投资主体简介

A项目的投资主体W房地产公司成立于1997年，经营范围为房地产开发和销售。2000年，随着国民经济的快速发展和住房分配制度改革的深化，我国的房地产业取得了长足的发展。伴随着城市建设步伐的加快，加之历年来市民积累的住房消费需求的集中释放，为房地产市场创造了巨大的商机。与此同时，房地产开发企业之间的竞争也日趋激烈。在此背景下，W房地产公司积极参与市场竞争，先后承建了4个住宅小区、5幢高层建筑，累计完成建筑面积90万m^2。

12.1.2 项目承建方简介

W房地产公司的组织结构为职能型组结结构，设有总经理办公室、人力资源部、经营计划部、财务部、技术部、工程部、采购部、质量部、销售部等。为了确保工程的顺利完工，W房地产公司为A项目专门成立了一个项目部，具体负责A项目的建设工作。项目部作为A项目的承建方，在项目经理领导下，负责A项目从开工到竣工的全过程施工管理，项目建设完工后交付质量部验收，并由财务部结算后交销售部销售。

12.1.3 项目定位

1. 开发思路

从2003年4月份开始W房地产公司策划部及其他相关部门陆续介入项目的前期市场调研及项目定位工作。经过深入调查了解当时该市房地产市场的整体情况及项目所处区域——CBD商圈的房地产市场情况，分析研究探讨近一两年内该市房地产市场的变化及走势，并结合项目的地理位置、产品特征等对项目的定位提出了三种可能的方向：第一种，定位为新青年公寓或者酒店式公寓；第二种，定位为普通住宅；第三种，定位为办公住宅两用建筑。综合考虑当时的市场情况、项目背景、开发成本以及项目特点等，并经多次开会研究讨论，W房地产公司最终选择了第三种方案即定位为办公住宅两用建筑，也就是本案例中的A项目。

2. 目标客户群定位分析

A项目位于某市××大街×号，地处商务区核心地段——国贸商圈的外围区域，也被称为泛CBD区域。项目所处位置交通极为便利，附近有多条公交线路车站。

W房地产公司策划部门的相关人员从以下角度进行目标客户群的定位分析：

（1）目标客户群。①以商务自用兼投资为目的的中小型企业私营业主；②以长期投资获利为目的的投资者。

（2）目标客户群特征。①多数为二次置业；②年龄在30~40岁之间的时尚白领；③私营业主居多，少数外企高级职员；④业务偏重于该市东三环区域。

（3）产品特征。①可自由分割的纯商务办公空间；②时尚灵活的小户型复式建筑。

12.2 项目范围管理

项目范围管理工作包括项目启动、项目范围规划、项目范围定义、项目范围确认、项目范围控制等内容。

12.2.1 项目启动

如前所述，项目启动的首要工作是任命项目经理、组建项目团队。W房地产公司任命吴振伟为A项目的项目经理，并签发了项目许可证书。2003年12月1日，项目经理吴振伟组建了项目团队，并开始行使项目经理的职责。A项目的基本情况见表12-1。

表12-1　A项目的基本情况

项目名称：	A高档办公住宅两用建筑项目	客户名称：	W房地产公司
项目经理：	吴振伟	文件起草人：	李瑞娥
项目发起人：	W房地产公司全体股东	日　　期：	2003年12月1日

为了使A项目各相关方和项目团队成员准确地理解项目内容，明确项目目标，项目经理与团队成员一起对A项目进行了具体描述，见表12-2所示的项目说明书。

表 12-2 项目说明书

项目名称	A 高档办公住宅两用建筑项目
项目目标	3 年内完成建筑的设计、建造工程
交付物	高档办公住宅两用建筑，规划建设用地面积 15000m^2，总建筑面积 100000m^2
交付物完成准则	工程设计、建造、室内和室外装修的要求符合国家相关标准
工作描述	主体工程、配套工程、装修工程
工作规范	依据国家建设建筑工程的有关规范
所需资源估计	人力、材料、设备的需求预计
重大里程碑	开工日期为 2004 年 1 月 1 日，工程设计完成日期为 2004 年 6 月 30 日，主体工程完工日期为 2005 年 12 月 31 日；2006 年 1 月 1 日，配套工程与装修工程同时开工，其中，装修工程于 2006 年 8 月 31 日完工，配套工程于 2006 年 10 月 31 日完工。项目验收截止日期为 2006 年 12 月 31 日
项目经理审核意见：按要求保质保量完成任务	
签名：	日期：

如前所述，A 项目的项目部采用的是项目型组织结构，实行项目经理负责制，项目经理对 W 房地产公司总裁负责。项目经理根据公司组织的形式、技术力量、人力资源情况并结合工程各专业的特点，提出所需人员的数量、技术要求，与部门经理共同组建项目团队。该项目组织结构图如图 12-1 所

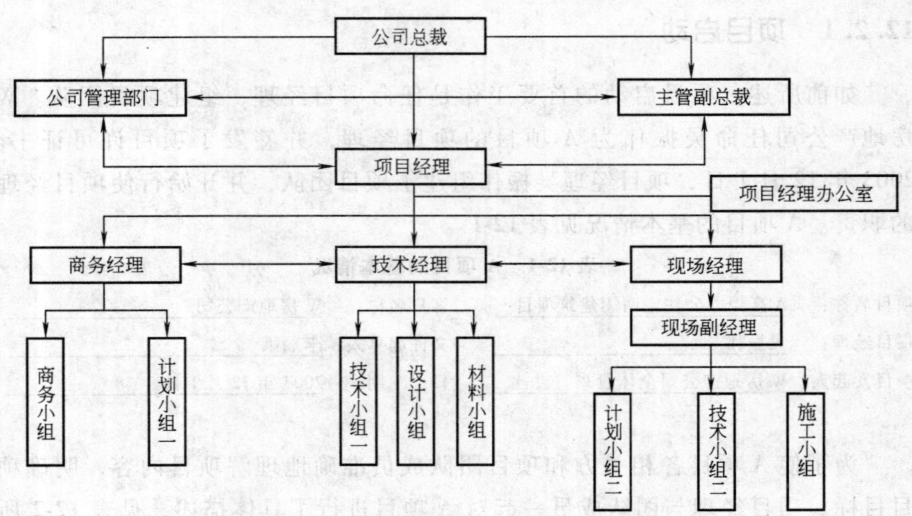

图 12-1 A 项目组织结构图

示。项目部在项目经理领导下，负责项目从开工到竣工的全过程施工生产经营的管理。采用项目型组织有以下优点：

（1）目标明确，便于统一指挥。项目部各成员受项目经理的直接领导，不像其他的组织类型容易出现多头领导的情形。

（2）项目经理拥有项目组织和资源最大支配权，利于其控制和使用。

为了便于项目管理、沟通，项目部建立了干系人名单，如表12-3所示。

表12-3 项目干系人名单

职务	姓名	电话	E-mail
项目经理	吴振伟		
项目发起人	W房地产公司全体股东		
技术经理	王大飞		
商务经理	李富达		
现场经理	刘一民		
项目小组成员	郭洪武		
项目小组成员	邓晓庆		
项目小组成员	史燕		
项目小组成员	李瑞娥		
W房地产公司总裁代表	李平		

12.2.2 项目范围规划

项目范围规划就是以项目的实施动机为基础，确立项目范围并编写项目范围说明书的过程。A项目的范围说明书如表12-4所示。

表12-4 A项目范围说明书

投资商	W房地产公司
编写日期	2003年12月
项目合理性	根据对本市房地产市场的调查，结合公司各相关职能部门的技术和经济评估，W房地产公司认为A项目开发在技术上可行，经济上合理，具备立项启动的条件
项目产品简述	① 时间：整个开发时间为3年，2004年1月正式开始，到2006年12月通过竣工验收，项目结束 ② 质量：规划设计达到国家相关标准，工程质量合格率100%，优良率达80%以上 ③ 成本：整个项目开发成本计划为约4亿元

（续）

项目可交付成果综述	A 高档办公住宅两用建筑楼。地下共 1 层为停车场，地上 18 层，1 ~ 6 层为商用写字楼，得房率 75%，可灵活分割；7 ~ 18 层为商务住宅楼，700 户，主力户型为小复式单元，得房率 85%
项目成功影响因素	① 国家宏观政策，主要是对住房宏观调控政策在项目建设期内不作大的变动，经济不会出现大的波动，物价相对稳定 ② 市政府对投资环境不作大的不利修改，本市气候条件在建设期内不出现异常大的变化，不存在不可抗力因素 ③ 项目使用资金大，需要提前合理安排和筹集 ④ 项目管理和技术人员需要加强培训和引进，使项目管理科学化、有序化

计划 3 年内完成 A 项目，项目部分析确定了该项目的主要里程碑事件，并编制了反映项目重大里程碑事件关系的里程碑计划，如图 12-2 所示。

里程碑事件	2004 年 1 月	2004 年 6 月	2005 年 12 月	2006 年 8 月	2006 年 10 月	2006 年 12 月
工程开工	▲1 月 1 日					
工程设计		6 月 30 日▲				
主体工程			12 月 31 日▲			
配套工程					10 月 31 日▲	
装修工程				8 月 31 日▲		
工程验收						12 月 31 日▲

图 12-2　A 项目里程碑计划

12.2.3　项目范围定义

A 项目涉及范围较广，工程量大，工作内容多。为了明确项目的工作范围，项目部按照工作分解结构的原理对 A 项目进行了分解，经过与业主（W 房地产公司）协商讨论，确定了 A 项目的工作范围，如图 12-3 所示[㊀]。

12.2.4　项目范围确认

项目范围确认是项目干系人最终认可和接受项目范围的过程。通过对

㊀ 按照常规，项目设计和主体施工可以有所交叉，基础设计完后，即可以进行基槽的挖土等工作；主体建筑进行的同时，底层的配套安装、装修等工作也可以同时进行。为了便于教学和分析，此案例在撰写时对实际进度等作了一定的调整。

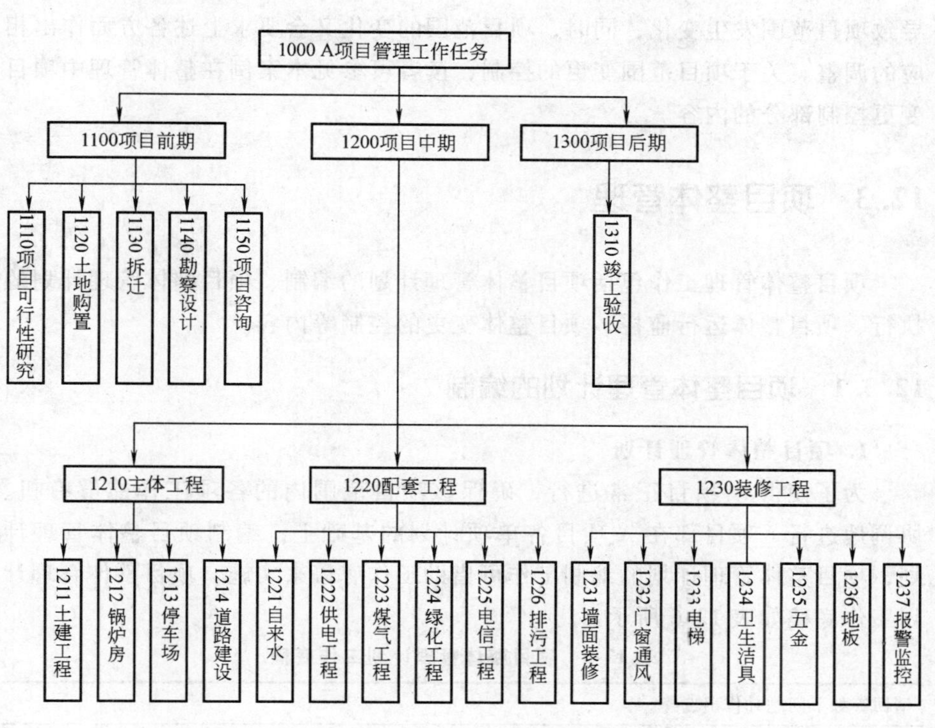

图 12-3　A 项目工作分解结构(WBS)

前面工作中项目范围及项目工作分解结构的核检，项目干系人如确认项目范围定义工作可接受，则需进行签名确认，A 项目的干系人签字确认表如表 12-5 所示。

表 12-5　项目干系人签字确认表

姓　　名	职　　务	签　　名	日　　期
吴振伟	项目经理		
王大飞	技术经理		
李富达	商务经理		
刘一民	现场经理		
李平	W 房地产公司总裁代表		

12.2.5　项目范围控制

在执行项目时，进度、成本、质量以及客户需求等各种因素的变化都会导致项目范围发生变化；同时，项目范围的变化又会要求上述各方面作出相应的调整。关于项目范围变更的控制，读者可参见本案例在整体管理中项目变更控制部分的内容。

12.3　项目整体管理

项目整体管理工作包括项目整体管理计划的编制、项目整体管理计划的执行、项目整体运行监控、项目整体变更的控制等内容。

12.3.1　项目整体管理计划的编制

1. 项目整体管理计划

为了使得 A 项目正常进行，确保该项目范围内的各项工作能够有机、协调地进行，项目部在 A 项目各单项计划的基础上，编制项目整体管理计划，项目整体管理计划的编制工作可借助工作底稿来实施。项目整体管理计划工作底稿如表 12-6 所示。

表 12-6　项目整体管理计划工作底稿

请回答如下问题并作出选择				
这是更新后的项目计划吗？如果是，更新的原因是：			□ 是	□ 否
项目的年度预算是否提供？如果是，每年度提供多少？				
预算额：18620 万元	年度：2004	资金到位了吗？	□ 是	□ 否
预算额：9350 万元	年度：2005	资金到位了吗？	□ 是	□ 否
预算额：11360 万元	年度：2006	资金到位了吗？	□ 是	□ 否

2. 项目计划文件清单

项目整体管理计划有时也可简称为整体计划。项目的整体计划同其他各单项计划一样，也有一个逐步充实、逐渐完善的过程。随着 A 项目的实施，该项目的一些不确定因素日趋明朗，各种单项计划结果逐步确定，A 项目的整体计划也会逐渐详细周密。

项目部派专人检查项目计划，项目计划应包含下列文件：

（1）项目范围说明书。描述项目可交付成果和工作范围的书面文件。

（2）工作分解结构(WBS)。WBS是以项目的可交付成果为导向而分解出的、表明项目具体工作任务的书面文件，它定义了整个项目的工作范围。

（3）组织分解结构(OBS)。OBS提供项目沟通与汇报渠道、角色与职责，以及授权等方面信息的组织机构方式。

（4）资源计划说明书。描述执行项目需要资源方面信息的书面文件。

（5）项目进度计划。提供用甘特图表示的项目进度计划，包括项目的开始日期、里程碑事件、活动之间的先后逻辑关系、活动历时、交付日期等信息。

（6）风险管理计划。描述在项目执行过程中可能出现的所有风险事件、每个风险的严重程度以及应急措施的书面文件。

（7）采购计划。描述为了完成项目任务，需要从项目组织以外获取的产品或服务的种类和数量的书面文件。

（8）质量计划。提供确保产品或服务质量的责任人、工作程序与作业指导书以及质量检验与控制的措施等书面信息。

（9）沟通计划。描述项目干系人对项目信息的需要，包括何人、在何时、以何方式需要何种信息等。

（10）项目成本管理计划。提供关于项目成本和预算的书面文件，内容包括项目的成本估算、成本预算以及成本控制。

12.3.2　项目整体管理计划的执行

项目整体管理将项目计划和项目执行视为互相渗透、不可分割的活动，项目计划的主要职能就是指导项目实施工作。当A项目整体计划以及其他的文件资料发放到项目的相关人员手中后，项目的整体计划就进入到执行阶段。项目经理这时起到了良好的表率作用，项目团队成员也深切体会到项目计划在实施阶段的重要性。

A项目工程主要包括主体工程、配套工程、装修工程三部分。在结构、装饰和机电安装中，对工程量大和技术要求高的工序，均采用了国内外成功的、先进的模板体系，混凝土的小节拍流水施工法，装饰中的干作业法及各种施工机具等，还安排结构、装饰工作同时开展，交叉施工，充分利用现场条件，穿插有序，立体作业，严格执行整体计划中规定的各项施工进度计划。

为了保证A项目顺利实施，项目部特制定以下措施：

(1) 组织保证。项目部全权代表W房地产开发公司组织、管理和实施该项目。项目部有权调动所有人员、物资、资金、机械设备，以满足施工组织的需要。项目部和各项目团队建立二级生产调度指挥系统。全面及时反馈施工进度中的各种问题，加强对工程交叉和施工干扰的指挥与协调，对影响工期的重大关键问题提前研究，制定措施，及时配置或调整人力、财力、物力、机械设备，保证工程的连续性和均衡性。

(2) 制度保证。建立健全工期保证岗位责任制，层层签订工期包保责任状。建立生产计划考核制度，编制周密、详尽的施工生产计划，以天保旬，以旬保月，每季对各项目团队生产计划的完成情况进行考核。实行工期奖惩制度，根据生产计划考核情况，对完成好的给予表彰奖励，完成差的要查找原因，制定整改措施并给予必要的经济处罚。同时普遍实行计件工资、承包工资，把员工的工资收入与计划完成情况以及质量、安全等因素挂钩，以充分发挥项目组所有员工的积极性和主动性。

(3) 技术保证。以施工设计和投标文件的施工组织设计为依据，根据现场实际情况和建设单位统一部署安排，进一步优化施工方案，及时编制实施性施工组织设计，为实现工期目标提供更加科学、合理和有序的施工组织方案。对可能影响工期的工程或工序的施工方案和方法，组织技术攻关，进行超前研究，及时提出能确保工期的有效措施。根据施工总体计划，编制分季和分月进度计划安排，并制定完成计划的各项具体措施。当因环境条件变化而影响计划完成时，运用网络技术，及时找出新的关键线路，重新确定重点工程或工序，采取有效措施，使施工进度满足计划要求，确保各主要工程项目始终处于受控状态。该项目实施的情况显示，不确定因素随时可能对施工进度造成影响。

(4) 设备物资保证。根据工程进度，调配所需机械设备，实行动态管理。配备先进的测量、试验及监测仪器和设备，调配熟练的技术操作人员，提高工作效率和质量，充分满足工程需要。抓好材料的采购、储备和供应工作。做到渠道畅通、质量优良、供应及时，以满足施工生产需要。

(5) 后勤保证。加强与当地政府和工地附近居民的联系，取得政府和群众对A项目建设的理解和支持，搞好征地拆迁工作，为施工创造一个良好的外部环境，保证施工顺利进行。搞好后勤保障工作，关心员工生活，尽量作好生活物资的供应，开展有益于员工身心健康的工地文化娱乐活动，使所有员工以饱满的热情投入到工作中去。

12.3.3　项目整体运行监控

由于项目的一次性和独特性，在项目生命期的全过程管理中有效地实施项目监控，是实现过程目标和最终目标的前提和关键。

在项目监控过程中，项目阶段性评审报告是重要内容之一。A 项目在进行过程中，项目部每月要召开一次专门例会讨论项目当前阶段进展情况，实现了对项目整体运行进行监控的目的。现以 2006 年 2 ~ 3 月的项目阶段性评审报告为例予以说明，如表 12-7 所示。

表 12-7　A 项目阶段性评审报告

项目名称：	A 项目主体工程	客户名称：	
项目经理：	吴振伟	报告起草人：	李瑞娥
项目发起人：	W 房地产公司全体股东	日期：	2006 年 3 月 3 日

评审阶段：　自 2006 年 2 月 1 日　至　2006 年 3 月 1 日
自上次评审以来的主要成就： 已完成主体工程第 5 标段的建设。
项目实施的当前状态： 正常。
上次评审提出问题解决情况： 已解决。
当前出现或预见可能出现的问题： 在第 7 标段排污管道铺设过程中，技术工人数不够，原材料可能紧缺。
解决这些问题的方案有哪些？计划采取的措施是什么？ 从其他标段抽调技术工人，率先完成排污管道铺设工程。
下次评审预计实现的里程碑有哪些？ 第 9 标段完工，场内垃圾清运，第六批贷款到位。
项目经理的意见 签名：

12.3.4　项目整体变更控制

在 A 项目整体计划的执行过程中，最关键的一部分内容就是项目的整体变更控制。在此仅以 A 项目初期的一项变更为例说明项目整体变更的控制。

在 A 项目工程开工初期，项目部意识到，原计划中地基铺设环节施工时间恰逢春天雨季，这会阻碍项目主体工程施工。为避免停工带来的风险，项目部经过权衡利弊，决定进行项目变更，将施工工程开始时间由 2004 年 7 月 31 日改为 2004 年 6 月 30 日。故工程设计截止时间亦随之提前一个月，即由 2004 年 7 月 31 日改为 2004 年 6 月 30 日。而主体工程将于 2005 年 12 月 31 日完工，相比原来提前了一个月，2005 年冬季节省出的时间正好赶在北方天气最寒冷的冬歇期，项目施工困难，工作效率偏低，在这段时间，项目部可以借此协调人力、资源、资金，为其后的工程作好准备。同时工程设计时间压缩所带来的成本增加额在项目预算范围之内，可由意外开支准备金补充。在 A 项目整体计划的执行过程中，该项变更管理流程如下：

（1）变更申请。变更申请表如表 12-8 所示。

表 12-8　A 项目变更申请表

<table>
<tr><td colspan="2">基准计划要求：
工程设计完工时间为 2004 年 7 月 31 日，施工工程开始时间为 2004 年 7 月 31 日。</td></tr>
<tr><td colspan="2">变更描述：
工程设计要提前一个月完成，主体建造工程可于 2005 年初适当延后 1 个月。</td></tr>
<tr><td colspan="2">变更理由：
在施工过程中，由于地基铺设环节恰逢雨季，为避免停工带来的风险，故将施工工程开始时间由 2004 年 7 月 31 日改为 2004 年 6 月 30 日，工程设计完工时间亦随之提前一个月。</td></tr>
<tr><td>变更申请人（单位/职务）：王大飞（技术经理）</td><td>签名：</td></tr>
</table>

（2）变更引起的修订活动。项目变更后，A 项目进程修改如表 12-9 所示（带星号项目为已修改部分）。

表 12-9　项目变更修订表

WBS	进　　度	成　本	质　量
工程开工	2004 年 1 月 1 日	无	不变
* 工程设计	2004 年 1 月 1 日至 2004 年 7 月 31 日改为 2004 年 1 月 1 日至 2004 年 6 月 30 日	增加 70 万元	不变
* 主体工程	2004 年 7 月 31 日至 2006 年 1 月 31 日改为 2004 年 6 月 30 日至 2005 年 12 月 31 日	不变	不变
配套工程	2005 年 12 月 31 日至 2006 年 10 月 31 日	不变	不变
装修工程	2005 年 12 月 31 日至 2006 年 8 月 31 日	不变	不变
工程验收	2006 年 10 月 31 日至 2006 年 12 月 31 日	不变	不变

（3）变更影响评价。对 A 项目变更后的影响评价如表 12-10 所示。

表 12-10　项目变更影响评价表

对进度产生的影响： 对工程整体进度无影响。2005 年冬季节省出的一个月可用于协调人力、物资，为后期工程作准备
对预算产生的影响： 工程设计阶段成本增加 70 万元，总成本同时增加 70 万元
对产品质量产生的影响： 无
对应用技术产生的影响： 无
对项目范围产生的影响： 无
对合同产生的影响： 工程设计及主体施工进度合同需修改，整体成本合同需修改
对客户关系产生的影响： 无
对其他方面产生的影响： 无

（4）相关干系人确认。项目干系人确认是项目干系人最终认可和接受该项目变更的过程。通过对前面项目变更申请、项目修订活动及变更影响评价的核检，项目变更控制委员会、客户及相关人员如确认该次项目变更可接受，则签名确认。A 项目的相关干系人签字确认表如表 12-11、表 12-12、表 12-13所示。

表 12-11　项目变更控制委员会（CCB）意见表

	批准	CCB 主席签字：
	否决	

表 12-12　客户意见表

	批准	签署意见并签字：
	搁置	
	否决	

表 12-13　相关人员签名确认表

姓　　名	职　　务	签　　名	日　　期
吴振伟	项目经理		
王大飞	技术经理		
李富达	商务经理		
刘一民	现场经理		
李平	总裁代表		

12.4　项目人力资源管理

项目人力资源管理包括人力资源规划、项目团队组建、项目团队建设和项目团队管理 4 个方面的内容。

12.4.1　人力资源规划

该项目的人力资源规划包括两项工作：①项目的机构岗位设置；②岗位说明书编制。

根据项目的特征和工作范围，项目机构设置中各个岗位的主要职责及获取方式如表 12-14 所示。

表12-14　岗位责任表

序号	岗位名称	岗位人数	主要职责	人员获取方式
1	项目经理	1	负责全面项目工作。保证项目在规定预算和工期内完成，并保证所有重大里程碑事件都能按期完成，同时项目要符合规定的质量规范和标准。项目经理必须与公司的职能部门经理们密切合作，保证所有指派的资源得到有效利用，所有项目人员得到合理安排。向公司副总裁汇报项目进展情况，组织编写项目计划和报告。与项目其他干系人进行协调	内部任命
2	商务经理	1	负责项目的商务、计划、后勤保障等工作。主持编制项目成本估算、成本预算、项目结算文件；参与分包合同的招标与合同签订；参与项目的合同管理工作；主持编制项目进度计划（整体计划/年度计划/月度计划）；参与项目的后勤保障工作	内部任命
3	商务工程师	3~4	负责编制项目成本估算、成本预算、项目结算文件；参与分包合同的招标与合同签订；定期盘点，协助作好内部成本核算；有效控制成本费用的开支，作好成本分析；建立、健全各类成本费用台账；合同管理	内部调配
4	计划工程师	2~3	参与编制项目进度计划（整体计划/年度计划/月度计划）；审核分包单位的各类进度计划（总体计划/年度建议计划/年度调整计划/季度计划等）；材料采购计划；对项目计划的执行情况进行跟踪和对比，提出计划调整的建议等	外部招聘
5	技术经理	1	负责项目的技术、质量、材料采购等工作。组织编写项目质量管理计划、组织审核项目施工组织设计及重要施工方案、技术措施；组织图样内部会审、施工组织设计交底及重点技术措施交底；保证与设计单位、施工建设单位及监理之间密切联系与协调工作，确保设计工作能满足项目施工的要求；主持编制项目的材料采购计划；参与项目关键设备的招标/采购工作	外部招聘
6	技术工程师	2~3	参与编写项目质量管理计划；配合技术经理组织审核项目施工组织设计及重要施工方案、技术措施；配合技术经理组织图样内部会审、施工组织设计交底及重点技术措施交底；保持与设计工程师、施工建设部门及监理之间密切联系与协调工作	外部招聘
7	设计工程师	2~3	进行主体工程设计，提供可行的设计方案，确保设计工作能满足项目施工的要求；组织现场技术工程师与施工工程师进行会审，准确传达其设计意图及注意事项	外部招聘
8	材料工程师	3	对项目的材料采购管理负责，包括编制项目的材料采购计划；对材料采购的成本控制、进度控制、质量控制进行监督和管理；参与项目关键材料采购的全过程工作；积累大型工程承包项目材料采购和管理的经验	内部调配

（续）

序号	岗位名称	岗位人数	主要职责	人员获取方式
9	现场经理	1	组织编制项目进度计划（整体计划/年度计划/月度计划）；组织审核施工的进度计划和用款计划；材料采购计划；参与审核项目施工组织设计及重要施工方案、技术措施；与现场的分包代表进行沟通与协调	内部调配
10	现场副经理	2	参与编制项目进度计划（整体计划/年度计划/月度计划）；参与审核施工的进度计划和用款计划；对项目施工进度计划的执行情况进行跟踪和对比。与现场的业务代表、分包代表进行沟通和协调。组织项目各个阶段的验收和竣工验收工作	外部招聘
11	现场计划工程师	3～4	审核项目进度计划；参与审核材料采购计划；对项目施工进度计划的执行情况进行跟踪和对比	外部招聘
12	现场技术工程师	2	参与编写项目质量管理计划；参与审核项目施工组织设计及重要施工方案、技术措施；参与施工图会审、施工组织设计交底及重点技术措施交底；保持与现场设计部门、施工建设部门及监理人员之间密切联系与协调工作，确保设计工作能满足项目施工的要求	外部招聘
13	现场施工工程师	2	按照施工组织设计的总体要求对项目进行施工管理，严格遵守施工验收规范及有关标准；按照有关规定对现场进行安全文明施工管理；负责施工过程质量控制管理、检验和试验管理；负责对工程质量及安全事故进行调查，并向现场副经理及技术经理提交调查结果和分析，根据处理方案监督责任单位的整改工作；参与审核施工计划；负责施工技术保证资料的汇总及管理	外部招聘

现以材料工程师岗位为例描述岗位说明书应包含的具体内容，如表12-15所示。

表12-15　岗位说明书

岗位名称	材料工程师	所属部门	技术部
总体职责	对项目的材料采购管理负责，包括：①认真贯彻执行公司对材料采购与管理的组织政策和公司领导的相关决定、指示；②运用材料采购合同解决和处理项目所需材料采购的有关事宜；③对材料采购的投资控制、进度控制、质量控制进行监督和管理；④加强材料采购合同的管理，严格审查、控制材料各种款项的支付；⑤积累大型工程承包项目材料采购和管理的经验		

（续）

具体职责	① 制定和完善项目材料采购与管理办法 ② 运用材料采购合同解决和处理项目材料采购的有关事宜 ③ 考察了解国内外主要材料的供应商情况，掌握第一手资料 ④ 搜集技术规程、规范、资料、材料目录及样本等资料 ⑤ 对项目所需材料的投资总额进行监督和管理，编写主要材料的价格清单，计算材料订购各个环节中的费用 ⑥ 加强订货合同的管理，严格审查、控制材料各种款项的支付 ⑦ 参加有关材料订货招议标、评标会 ⑧ 建立材料采购台账，将材料订购的信息及时反映在台账中 ⑨ 对项目材料采购工作进行全面跟踪、监督、管理，并定期写出工作报告
任职要求	① 大学本科以上学历 ② 具有一定的外语水平，通过公司组织的英语水平考试 ③ 有房地产开发方面的技术背景 ④ 具有承担大中型工程承包项目的实践经验 ⑤ 具有较强的组织协调能力 ⑥ 具有良好的口头和书面表达能力

12.4.2　项目团队组建

为了组建有效的团队，首先要分析和确定项目团队成员的职责和能力要求，然后根据这些职责和能力要求确定如何配备或者获取项目团队成员。下面以项目经理为例，说明其能力、职责要求和配备方式。

项目经理是整个项目的负责人，其在项目中的重要性不言而喻。如果项目经理不认真履行职责，项目很可能失败。

（1）职责。项目经理是项目的总负责人，主要任务是计划、指导和整合项目团队成员的工作，努力达到项目目标。项目经理对项目计划、组织实施负全责，对项目目标的实现负终极责任。他在项目各个领域上拥有广泛的权威，通过指导项目、管理项目、协调项目、发现和解决项目中的问题和冲突、及时向公司总裁直接汇报项目进展情况。

（2）能力要求。项目经理应具备以下能力：领导能力，即对项目任务能够保持充分的自信，坚持目标导向，能够有效激励员工并作出决策；业务管理能力，即了解公司销售、生产、成本、供应等业务知识；沟通能力，即被项目干系人广泛的认可。

(3) 人员配备和获取。通常项目经理的获取比较困难，一般来说应立足于组织内寻找，A项目的项目经理就来自于组织内部，即原来他是W房地产公司的员工。

12.4.3　项目团队建设

为了提高项目团队的个人能力和工作绩效，使A项目按时保质完成，项目部制定了对项目团队成员进行绩效考核和奖励的具体办法，如下所示。

A项目绩效考核与奖励办法

为了充分地调动项目成员的积极性，有效地实施A项目，本着公平、公正、公开的原则，制定本项目的考核和奖励办法。

一、目的

建立绩效与奖励之间的关系，保障项目成功实施。

二、适用人员

本项目成员，不包括项目经理。

三、内容

凡是参加本项目的项目人员，以在项目执行期间绩效考核的结果作为该项目人员年度绩效考核的一部分。

凡是参加过A项目并且最终绩效考核结果为优秀级的项目成员，在岗位选择和晋升任用中，综合技能评分可以增加10%的浮动，优良级的项目成员增加5%的浮动。

按照项目的需要和项目成员的需求，组织必要的培训，项目成员如果通过了项目期间所有的培训，等同于该项目成员完成了M公司规定的年度培训要求。

每个项目阶段评选绩效考核得分第一名的项目成员，将获得2000元的奖励，第二、三名的项目成员获得1200元的奖励，第四、五、六名项目成员获得500元的奖励。

整个项目期间，设立1名最佳合作奖，获此殊荣者将增加带薪休假1周。

四、评分标准

各项目成员分别给自己和其他项目成员打分并得出算术平均值，项目经理给所有项目成员打分，两者各占50%的权重，计算每个项目成员的绩效考核成绩。

(1) 项目阶段评分标准(见表12-16)。

表 12-16　项目阶段评分表

项目	评分标准					权重	得分	分数
	10 分	8 分	6 分	3 分	0 分			
出勤情况	准时上下班和出席各种会议和培训	不准时上下班和各种会议不超过 2 次	不准时上下班和各种会议不超过 5 次	不准时上下班和各种会议不超过 8 次	不准时上下班和各种会议超过 8 次	1		
培训成绩	培训成绩优秀	培训成绩良好	培训成绩中等	培训成绩合格	培训成绩不合格	1		
时间进度	质量达标、按时完成工作	质量达标，进度拖延不超过 1 天	质量达标，进度拖延不超过 3 天	质量达标，进度拖延不超过 5 天	质量达标，进度拖延超过 5 天	3		
加班时间	无非返工加班时间	非返工加班时间不超过 8h	非返工加班时间不超过 24h	非返工加班时间不超过 40h	非返工加班时间超过 40h	1		
返工时间	无返工时间	返工时间不超过 8h	返工时间不超过 24h	返工时间不超过 40h	返工时间超过 40h	2		
过程文件	项目文件准时率 100%	项目文件准时率 98%	项目文件准时率 95%	项目文件准时率 90%	项目文件准时率不足 90%	3		
总分：								
得分 100～90 为优秀；89～75 为良好；74～60 为中等；59～45 为合格；44 以下为不合格								

(2) 项目期间评分标准。以各阶段绩效评分结果的算术平均值作为评分标准。

五、最佳合作奖评比办法

凡是按质按时完成自己任务，并能够主动帮助和配合其他项目成员完成项目任务的项目成员有资格参加评比。具体办法为由项目成员提名，包括项目经理在内的所有项目成员对被提名人无记名投票，得票最高者当选。

12.4.4 项目团队管理

对于许多项目经理而言，项目团队管理恐怕是他们所面临的最头疼的问题之一，而团队管理恰恰又是项目管理过程中最重要的部分之一。因为，成功的团队管理不一定能保证项目的成功，但失败的团队管理必然导致项目的失败。在一个项目团队中，有各种不同的人员，他们来自不同的背景，有着不同的特长，也有着不同的性格特征。如何充分发挥每一位团队成员的积极性和特长，并保证这些积极性和特长的发挥能够与项目目标保持一致，是每位项目经理在团队管理中所必须处理好的问题。

在团队管理中遇到的一个突出问题就是团队冲突，解决团队冲突的一个重要方法就是建立团队成员彼此之间的信任。此时，团队首领即项目经理，被再次赋予了更多的职责。在本项目中，项目经理是靠与项目成员面对面的接触来建立信任的，它的作用是无可替代的。项目团队每隔 2 个月都会选一个地方，大家聚一两天，或去聚餐，或去户外运动。而项目经理与 W 公司的总裁每季度至少要碰面 1 次，每周召开电话会议，并保持频繁的电话和邮件联系。这些做法都很好地缓解了团队冲突的发生。

12.5 项目进度管理

项目进度管理的工作主要包括项目活动定义、项目活动排序、项目活动资源估算、项目活动时间估算、项目进度规划和项目进度控制等内容。

如前所述，A 房地产开发项目开工日期为 2004 年 1 月 1 日，工程设计完成日期为 2004 年 6 月 30 日，主体工程完工日期为 2005 年 12 月 31 日。2006 年 1 月 1 日，配套工程与装修工程同时开工，其中，装修工程于 2006 年 8 月 31 日完工，配套工程于 2006 年 10 月 31 日完工。项目验收截止日期为 2006 年 12 月 31 日。

（1）项目活动定义。项目部根据项目工作分解结构（WBS）和各种约束条件，进行了项目的活动定义。

（2）项目活动排序。以 WBS 为基础，经过讨论分析，总结出项目工作先后关系，如表 12-17 所示。

表 12-17 项目工作先后关系表

工作名称			紧前工作
1100 项目前期	1110 项目可行性研究		
	1120 土地购置		1110
	1130 拆迁		1120
	1140 勘察设计		1130
	1150 项目咨询		1140

（续）

工作名称			紧前工作
1200 项目中期	1210 主体工程	1211 土建工程	1150
		1212 锅炉房	1211
		1213 停车场	1211
		1214 道路建设	1211
	1220 配套工程	1221 自来水	1214
		1222 供电工程	1214
		1223 煤气工程	1214
		1224 绿化工程	1214
		1225 电信工程	1214
		1226 排污工程	1214
	1230 装修工程	1231 墙面装修	1214
		1232 门窗通风	1214
		1233 电梯	1214
		1234 卫生洁具	1214
		1235 五金	1214
		1236 地板	1214
		1237 报警监控	1214
1300 项目后期	1310 竣工验收		1224

（3）项目活动资源估算。项目活动资源估算是对项目执行过程中的项目工作所需要的资源类型（人力、物料等）及数量所进行的估计，它和项目进度计划密切相关。项目部在作项目的资源计划说明书时，应根据项目特点以及项目进度计划着重进行项目的人力资源计划和物料需求计划。本项目的人力资源需求计划如表 12-18 所示。

表 12-18　人力资源需求计划表

项目前期（2004 年 1～6 月）		项目中期（2004 年 7 月～2006 年 10 月）		项目后期（2006 年 11～12 月）	
工作人员	人数	工作人员	人数	工作人员	人数
项目经理	1	项目经理	1	项目经理	1
商务经理	1	商务经理	1	商务经理	1
商务工程师	3	商务工程师	3	商务工程师	3

（续）

项目前期（2004年1~6月）		项目中期（2004年7月~2006年10月）		项目后期（2006年11~12月）	
工作人员	人数	工作人员	人数	工作人员	人数
计划工程师	3	计划工程师	3	计划工程师	2
技术经理	1	技术经理	1	技术经理	1
技术工程师	3	技术工程师	3	技术工程师	2
设计工程师	2	设计工程师	2	设计工程师	2
材料工程师	3	材料工程师	3	材料工程师	2
现场经理	1	现场经理	1	现场经理	1
现场副经理	0	现场副经理	2	现场副经理	1
现场计划工程师	0	现场计划工程师	3	现场计划工程师	0
现场技术工程师	0	现场技术工程师	2	现场技术工程师	2
现场施工工程师	0	现场施工工程师	2	现场施工工程师	0
施工工人	20①	施工工人	1500②	施工工人	20
合计	38	合计	1527	合计	38

① 前期现场场地管理，预购材料看护、卫生打扫、勘探配合等零星工作。

② 施工过程中峰值人数，含土建、安装、领工等。

本项目的物料需求计划如表12-19所示。

表12-19　物料需求计划表

序号	名　　称	单位	数　　量	金额
1	水泥	t	25000	
2	沙	m^3	120000	
3	钢筋	t	10000	
4	砖	m^3	6000	
5	油漆涂料	t	60	
6	门窗	套	窗5000，门4500	
7	卫生洁具	套	2500(住宅按700户计算,办公按300户计算)	
8	木材	m^3	4000	
9	五金	件	27000(主要考虑门上的五金使用,包括门吸、拉手、合页等)	
10	电梯	部	14部(电梯数量跟楼梯设计有关,可以参照3万m^2/4部考虑,由于有写字楼部分,需多增加2部)	
11	地板	m^2	79000因为属于精装修，地板面积可以考虑按照（写字楼面积×0.75+住宅面积×0.85）×1.05	
12	报警监控系统	套	300(考虑每层20个监控点,周边和其他公共区域40个监控点)	

（4）项目活动时间估算。该项目的活动时间估算如表 12-20 所示。

表 12-20 项目活动时间估算表

工作名称			工期/天
1100 项目前期	1110 项目可行性研究		15
	1120 土地购置		45
	1130 拆迁		30
	1140 勘察设计		60
	1150 项目咨询		30
1200 项目中期	1210 主体工程	1211 土建工程	360
		1212 锅炉房	120
		1213 停车场	180
		1214 道路建设	180
	1220 配套工程	1221 自来水	180
		1222 供电工程	180
		1223 煤气工程	180
		1224 绿化工程	300
		1225 电信工程	120
		1226 排污工程	150
	1230 装修工程	1231 墙面装修	240
		1232 门窗通风	120
		1233 电梯	150
		1234 卫生洁具	90
		1235 五金	90
		1236 地板	120
		1237 报警监控	90
1300 项目后期	1310 竣工验收		60

（5）项目进度规划。在前述工作的基础上，编制了以甘特图和网络计划图表示的项目进度计划，如图 12-4、图 12-5（见全文后插页）所示。甘特图表示工作的开始和结束时间，具有直观易懂的优点，在进行资源优化配置时发挥了很大作用。网络计划图反映了项目工作的逻辑关系，工作时间参数以及其他进度信息，它使得项目计划始终处于项目管理人员的控制的状态。

由网络计划图可得出该项目的关键路径是：①项目可行性研究、土地购置、拆迁、勘察设计、项目咨询、土建工程、停车场、绿化工程和竣工验收等活动；②项目可行性研究、土地购置、拆迁、勘察设计、项目咨询、土建工程、道路建设、绿化工程和竣工验收等活动。关键路径是项目经理重点应该控制的活动，因为一旦关键路径上的活动延迟，将导致项目进度延误。

编号	任务名称	开始时间	完成
1	1100项目前期	2004-1-1	2004-6-30
2	1110项目可行性研究	2004-1-1	2004-1-15
3	1120土地购置	2004-1-15	2004-3-1
4	1130拆迁	2004-3-1	2004-4-1
5	1140勘察设计	2004-4-1	2004-6-1
6	1150项目咨询	2004-6-1	2004-6-30
7	1200项目中期	2004-6-30	2006-10-31
8	1210主体工程	2004-6-30	2005-12-31
9	1211土建工程	2004-6-30	2005-6-30
10	1212锅炉房	2005-6-30	2005-10-31
11	1213停车场	2005-6-30	2005-12-31
12	1214道路建设	2005-6-30	2005-12-31
13	1220配套工程	2006-1-1	2006-10-31
14	1221自来水	2006-1-1	2006-6-30
15	1222供电工程	2006-1-1	2006-6-30
16	1223煤气工程	2006-1-1	2006-6-30
17	1224绿化工程	2006-1-1	2006-10-31
18	1225电信工程	2006-1-1	2006-4-30
19	1226排污工程	2006-1-1	2006-5-31
20	1230装修工程	2006-1-1	2006-8-31
21	1231墙面装修	2006-1-1	2006-8-31
22	1232门窗通风	2006-1-1	2006-4-30
23	1233电梯	2006-1-1	2006-5-31
24	1234卫生洁具	2006-1-1	2006-3-31
25	1235五金	2006-1-1	2006-3-31
26	1236地板	2006-1-1	2006-4-30
27	1237报警监控	2006-1-1	2006-3-31
28	1300项目后期	2006-10-31	2006-12-31
29	1310竣工验收	2006-10-31	2006-12-31

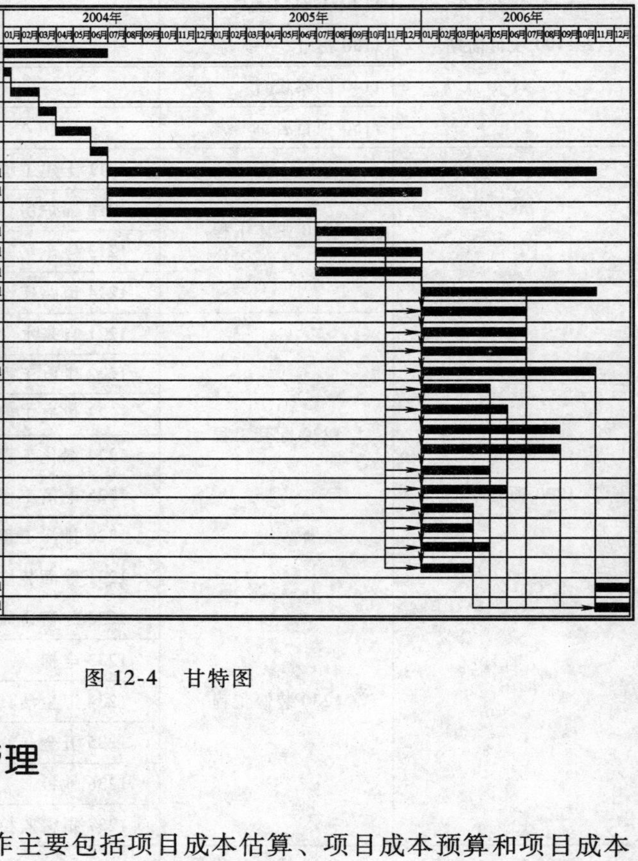

图 12-4　甘特图

12.6　项目成本管理

项目成本管理的工作主要包括项目成本估算、项目成本预算和项目成本控制等内容。

项目部在对以往房地产项目建设的经验进行总结的基础上，对 A 项目特点进行了成本确认，辨识 A 项目的成本主要有 7 项：土地成本、前期工程费、主体工程费、配套工程费、装修工程费、管理费用、竣工验收费，费用预算合计为 3.93 亿元，并预留意外开支准备金 500 万元。

12.6.1　项目成本估算

项目部参照已开发的相当规模、相当品质装修的办公住宅两用建筑成本状况，及市场现行价格水平，对 A 项目进行成本估算，具体结果如表 12-21 所示。

表 12-21 成本估算表

序 号	成 本 项 目	金额/万元
1	土地成本	10800
2	前期工程费	500
3	主体工程费	15950
4	配套工程费	2160
5	装修工程费	8700
6	管理费用	1000
7	竣工验收费	200
8	合计	39310

12.6.2 项目成本预算

项目部根据成本估算的结果结合资源配置情况，对 A 项目进行成本预算，得出 A 项目的成本预算如表 12-22 所示。在此，本文仅以项目后期，即竣工验收部分人力资源费用的计算为例，说明成本预算表的计算方法，如表 12-23 所示。

表 12-22 成本预算表 （单位:万元）

成本项目	成 本 细 分	人力费用	设备/材料	其他费用（含外包费用）	总成本
土地成本	1120 购置成本		10000		10000
	1130 拆迁费用	621	93	86	800
	合计	621	10093	86	10800
前期工程费	1110 可行性研究费			70	70
	1140 勘察设计费			400	400
	1150 咨询费			50	50
	合计			520	520
主体工程费	1211 土建成本	2340	10430	1230	14000
	1212 锅炉房	98	498	104	700
	1213 停车场	287	643	70	1000
	1214 道路建设			250	250
	合计	2725	11571	1654	15950

（续）

成本项目	成 本 细 分	人力费用	设备/材料	其他费用（含外包费用）	总成本
配套工程费	1221 自来水			300	300
	1222 供电工程			1170	1170
	1223 煤气工程			325	325
	1224 绿化工程			120	120
	1225 电信工程			120	120
	1226 排污工程			125	125
	合计			2160	2160
装修工程费	1231 墙面装修成本	520	2860	320	3700
	1232 门窗及通风工程	142	2130	228	2500
	1233 电梯			400	400
	1234 卫生洁具	24	654	72	750
	1235 五金	37	502	61	600
	1236 地板	24	486	40	550
	1237 报警监控系统			200	200
	合计	747	6632	1321	8700
管理费用				1000	1000
竣工验收费		26		174	200
合　计		4119	28296	6915	39330

表 12-23　人力资源费用预算表

项目后期（2006 年 11 ~ 12 月）				
工作人员	人　数	日工资/元	工作天数	费用/元
项目经理	1	500	42	21000
商务经理	1	300	42	12600
商务工程师	3	200	42	25200
计划工程师	2	200	42	16800
技术经理	1	300	42	12600
技术工程师	2	200	42	16800
设计工程师	2	200	42	16800
材料工程师	2	200	42	16800
现场经理	1	300	42	12600
现场副经理	1	200	42	8400

（续）

项目后期（2006年11～12月）				
工作人员	人　数	日工资/元	工作天数	费用/元
现场计划工程师	0			
现场技术工程师	2	200	42	16800
现场施工工程师	0			
施工工人	20	100	42	84000
合计	38	2900	504	260400

12.6.3　项目成本控制

项目部为了有效地进行房地产项目成本控制，还划分了如下责任中心：项目经理办公室、设计中心（设计小组）、工程技术中心（计划小组一、二；技术小组一、二；施工小组）、材料中心（材料小组）、商务中心（商务小组），由这些责任中心依据分工不同负责各自责任范围内的成本控制。同时，为了确保成本管理工作的顺利进行，项目部将成本控制的责任进行分解，具体结果如表12-24所示。

表12-24　成本责任分解表

成本项目及金额	成本细分	金额/万元	责任归属
土地成本（10800万元）	1120购置成本	10000	项目经理办公室
	1130拆迁费用	800	项目经理办公室
前期工程费（520万元）	1110可行性研究费	70	项目经理办公室、设计中心
	1140勘察设计费	400	设计中心
	1150咨询费	50	设计中心
主体工程费（15950万元）	1211土建成本	14000	工程技术中心、材料中心、设计中心
	1212锅炉房	700	工程技术中心、材料中心
	1213停车场	1000	工程技术中心、材料中心
	1214道路建设	250	工程技术中心、材料中心
配套工程费（2160万元）	1221自来水	300	商务中心
	1222供电工程	1170	商务中心
	1223煤气工程	325	商务中心
	1224绿化工程	120	商务中心
	1225电信工程	120	商务中心
	1226排污工程	125	商务中心

（续）

成本项目及金额	成本细分	金额/万元	责任归属
装修工程费（8700万元）	1231 墙面装修成本	3700	工程技术中心、材料中心、设计中心
	1232 门窗及通风工程	2500	工程技术中心、材料中心、设计中心
	1233 电梯	400	商务中心
	1234 卫生洁具	750	工程技术中心、材料中心
	1235 五金	600	工程技术中心、材料中心
	1236 地板	550	工程技术中心、材料中心
	1237 报警监控系统	200	工程技术中心、材料中心
管理费用		1000	项目经理办公室
竣工验收费		200	项目经理办公室
合计		39330	

项目部为了确保对A项目的成本监控，以及对项目预算的修正，每季度由项目经理主持，定期召开一次成本例会，研究成本管理计划执行情况、成本预算修正情况及资金收付情况。成本例会记录如表12-25所示。

表12-25　成本例会记录表

时间：2006年4月3日

地点：项目经理办公室

主持人：吴振伟

到会人员：吴振伟、郭洪武、邓晓庆、史燕

项目	内容	增减金额/万元	备注
成本上涨项目	木地板	50	外装破坏导致
	卫生洁具	100	市场价格上涨
	户式中央空调	150	成本预算漏项
成本下降项目	报警监控系统	20	有效招标
	五金	55	市场价格下调
	电梯	100	有效招标
成本计划调整		−125	负数表示需减少的数额或超支的数额
关于工程资金			工程施工高峰期，资金需求量约2000万元

通过每季度一次的成本例会，开发公司可以较为清晰地掌握项目实际成本相对计划成本的变动情况。从表12-25可以看出，由于成本预算漏项、施

工组织混乱、卫生洁具市场价格上涨等原因导致本季项目建设的成本上升300万元，而同时通过有效的招标、五金市场价格下降，降低项目成本175万元，总体项目成本比计划成本增加了125万元。

项目部在A项目完成后，核算实际成本的发生情况，并与原预算情况相比较分析，如表12-26所示。

表12-26 成本差异分析表 (单位:万元)

成本项目	成本细分	预计成本	实际成本	成本差异
土地成本	1120 购置成本	10000	10000	
	1130 拆迁费用	800	650	-150
	合计	10800	10650	-150
前期工程费	1110 可行性研究费	70	56	-14
	1140 勘察设计费	400	380	-20
	1150 咨询费	50	50	
	合计	520	486	-34
1210 主体工程	1211 土建成本	14000	13470	-530
	1212 锅炉房	700	684	-16
	1213 停车场	1000	983	-17
	1214 道路建设	250	257	7
	合计	15950	15394	-556
1220 配套工程	1221 自来水	300	300	
	1222 供电工程	1170	1500	330
	1223 煤气工程	325	500	175
	1224 绿化工程	120	120	
	1225 电信工程	120	200	80
	1226 排污工程	125	125	
	合计	2160	2745	585
1230 装修工程	1231 墙面装修成本	3700	4200	500
	1232 门窗及通风工程	2500	2680	180
	1233 电梯	400	300	-100
	1234 卫生洁具	750	850	100
	1235 五金	600	545	-55
	1236 地板	550	600	50
	1237 报警监控系统	200	180	-20
	合计	8700	9355	655

（续）

成本项目	成本细分	预计成本	实际成本	成本差异
管理费用		1000	980	-20
1310 竣工验收费		200	200	0
合计		39330	39810	480

结合A项目成本的责任归属，项目部从以下四个方面逐项分析差异的形成原因，并对各责任中心进行考核。

（1）人为因素造成的不利差异。这部分差异的出现通常是由于相关责任中心没有很好地尽到自己的责任，或是在工作中出现了不应有的失误，需要追究相关责任中心的责任。

1）墙面装修成本超支500万元，是由于施工过程中管理不善，造成返工现象导致的。由于工程技术中心的责任是依据设计图纸组织施工，故这部分的成本超支应追究工程技术中心的责任。

2）门窗及通风工程超支180万元，经追查是由于工程技术中心在进行成本预算时漏算了户式中央空调的成本，因此这部分成本超支的出现应追究财务中心的责任。

3）地板的实际成本比预计成本超支了50万元，这是因材料中心在保管材料的过程中管理不善，使木地板发生部分损坏导致的，故应当追究材料中心的责任。

（2）非人为因素造成的不利差异。这部分差异的发生是往往是不可控制的，因此不应追究任何责任中心的责任。这些差异产生的费用包括：

1）在基础设施的建设中，道路建设费用由于设备租用费用上涨，造成7万元的超支。

2）供电工程、煤气工程、电信工程的实际成本相对预计成本都有大幅度的超支发生，这都是由于这些特殊行业的垄断所导致的。

3）卫生洁具的实际成本比预计成本超支100万元，这是由卫生洁具的市场价格上涨所导致的。

（3）人为因素造成的有利差异。由于某些责任中心在完成自己责任范围内的工作时采取了很好的成本控制措施，使实际支出的成本并没有预计的那么多，带来成本的节约，应对这些责任中心进行奖励。

1）拆迁费用实际成本比预计减少了150万元。这是由于项目经理办公室积极与拆迁户进行协商，减少了拆迁补偿费的支付金额，因此应对项目经理办公室进行奖励。

2）项目的可行性研究费用实际比预计节约了 14 万元。这是由于项目经理办公室在进行可行性研究阶段进行了很好的成本控制，减少了很多不必要的开支，故应该对项目经理办公室进行奖励。

3）实际的勘查设计费比预计节约了 20 万元。这是由于设计中心进行了合理有效的招标，节约了成本，应该对设计中心进行奖励。

4）停车场的成本，实际比预计降低了 17 万元。这是由于在项目实施中，工程技术中心对工人的工作进行合理有效的组织，缩短了工期，应对商务中心进行奖励。

5）项目建设中实际发生的土建成本比预计节约 530 万元。这主要是工程技术部在组织施工的过程中合理分配人力资源，大大节约了人工成本，因此应对工程技术中心实施奖励。

6）电梯以及报警监控系统的实际成本都比预计有所节约。这是由于商务中心对销售商进行了合理有效的招标，因此对商务中心应该实施奖励。

7）实际发生的管理费用比预计节约了 20 万元。这是由于项目经理办公室在进行日常行政管理时很好地进行了成本的控制，减少了不必要的开支，因此应该对项目经理办公室实施奖励。

（4）非人为因素造成的有利差异。在项目实施的过程中，有时候虽然会出现一些节约成本的有利差异出现，但是由于这种差异是由于外界因素带来的，而并非某个责任中心进行了有效的成本控制，故这种差异发生时不应奖励任何责任部门。

在 A 项目中，锅炉房的费用以及五金费用实际比计划都有所节约，但这些都是由于相关价格降低而带来的好处，与任何责任中心的工作无关，不应实施奖励。

12.7　项目采购管理

项目采购管理是指为达到项目的目标而从项目组织的外部获取物料、工程和服务所进行的管理活动。项目采购管理的主要内容包括：项目采购规划、招标与询价、供应商确定、合同管理和合同收尾几个方面。在此 A 项目中，我们以采购电梯为例对采购管理进行描述。

12.7.1　项目采购规划

以 A 项目中采购电梯为例，电梯采购规划的基本信息如表 12-27 所示。

表 12-27　电梯采购信息表

采购设备	电　梯	知 名 品 牌
采购时点	2005 年 12 月 15 日	装修工程开始进行
采购方式	招标、外购	本项目部没有自行研制的能力
采购数量	14 部	依据资源需求计划
采购价格	400 万元（预计）	

12.7.2　招标与询价

项目采购部已于 2005 年 12 月 15 日按照《中华人民共和国招标投标法》在国家官方网站和出版物上刊登了招标公告，如表 12-28 所示。

表 12-28　W 房地产公司电梯招标公告

招标编号	W20051231
项目名称	高层住宅电梯采购项目
招标内容	高层住宅电梯及安装、调试（14 部）
投标人资格要求	① 依法成立的法人或其他组织 ② 具有独立承担民事责任的能力 ③ 具有良好的商业信誉和健全的财务会计制度，有依法纳税和向社会缴纳保障资金的良好记录，须出具相关证明 ④ 具有如期、如数、优质、高效地提供上述采购范围货物的经营能力 ⑤ 近三年内在经营活动中没有违法记录，具有履行合同的经济实力 ⑥ 注册资金必须在 50 万元以上（含 50 万元） ⑦ 投标供应商为电梯制造商或授权委托的代理经销商，生产或销售电梯及进行安装服务的资格必须得到有关行政部门的许可［省质量技术监督局颁发的《电梯安装资格证》、《电梯维修保养资格证》；省建设厅颁发的《电梯安装工程专业承包资质证书》；质量管理体系认证证书；施工工程单位资质证书；生产企业须提供生产许可证，代理商（或经销商）须有所投设备的代理（或经销）该产品的代理授权证书］ ⑧ 所投产品必须符合国家规定的相应技术标准、环保标准和安全标准 ⑨ 有良好的银行信用（提供银行的资信证明） ⑩ 法律、行政法规和本招标文件规定的其他条件

（续）

竞争性谈判招标文件以及发售时间和地点	购买竞争性谈判文件时，需提供：营业执照；税务登记证（国、地税）；企业组织机构代码证；交纳过税金及社会保障资金的相关证明；法人代表证书、法人代表身份证复印件；法人代表授权书、单位介绍信及经办人身份证 从 2005 年 12 月 31 日起至 2006 年 1 月 14 日止（每天上午 8:00 ~ 12:00，下午 14:30 ~ 17:30）到本市 W 房地产公司购买竞争性谈判招标文件，文件售价为 ￥200 元/份，售后不退
付款方式	本次采购，资金来源为 W 房地产公司自筹资金；付款单位为 W 房地产公司；付款方式为：电梯安装调试并经政府有关部门验收合格后（交钥匙工程），首付中标总金额的 50%，运行 6 个月后再付总金额的 30%，余额在电梯运行正常满 1 年时全额付清
售后服务	在 1 年的质保期内，电梯如出现故障，中标方必须在以接到故障电话通知起 10min 内积极有效响应，30min 内到达现场并免费修好（维修及更换零配件均为免费服务） 免费培训保修人员 1 ~ 2 名
投标截止时间	2006 年 1 月 15 日上午 9：00
开标时间、地点	2006 年 1 月 15 日下午 14：00 W 房地产公司商务办公楼二楼会议室
联系单位及联系人	W 房地产公司采购管理办公室 王鸿兵 电话：********* 传真：**********

12.7.3 供应商确定

通过评标，专家对电梯价格、电梯质量、安装电梯的技术水平和电梯维修及其售后服务等各个方面作了评价，最后按照加权系统方法初步确定中标商为国交电梯公司。经过公示，最终确定电梯供应商为国交电梯公司。

12.7.4 合同管理

确定了供应商之后双方要签订电梯采购合同，采购合同的内容主要包括供应商的责任和权利，项目组织的主要责任和权利，合同价格、计价方法和补偿条件，工期要求，争执解决方式，双方违约责任，履行合同可能存在的问题和风险等。下面是合同中关于质量保证的条款：

(1) 乙方保证本合同的货物是全新的、全套齐全的、无损的、符合本合同的技术规格和质量的(生产厂家)厂家的原装产品。

(2) 电梯货物运抵工地至开始安装日之前，由乙方妥善保管货物，到电梯开始安装时，双方派代表开箱点验后，在整个安装调试期间，设备部件(货物)仍由乙方负责保管，直至安装调试完工电梯验收合格并移交给甲方为止。

(3) 因使用和保养不当而损坏的，乙方可提供有偿服务。

(4) 保修期满后，电梯设备的定期维修保养另行商定。

(5) 保修期内的故障保修，乙方须在当天到达岗位，若当天不到位保修期顺延。

(6) 质保期满后，若有零部件出现故障，经权威部门鉴定属于寿命异常问题(明显短于该零部件正常寿命)时，则由乙方负责免费更换及维修。

(7) 在有关部门进行的验收时，甲方应及时配合乙方。

(注:甲方:W房地产公司　乙方:本市国交电梯公司)

合同一旦签署，合同管理工作就开始了。采购合同管理保证合同双方严格地按照所签订合同规定的各项要求自觉履行义务，维护各自权益的过程。

12.7.5　合同收尾

W公司项目部和国交电梯公司按照合同履行各自的义务后就需要进行合同的收尾。合同收尾的具体工作包括：对电梯采购合同文件进行整理并建立索引记录；对安装好的电梯进行最后验收；同时解决遗留的合同问题；对国交电梯公司的最终付款也同步进行。在确认电梯采购合同已完成并可以移交的时候，向国交电梯公司发出正式文件，确认合同终止。

12.8　项目质量管理

项目质量管理包括三个主要过程：编制质量计划、执行质量保证、实施质量控制。项目质量管理通过制定计划方针、建立质量目标和标准，并在项目生命期内依次使用质量计划、适量控制、质量保证和质量改进等措施来落实质量方针的执行，确保质量目标的实现，最大限度地使客户满意。

12.8.1　项目质量规划

项目质量计划是为了使项目的可交付成果符合客户要求，对项目质量管理工作所编制的文档。我们以主体工程中的施工工程为例对项目质量计划进行描述，如表12-29所示。

表12-29　项目质量计划表

<table>
<tr><td>施工质量目标</td><td colspan="2">按照国家标准GB/T 19000—2000（idt ISO 9000：2000）和GB/T 19001—2000（idt ISO 9001：2000），在规定时间内完成总建筑面积100000m²的高档办公住宅两用建筑。它包括地下共1层为车库；地上18层中1~6层为商用写字楼，7~18层为商务住宅楼，主力户型为小复式单元</td></tr>
<tr><td rowspan="6">施工团队成员及职责</td><td>项目经理</td><td>对单位工程质量负总的责任；参加单位工程主体结构验收；组织单位工程质量检验评定</td></tr>
<tr><td>项目技术负责人</td><td>负责项目的全部技术工作；对项目的技术资料负责指导、检查、把关；组织对分部工程质量进行检验评定工作；组织单位工程主体结构验收；参加单位工程的质量检验评定</td></tr>
<tr><td>施工员</td><td>对本工种或本工段的工程质量负全责；负责施工过程中对分项工程质量的检验评定，填写《分项工程质量检验评定表》；对于需要进行试验检测的施工半成品，会同项目试验员共同取样</td></tr>
<tr><td>质量检查员</td><td>监督施工全过程的施工质量；严格执行“三权”，即停工权、返工权、奖罚权；负责对分项、分部、单位工程质量等级进行核验，负责对质量检验资料收集、整理、交给资料员归档；监督检查原材料质量试验检测情况；参加单位工程的交工验收</td></tr>
<tr><td>材料、采购员</td><td>采购员必须采购合格的建筑材料，并及时提供该批材料的合格证及有关资料（生产厂家、产地、规格、批量等）；材料员负责进场材料的外观质量检查，对外观质量是否合格作出判定，并作好相应的记录，并作好材料的储藏工作；对于需要进行力学、化学试验的材料，应在材料进场后及时会同项目试验员共同取样</td></tr>
<tr><td>施工班组长</td><td>负责本工序的工程质量；对所施工的分项工程质量进行自检、互检；对上道工序的施工质量进行交接检查</td></tr>
<tr><td>质量纠正措施</td><td colspan="2">① 应执行《纠正措施程序》（QSP/0805（01）—2001A）
② 工程质量不合格品由项目部根据不合格对质量的影响程度，区分为一般不合格和严重不合格，并研究和确定需采取纠正措施的不合格
③ 对一般体系运行不合格以及监理服务不合格，由项目监理部制定纠正措施并实施，填写纠正措施表；工程质量不合格品由项目监理部通过监理通知责令工程承建商制定纠正措施并实施，工程承建商用业务联系单把实施情况反馈给项目监理部
④ 项目监理部发生严重监理服务不合格（业主投诉）后，经营科负责组织有关部门分析原因，确定纠正措施，并填写纠正措施表，由项目监理部组织实施。经营科负责跟踪验证措施的实施，并向管理者代表汇报
⑤ 工程质量严重不合格时，由项目监理部通过监理通知责令工程承建商制定纠正措施并实施，工程承建商用业务联系单把实施情况反馈给项目监理部，项目监理部附上专门的分析处理报告，向总监室汇报
⑥ 出现重大工程质量事故时，项目监理部应及时向总监室汇报，并由总监室组织评审。项目总监理工程师责令工程承建商分析事故原因，提出纠正措施方案，报经业主、监理（总监室派员协助项目监理部）、政府质监部门审查认可后实施。项目部跟踪纠正措施的实施情况，并把实施结果向总监室汇报备案</td></tr>
</table>

12.8.2 项目质量保证

质量保证是为保证项目质量计划的顺利实施，经常性地对项目质量计划执行情况进行评估、核查和改进的过程，以使项目质量能够满足客户需求。质量保证相当于疾病预防，其目的是为了防止缺陷的发生，确保项目一次性成功。下面我们以施工过程中对钢材结构保证为例进行描述，如表12-30所示。

表12-30 钢材结构保证表

钢材质量标准
保证项目
① 钢材的品种、型号、规格和质量必须符合设计和施工规范的规定，并应有出厂合格证、质量保证书和试验报告
② 钢材切割断面必须无裂纹、夹层和大于1mm的缺棱
③ 栏杆制作后必须经强度检验，其结果应符合国家标准《固定式防护栏杆》(GB 4053.3—1983)的规定
基本项目
① 构件正确、无明显凹面和损伤，表面划痕不超过0.5mm
② 构件磨光组装的顶紧面紧贴不少于80%。且边缘最大间隙不超过0.8mm
焊条质量标准
保证项目
① 焊条的型号、接头所用钢材型号、质量均应符合设计要求和钢结构焊接的专门规定
② 焊工必须经考试合格，有相应施焊条件的合格证，考核日期必须有效
③ 承受拉或压与母材等强度的焊缝必须经超声波、X射线探伤检验，其结果必须符合设计要求、施工规范和钢结构焊接的专门规定
④ 焊缝表面严禁有裂纹、夹渣、焊瘤、烧穿、弧坑、针状气孔等缺陷，气孔，咬边必须符合施工规范规定
基本项目
① 结构的焊接质量检验分三级。普通碳素结构钢应在焊缝冷却到工作地点温度以后、低合金结构钢应在焊后24h进行检查
② 焊缝外观检查质量标准应焊波均匀
③ 焊缝外形尺寸允许偏差和检验方法

12.8.3 项目质量控制

项目质量控制是在项目的实施过程中，对项目质量的实际情况进行监督，判断其是否符合相关的质量标准，并分析产生质量问题的原因，制定出相应的措施来消除导致不符合质量标准的因素，确保项目质量得以持续不断地改进。下面我们以施工阶段的质量控制为例进行描述，如表 12-31 所示。

表 12-31　施工质量控制表

<table>
<tr><td rowspan="2">施工阶段的质量控制</td><td>原材料的质量控制</td><td>① 材料部门在进行工程所需的各种原材料、半成品、加工件采购前，应审查出厂合格证和其他相关证明，必要时应进行材料产地或生产厂家的质量调查，确保工程材料的质量控制和合理使用
② 材料进场后，由项目试验员（工）会同材料员按规范的规定进行取样，取样时材料员应向试验员提供出厂合格证、批量、生产厂家、品种、规格等资料
③ 抽取的样品由项目试验员负责送检，检测单位应具有规定的资质并在当地建设行政主管部门备案
④ 经检验合格的材料才能用于工程施工，未经检验或检验不合格的原材料、半成品不能在工程中使用
⑤ 经检验不合格的原材料应予以退货
⑥ 材料进场后均应按照局质量体系程序文件的规定作好标识
⑦ 对小厂水泥的使用应特别慎重，经检验合格的小厂水泥只能用于非主体结构施工
⑧ 项目技术负责人应及时掌握材料的质量及使用情况
⑨ 对于业主提供的材料也应按照本程序的规定进行抽样送检</td></tr>
<tr><td>施工工序的质量控制</td><td>① 认真做好技术交底工作
② 项目技术负责人对单位工程进行全面交底；工（段）长对分部、分项工程向班组长进行交底。确保分项工程施工前由施工员对操作班组进行技术交底的施工交底，明确分项工程质量要求以及操作时应注意的事项
③ 在工程施工过程中严格执行“三检制”。对项目施工工艺质量进行有效的监督管理，严格执行国家、行业标准、规范，按照施工图纸和施工验收规范的要求进行施工
④ 施工员应根据施工及验收规范的要求随时检查分项工程的施工质量，发现有不符合质量标准的应及时进行整改
⑤ 需经配制或加工后使用的材料，应事先进行配合比试验和优选工作，确定出施工用配合比或工艺参数，并在施工中严格按照配合比和工艺参数进行质量控制
⑥ 工程质量检验方法按《工程质量检验和试验工作程序》执行
⑦ 不合格的分项工程应进行整改，作好相关记录，并重新组织验收
⑧ 单项工程完成后，由项目施工负责人组织有关人员进行质量检查和评定，确认达到质量要求，应及时填写《分项工程质量检验评定表》，送交项目质量检查员进行质量等级核定
⑨ 混凝土工程必须作为施工的关键工序，其工程质量必须合格。钢材、水泥必须有出厂合格证和力学、化学试验报告；钢筋焊接或机械连接施工前，应先进行试焊和试接，当试件的力学性能满足设计要求和验收规范时，方可按此焊接参数、连接工艺进行成批施工。项目施工中的特殊工序，应由项目技术负责人制定施作业指导书，并在施工中认真执行</td></tr>
</table>

（续）

施工阶段的质量控制	工程交工验收控制	作好以完工程的成品保护；项目资料员搜集整理全部工程技术资料；项目技术负责人对项目技术资料进行全面审查；交上级有关部门核查；上报交工验收申请报告，准备验收。交工后，应做好以下工作：整改工作；技术资料经整理后，应交一套完整的技术资料到地方质监站和档案室备案

12.9　项目风险管理

项目风险管理的工作主要包括项目风险识别、项目风险评估、项目风险应对和项目风险控制等内容。

12.9.1　项目风险识别

为了准确估计项目可能的风险，项目部编制了规范的表格，在项目检查时，由过程控制小组填写。项目部汇总整理后，经过研究讨论，征询专家意见，确定了项目可能的风险，如表 12-32 所示。

表 12-32　项目风险识别表

方面	类型	风险	识别		
			高	中	低
环境	气象	可能不利的天气		√	
	公共服务	在进行建设施工时必须保持公共服务			√
	财产损失	是否有制度和措施		√	
施工	进度	目标是否清楚			√
		原材料供应情况			√
		人员配备情况		√	
	费用	是否定期进行成本结算		√	
		成本与计划和预算相比的情况			√
	质量	目标是否清楚			√
		是否对照质量计划检查工作			√
技术	要求	是否进行设计会审			√
		隐蔽工程检查和验收，施工预检		√	
		是否有技术措施计划和施工组织计划			√
	功能	在项目设备、材料订货和施工前，对所有可能的设计方案是否进行了细致的分析和比较			√

（续）

方面	类型	风险	识别		
			高	中	低
管理	管理	项目目标是否清晰			√
		项目班子全体成员是否工作勤奋，对可能遇到的大风险是否都经过集体讨论			√
		决策是否征求各方面的意见		√	
		是否对经验教训进行分析			√

12.9.2 项目风险评估

风险评估是指在风险识别的基础上对每种风险事件对项目造成的影响进行定量分析，并根据风险对项目目标的影响程度，将项目风险由大到小分级排序的过程。

一般来讲，风险定量评估是在定性评估的基础上进行的，通常采用从若干方面逐项评分的方法来量化风险的大小，即事先确定评分的标准，然后由项目小组一起，对预先识别出的项目风险一一打分，得出不同风险的评分大小。

根据房地产项目特点，从风险时间发生的可能性、风险发生对项目影响的严重性和项目小组能否有效控制风险发生三个方面(可称为维度)来定量分析，每个维度按1~10分的等级来评估风险。例如项目小组在评估发生资金短缺的风险时，认为它非常不可能发生，得3分；但是一旦发生后果则非常严重，得9分；而且，资金短缺项目小组很难控制，得8分。然后把这三个数字相乘，即得到该风险的风险级别(RPN)。风险级别越高，表示风险越大，需要项目小组制定相应的措施认真对待。A项目风险定量评估标准如表12-33所示。

表12-33 A项目风险定量评估标准

分数	可能性（根据频率和周期综合判断）		严重性	不可控性
10	非常高，频繁发生	大于或等于每小时一次	严重影响项目，导致项目取消，而且没有警示	绝对不可能控制，只能听天由命
9	很高，经常发生	一天两次	严重影响项目，导致项目取消，但有警示	利用现有的技术和条件几乎不能控制。如需控制，需要创造一定的条件

（续）

分数	可能性（根据频率和周期综合判断）		严重性	不可控性
8	高，经常发生	一天一次	严重影响项目目标实现，可能导致严重的拖期、超支或质量问题	利用现有的技术和条件控制难度很大，可能需要其他条件
7	较高，经常发生	每周一次	项目的进度、成本或质量性能受到显著影响，可能导致有些工作不能完成，客户不会很满意	利用现有的技术和条件有一定的难度，但不需要其他条件
6	中等、时有发生	每月一次	项目的进度、成本或质量性能受到一些影响，工作虽然可以完成，但客户不满意	利用现有的技术和条件能够控制
5	中等，时有发生	每年两次	项目的进度、成本或质量性能受到轻微影响，客户会有轻微不满	无征兆，利用现有的技术和条件容易控制
4	中等，偶尔发生	每年一次	项目受到一些影响，客户也将认识到这种影响	无征兆，能够控制
3	低，很少发生	每两年一次	对项目有比较小的影响，客户意识到这种影响	有征兆，能够控制
2	很低，几乎从来不发生	每五年一次	影响如此之小，以至于只有少数客户发觉这种影响	有明显征兆，很容易控制
1	不发生	每十年还不到一次	无影响	一眼就能看出问题，控制它不费吹灰之力

将A项目风险列表中主要的风险按该风险评估方法评估，然后按照评估出的风险级别将风险自高向低排序，将评分最高的前10个风险整理形成“Top10”，也就是“前10个主要风险列表”，并将它们作为控制对象，以便在项目的执行过程中密切监控这10个可能会给项目带来严重问题的风险。这样，无论是这些严重的风险还是其他一般风险一旦发生了，就能做到“兵来将挡，水来土掩”，从而确保最终有效实现项目目标。由于项目的执行处于一个动态的环境中，随着条件的变化“Top10”可能会发生变化，因此，还要在项目关键里程碑事件实现后再次评估存在的风险，形成新的“Top10”。如在项目设计完成后(2004年6月31日)，对可能发生的风险进行评估后的“Top10”如表12-34所示。

表 12-34 风险进行评估“Top10”表

排序	方面	所属类型	风险
1	施工	进度	原材料供应情况
2	施工	进度	人员配备情况
3	环境	气象	可能不利的天气
4	技术	功能	在项目设备、材料订货和施工前，对所有可能的设计方案是否进行了细致的分析和比较
5	施工	质量	是否对照质量计划检查工作
6	技术	要求	是否有技术措施计划和施工组织计划
7	施工	费用	是否定期进行成本结算
8	施工	进度	目标是否清楚
9	施工	费用	成本与计划和预算相比的情况
10	管理	管理	项目目标是否清晰

12.9.3 项目风险应对

在项目定期检查会上，项目组对项目风险识别表上列举的内容进行讨论，确定具体的风险应对措施，并结合实际施工情况，对这些措施不断修改完善，如表 12-35 所示。

表 12-35 项目风险应对措施表

方面	类型	风险	应对措施
环境	气象	可能不利的天气	每天检查，及时安排，预防为主
	公共服务	在进行建设施工时必须保持公共服务	订立制度，严格执行，预防为主
	财产损失	制度和措施的漏洞	可以参加保险，转移为主，预防为辅
施工	进度	目标是否清楚	① 可以进行看板式目标管理 ② 在项目的关键点采用挣值法进行分析，找出进度和费用偏差的原因，采用相应的措施 ③ 在项目实施前，制定相应的风险应对的备用措施，如预算应急费、技术后备措施、进度后备措施 ④ 减少损失
		原材料供应情况	
		人员配备情况	
	费用	是否定期进行成本结算	
		成本与计划和预算相比的情况	
	质量	目标是否清楚	
		是否对照质量计划检查工作	

（续）

方面	类　型	风　险	应对措施
技术	要求	是否进行设计会审	① 施工前必须进行技术图样评审，召开技术交底会，使施工和管理人员都熟知和了解项目的要求和标准 ② 制定技术计划和施工组织计划，定期检查、考核 ③ 隐蔽工程严格检查、记录、签署意见，办理验收手续 ④ 预防和减少损失
		隐蔽工程检查和验收，施工预检	
		是否有技术措施计划和施工组织计划	
	功能	在项目设备、材料订货和施工前，对所有可能的设计方案是否进行了细致的分析和比较	
管理	管理	项目目标是否清晰	① 由项目经理负责，项目办具体实施，制定各种规章制度，认真落实执行；同时加强信息的沟通，总结经验，不断改进 ② 预防和回避风险
		项目班子全体成员是否工作勤奋，对可能遇到的大风险是否都经过集体讨论	
		决策是否征求各方面的意见	
		是否对经验教训进行分析	

12.9.4　项目风险监控

风险监控技术可分为两大类：一类用于监控与项目、产品有关的风险；另一类用于监控与过程有关的风险。风险监控方法（工具）主要有检查审核法、监视单、项目风险报告和费用偏差分析法（挣得值法，也可称为赢得值法，EVA）。其中 EVA 是最基本和有效的方法，其他监控方法在风险源识别、延伸监控和监控影响方面都不同程度地引入了 EVA 的计算方法。本项目采用 EVA 方法来监控其风险。

在此，仅以一个检查点为例，说明 EVA 方法在 A 项目风险监控中的应用。我们选择主体工程计划完工日（2005 年 12 月 31 日）为检查点，该点主要数据如下：

BCWS（计划工作量的预算成本）=27270 万元

BCWP（已完成工作量的预算成本）=27270 万元

（由于工程的实际进度与计划进度完全吻合，故 BCWS 与 BCWP 相等）

ACWP（已完成工作量的实际成本）=26530 万元

由以上数据计算可得：

CV（成本偏差）= BCWP - ACWP = 740 万元 >0（盈利）

SV(进度偏差)=BCWP－BCWS=0(按期完工)

$$EAC(项目完工的预计费用)=\frac{BCWS\times ACWP}{BCWP}=26530\ 万元$$

计算结果说明，项目实施效率较高，有较高盈利，进度方面按计划如期进行。

12.10　项目沟通管理

项目沟通管理的工作主要包括项目沟通规划、项目信息发布、项目执行报告和项目干系人管理等内容。

12.10.1　项目沟通规划

项目沟通规划就是要确定项目干系人的信息需求和传递信息需求的方式，编制项目沟通计划，它是项目成功的关键。

1. 沟通需求分析

为了有效编制项目沟通计划，可以将沟通需求分成 3 类：项目管理方面的信息、项目执行方面的信息和项目团队内部的日常信息，并且根据实际情况采用不同的沟通方式。

(1) 项目管理方面的信息。这是一些比较重要的沟通需求，特别是对于项目团队内部(项目经理和项目团队成员)来说，内容包括：①项目总体计划；②双周计划；③项目周报；④阶段性报告；⑤风险评估报告；⑥项目质量检验报告；⑦会议纪要；⑧沟通计划；⑨培训计划等。这些信息一般采用书面形式，主要以电子邮件的方式传递，发给项目团队的每个成员。

(2) 项目执行方面的信息。它包括需求了解、项目成果确认等方面的信息，内容包括：①土地规划方案；②工程设计方案；③政府主管部门审批意见；④项目进展阶段性报告；⑤项目总结报告等。这些项目执行方面的信息都将采取正式的书面报告形式，具体包括电子邮件、文档共享系统、物理文件等。

(3) 项目团队内部的日常信息。日常信息包括一些会议讨论邀请、项目团队内部成员之间的知识转移、项目团队内部成员对项目工作的一些合理化建议、项目团队建设过程中的一些娱乐活动(如周末聚会)等信息。这些信息一般通过 E-mail 直接发给相关的人，也可以通过项目内部网站发布出来。

2. 沟通方式选择

(1) 电子邮件(全部统一到 W 房地产公司的电子邮件系统)。

(2) 文档共享系统。项目计划的发布、项目执行情况的跟踪通过 Project 2002 网络版实现。

(3) 会议。对本项目来说，会议也是一个非常重要的沟通方式。会议将定期进行，或者在遇到问题时临时召集。项目团队在项目中采用的会议形式包括项目例会、项目阶段性成果汇报演示会、项目进程协调会、临时项目会议、业务访谈会议、项目总结会等。

(4) 面对面沟通(包括面谈、通电话)。在项目团队访问当地居民或客户时，经常会采取这种方式。

(5) 内部刊物等宣传手段。比如，在集团内部网或内部刊物上，以类似板报的形式，介绍项目基本情况，帮助项目团队成员正确认识这个项目的具体工作，争取更多的配合与支持。

(6) 培训(包括定期、不定期培训)。在进行知识转移时，会经常举行定期或不定期培训。

3. 项目沟通计划的编制

沟通总体计划如表 12-36 所示。本沟通计划按项目阶段制定，随着项目的进展，可以在每个项目阶段对计划进行调整和细化。

表 12-36　沟通总体计划表

项目阶段	信息类别	沟通参与者(相关项目干系人)	主要沟通需求	沟通方式
计划准备	项目管理方面的信息沟通	W 房地产公司，项目团队全体成员，政府主管部门	项目管理方面的信息(明确目标、制定计划)	电子邮件，Team Room，项目例会，项目会议，面对面沟通，定期培训
	项目执行方面的信息沟通	项目经理，项目团队相关人员，政府主管部门，当地居民	需求了解	电子邮件，小型会议(包括访谈)，大型会议，面对面沟通，内部刊物，定期培训
	项目团队内部的日常信息沟通	项目团队全体成员	知识转移	电子邮件，Team Room，小型会议(包括访谈)，面对面沟通，定期培训，不定期培训

（续）

项目阶段	信息类别	沟通参与者（相关项目干系人）	主要沟通需求	沟通方式
工程建设	项目管理方面的信息沟通	W 房地产公司，项目团队全体成员，政府主管部门	项目管理方面的信息（项目计划执行情况）	电子邮件，Team Room，项目例会，项目会议，面对面沟通
	项目执行方面的信息沟通	项目经理，项目团队相关成员，材料供应商	需求了解 项目阶段性成果确认	电子邮件，小型会议（包括访谈），大型会议，面对面沟通，内部刊物，定期培训，不定期培训
	项目团队内部的日常信息沟通	项目团队全体成员	知识转移	电子邮件，Team Room，小型会议（包括访谈），面对面沟通，定期培训，不定期培训
成果确认	项目管理方面的信息沟通	W 房地产公司，项目团队全体成员	项目管理方面的信息（项目计划执行情况）	电子邮件，Team Room，项目例会，项目会议，面对面沟通
	项目执行方面的信息沟通	项目经理，项目团队相关成员，政府主管部门	项目成果确认	电子邮件，小型会议，大型会议，面对面沟通，内部刊物和宣传手段，定期培训，不定期培训
	项目团队内部的日常信息沟通	项目团队全体成员	知识转移	电子邮件，Team Room，小型会议，面对面沟通，定期培训，不定期培训

12.10.2　项目信息发布

在项目的执行过程中，要将各阶段的工作成果等信息通过各种方式传递给项目干系人，可采取的沟通方式在 10.1.2 中已进行了详细的介绍，此处不再赘述。

在本项目中，W 公司、A 项目的各级管理层、项目团队成员之间都非常希望了解项目的进展情况和项目进展过程中相关问题的处理，如果这些信息沟通不好，将会对项目进展和项目绩效产生很大影响。为了很好地解决项目进展过程中的信息沟通问题，本项目部在 W 公司的内部网站建立了信息发布系统和信息查询系统，它可以有效地管理项目计划、跟踪项目进展、控制项目变更等。同时，公司内部网站还设有公告板、在线讨论、BBS 等工具，根据不同内容信息，综合应用公司内部网站的不同功能，大大加强了信息发布的效率，减少了沟通的成本，提高了沟通效率。

12.10.3　项目执行报告

项目执行报告包括收集和发布执行情况的信息，从而向项目干系人提供所需的信息。下面将以 2005 年 7 月的项目执行情况报告为例进行说明。

（1）本月重大事件回顾

1）7 月 2 日，锅炉设备到达项目现场并通过验收，准备进行锅炉安装工程。

2）7 月 6 日，施工小组开始进行停车场的建造，停车场控制系统准备开始安装。

3）7 月 15 日，施工小组开始进行道路建设工程，路灯采购工作同时开始。

（2）本月计划完成情况。具体情况如表 12-37 所示。

表 12-37　本月计划完成情况表　（单位：万元）

	本月计划完成	本月实际完成	本 月 偏 差
设备（锅炉）订货	150	150	0
路灯采购	30	32	2
管理制度	修订设备管理办法	完成	

注：本月偏差 = 实际完成 − 计划完成。

（3）主要工作情况说明

1）设备（锅炉）订货。本月设备订货主要围绕锅炉来进行，在全国范围内进行采购，最终与 ××分公司签订了价值 150 万元的合同。在设备采购过程中，我们参加了设备采购前的技术交流、参加了合同的商务谈判。并在合同谈判过程中，完善了采购合同标准文本，保护了甲方和作为付款方的 W 公司的利益。

2）路灯采购。通过对全国范围内路灯供应商的产品质量及信誉的比较，确定了采用本市 ××照明设备公司生产的辉煌牌路灯。

3）管理制度。通过征求各方意见，对《项目材料管理办法》进行修订，并于 7 月 22 日提交给项目领导小组。

（4）本月存在的主要问题及解决办法

1）路灯采购时，由材料小组提供的采购要求不清晰、不明确、不具体，有些规格说明还存在明显错误。这一点应设法给予解决，如尽早将材料采购计划提供给材料小组，以便他们有充足的准备时间；将材料小组提供材料规格的质量与其工资的支付挂钩等。

2）从对锅炉的订货情况看，聘请专家参与设备订货非常重要，这关系到工程的完工质量。在以后设备(材料)的订货中，应聘请相关专家参与。

12.10.4　项目干系人管理

根据项目的组织结构图和项目的工作范围、可交付成果可以看出，项目的主要干系人包括：W 房地产公司、项目经理、项目团队成员、政府主管部门、材料供应商、当地居民等。项目干系人沟通需求情况如表 12-38 所示。

表 12-38　项目干系人沟通需求情况表

角色/成员	主 要 职 责	主要沟通需求
W 房地产公司	为 A 项目提供资金，监督项目实施，进行项目验收	● 项目基本情况 ● 项目资金需求、项目目标及制约因素 ● 项目实施过程中的各方面信息 ● 项目成果确认
项目经理	全面负责 A 项目的实施	● 项目需求、项目目标及制约因素 ● 项目所需资源落实情况（人、财、物） ● 项目经理的职责与权限 ● 项目实施过程中的各方面信息
项目团队成员	协助 A 项目的实施	● 与房地产相关的项目管理方面的信息 ● 项目基本情况
政府主管部门	负责 A 项目的立项审批、土地审批、规划许可证和施工许可证的办理	● 项目基本情况 ● 项目计划、项目成果确认
材料供应商	提供 A 项目所需材料	● 项目基本情况 ● 项目可接受的最低材料价格
当地居民	关注 A 项目对周围居住环境带来的影响	● 项目基本情况

12.11　项目收尾

项目收尾要撰写项目总结报告，如表 12-39 所示。

表 12-39　项目总结报告

项目名称		A 项目	
项目经理		吴振伟	
发起人		W 房地产公司	
项目目标		3 年内完成该项目，规划建设用地面积 $15000m^2$，总建筑面积 $100000m^2$。开工日期为 2004 年 1 月 1 日，工程设计完工日期为 2004 年 6 月 30 日，主体工程完工日期为 2005 年 12 月 31 日。2006 年 1 月 1 日，配套工程与装修工程同时开工，其中，装修工程于 2006 年 8 月 31 日完工，配套工程于 2006 年 10 月 31 日完工。项目验收截止日期为 2006 年 12 月 31 日	
项目结果		项目在规定预算和工期内完成，并保证了所有重大里程碑事件都按期完成，同时项目符合规定的质量规范和标准	
范围比较	额外范围	工程设计要提前 1 个月完成，并且工程设计成本增加了 70 万元	
	减少范围	主体建造工程可于 2005 年初适当延后 1 个月，主体工程实际施工总时间随之减少 1 个月	
成本绩效	项目成本	预计成本	实际成本
		39330 万元	39810 万元
	成本差额	480 万元	
进度绩效	项目完成日期	预计时间	实际时间
		2006 年 12 月	2006 年 12 月
	时间偏差解释	在项目实际执行过程中，部分阶段的进度与计划有所出入，如，工程设计的完工时间由 2004 年 7 月 31 日改为 2004 年 6 月 30 日；主体工程完工时间由 2006 年 1 月 31 日改为 2005 年 12 月 31 日，但在项目部的协调下，项目最终如期完成，总体完工时间与计划相符	
项目过程中遇到的主要障碍		沟通的有效性不足	

（续）

解决各种障碍的相应措施	① 政府主管部门、当地居民由项目办公室负责，项目团队内部、项目部与公司的沟通由项目经理负责，项目与设备供应商的沟通由技术经理负责，项目与银行的沟通由商务经理负责，各司其职的专业对口沟通使项目与内外环境实现有效的沟通，确保项目获得所需的资源与支持，具体落实到各责任人 ② 将施工工程开始时间由2004年7月31日改为2004年6月30日，工程设计完工时间亦随之提前一个月

案例思考

你认为本项目在计划及实施过程中，项目管理各环节是否还存在问题，应如何完善？

第13章

项目管理在生产技术信息系统开发项目中的应用

主要内容

- 项目启动
- 项目规划
- 项目执行
- 项目收尾

学习目标

以生产技术信息系统开发项目为背景，理解项目管理在该项目生命期的启动、规划、执行和收尾四个阶段所涵盖的具体内容和应达到的目标，并从项目生命期四个阶段的角度，掌握项目管理方法在生产技术信息系统开发项目实例中的具体应用。

这一章我们将以某生产技术信息管理系统开发项目为例，从项目生命期四阶段的角度具体说明项目管理方法在该项目中的具体应用。

13.1　项目启动

13.1.1　项目背景

为了提高生产技术管理水平，推广先进的电子信息技术，充分挖掘潜在的经济效益，某集团公司拟开发一个生产技术信息管理系统。该信息管理系统建成后，能够直接提升公司的现代化管理水平，提高信息沟通的效率，优化工作的流程，并可为强化公司自身管理以及开拓更加广阔的市场奠定良好的基础。该项目预计工期为19个月，总投资为30万元，具体工作描述如表13-1所示。

表13-1　项目工作描述表

项目名称	生产技术信息管理系统开发项目
项目目标	可交付成果：开发生产技术信息管理系统 工期：19个月(2005年6月1日~2006年12月31日) 项目总投资：30万元
交付物完成准则	具有客户要求的权限自动切换、数据计算、数据传输等功能，软件运行稳定，安全可靠
工作描述	方案设计、软件开发、软件测试、试运行、项目验收交付使用
工作规范	依照中国软件行业标准规范GB-RJ2004和中国信息安全认证协会GB-xa2003执行
所需资源估计	工程师和管理人员，软件开发和测试设备、办公场所
重大里程碑	里程碑1：2005年7月31日完成模块方案设计 里程碑2：2006年5月31日完成软件的系统测试 里程碑3：2006年12月31日开始项目验收及投入使用，并完成资料归档
项目经理审核意见	同意。按计划实施，确保项目圆满完成

13.1.2　项目组织管理设计

1. 组织结构的确立

根据本项目开发研制工作的特点，在确立组织结构时主要考虑以下原则：

（1）目标一致性原则。

（2）有效的管理层次和管理幅度原则。

（3）合理分工与密切协作原则。

（4）集权与分权相结合的原则。

（5）环境适应性原则。

企业常用的组织结构有 3 种，即项目型组织结构、职能型组织结构和矩阵型组织结构。当一个公司中包括许多项目或项目的规模大、技术复杂时，应选择项目型组织结构；职能型组织结构比较适用于规模较小、偏重于纯技术的项目，而不适用于环境变化较大、需多方协调的项目。矩阵型组织结构在充分利用公司资源上具有巨大的优越性，由于其融合了前两种结构的优点，这种组织结构在进行工作复杂、规模巨大的项目管理时呈现出了明显的优势。

该公司在以往的项目管理中一直采用职能型组织结构，主要的职能部门有综合计划部、技术开发部、人力资源部、财务部、质量安全部，集团公司的组织结构如图 13-1 所示。本项目总投资虽然较小，但由于涉及整个集团公司的信息管理系统，意义重大。另外，本项目在技术实现上，具有软件研究与管理实践相结合的双重特点，需要多部门的协调配合，通力合作，因而采用矩阵型组织结构的强矩阵组织结构形式进行管理更为合适。这样，项目经理可以在公司总经理的直接领导下，有效地调用各种资源，确保各部门间的相互配合和协作，保证系统开发研制任务的顺利完成。本项目的组织结构如图 13-2 所示。

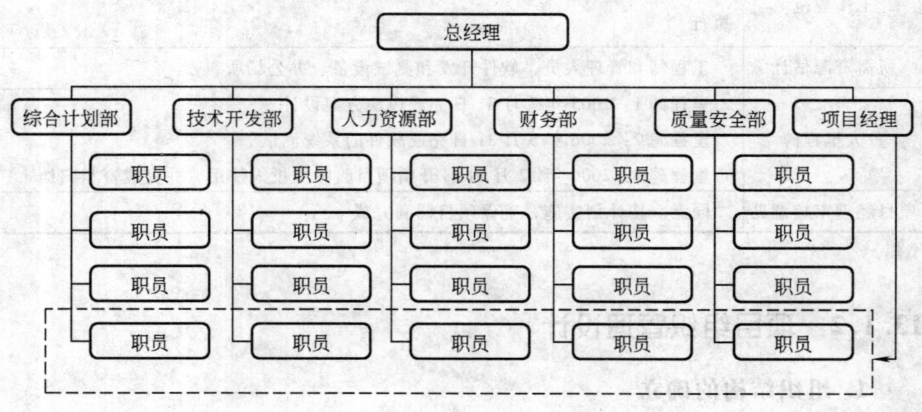

图 13-1　集团公司的组织结构图

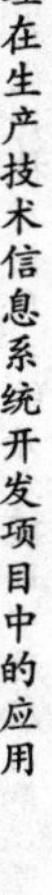

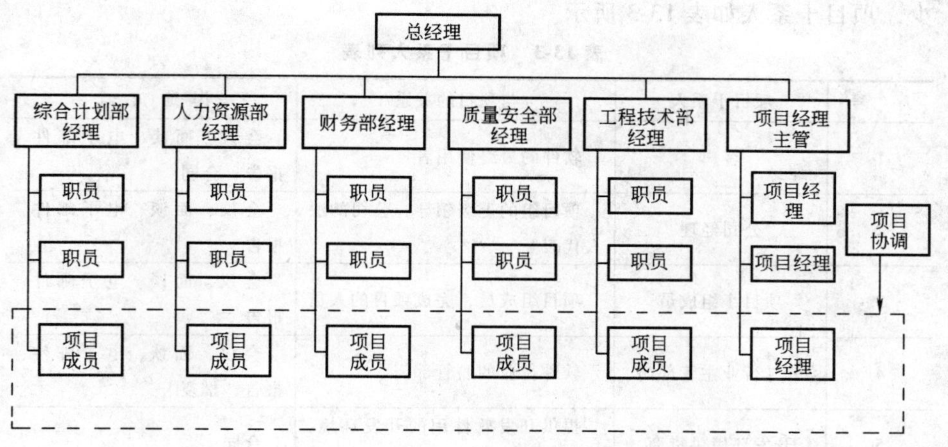

图 13-2　本项目的组织结构图

2. 组织部门分工

本项目组中工作分工如表 13-2 所示。

表 13-2　项目组工作分工表

项目组织	角色	姓名	主要工作内容
项目经理	项目经理	刘凯	● 项目整体管理 ● 项目背景、工作描述表 ● 项目组织管理机构 ● 成员分工 ● 里程碑计划
综合计划部	综合计划经理	施功	● 项目工作分解结构 ● 工作先后关系的确定 ● 项目进度计划安排
人力资源部	人力资源经理	赵军	● 项目责任分配矩阵 ● 项目人力资源规划
财务部	财务经理	李婵君	● 项目的成本估算 ● 项目的成本费用分析
质量安全部	质量安全经理	刘鹏飞	● 项目风险分析
工程技术部	工程技术经理	付红彬	● 项目的进度管理

3. 项目干系人

本项目属于纯粹的软件开发，项目较小，也比较简单，涉及干系人较少，项目干系人如表 13-3 所示。

表 13-3　项目干系人列表

序　号	项目干系人	与项目的关系	沟　通　方　式
1	客户	软件的最终使用者	会议、面谈、电子邮件、报告、合同
2	公司经理	项目组的上级领导，公司的法人代表	会议、面谈、电子邮件、报告
3	项目小组成员	项目组成员，完成项目的人员	会议、面谈、电子邮件、报告
4	软件行业主管部门	软件行业的监管部门	会议、面谈、电子邮件、报告、批复
5	开发环境供货商	提供开发软件用的开发环境，包括软件和硬件	合同
6	写字楼物业	提供办公环境的部门	合同、面谈
7	专利局	可保护软件的知识产权	会议、面谈、电子邮件、报告、批复

13.1.3　项目范围确定

1. 项目的里程碑计划

里程碑是指项目中的重大事件，通常是指一个主要可交付成果的完成。而里程碑计划就是将那些对项目实施进度有重要意义的关键事件按时间顺序加以排列的文档。根据本项目的特点，分析得出了项目进展可实现的重要事件如下：

里程碑 1：2005 年 6 月 1 日启动项目；里程碑 2：2005 年 7 月 31 日完成模块方案设计；里程碑 3：2006 年 5 月 31 日完成软件的系统测试；里程碑 4：2006 年 12 月 31 日开始项目验收并投入使用，并完成资料归档。具体如图 13-3 所示。

里程碑事件	2005 年 6 月	2005 年 7 月	2006 年 5 月	2006 年 12 月
项目启动	▲6 月 1 日			
模块方案设计		7 月 31 日▲		
系统测试			5 月 31 日▲	
资料归档				12 月 31 日▲

图 13-3　生产技术信息系统开发项目的里程碑计划

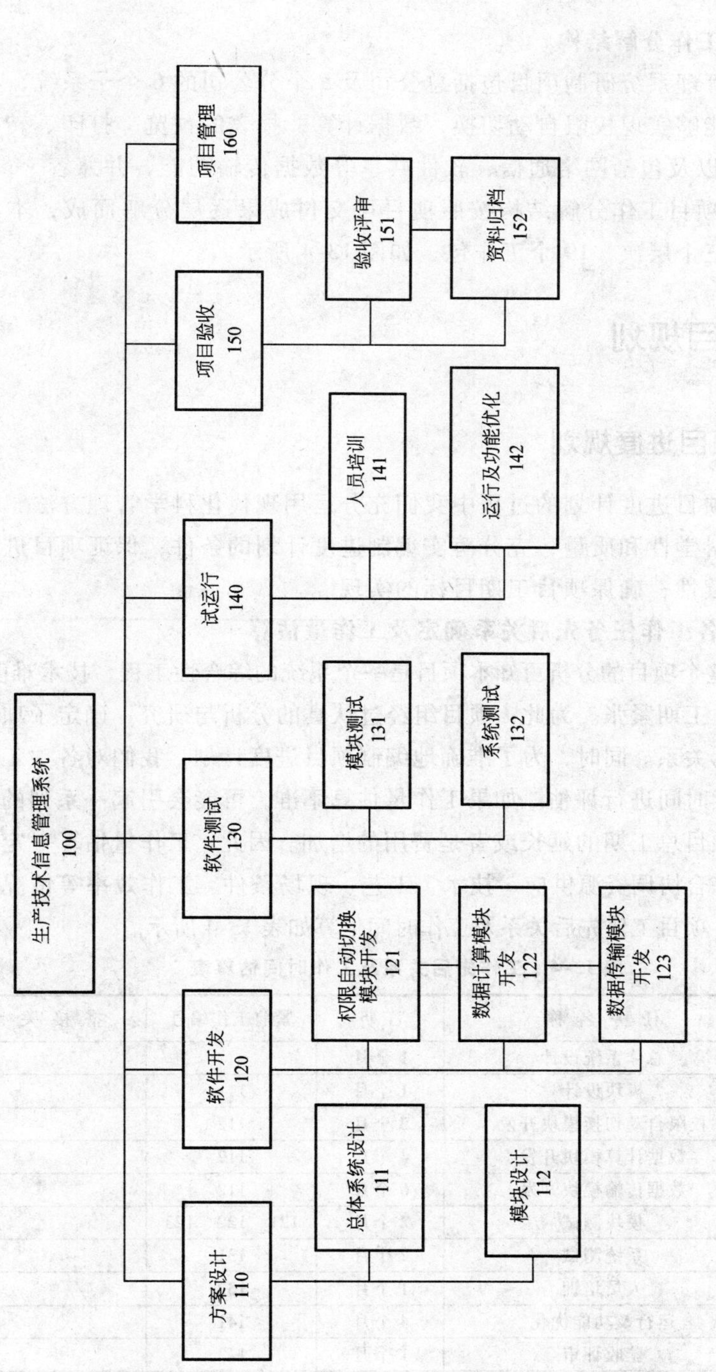

图 13-4　项目工作分解结构图

2. 项目工作分解结构

本信息管理系统研制项目包括总公司及5个分公司的6个子系统，项目完成后系统能够实现权限自动切换，数据计算，报表的预览、打印、转换成excel格式，以及包括网络通信、软件共享等数据传输功能，并兼容word和excel格式。项目工作分解结构按照项目可交付成果逐层分解而成，本项目工作分解为三个层次，19个工作包，如图13-4所示。

13.2　项目规划

13.2.1　项目进度规划

在编制项目进度计划的过程中我们充分运用现代化科学管理方法，提高计划编制的科学性和质量；充分落实编制进度计划的条件；保证项目进展的均衡性和连续性；确保项目工期目标的实现。

1. 项目各工作任务先后关系确定及工作量估算

通过对整个项目的分析可知本项目是一个系统的综合性工程，技术难度大，涉及部门多，工期紧张。为此，项目组经过认真的分析与研究，确定了项目各项工作的先后关系。同时，为了准确地编制项目进度计划，我们对各项工作的工作量和持续时间进行评估。如果工作量估算不准，可能会引起一系列的连锁反应，造成项目总工期的延长或者是费用的增加。因此，工作量估算一定要客观、准确，综合协调资源供应、技术、工艺、现场条件、工作效率等情况并借鉴历史信息。项目工作先后关系及工作时间估算如表13-4所示。

表13-4　工作先后关系及工作时间估算表

编号	任务名称	工期	紧前工作编号	搭接关系
111	总体系统设计	1个月		
112	模块设计	1个月	111	
121	权限自动切换模块开发	2个月	112	
122	数据计算模块开发	4个月	112	
123	数据传输模块开发	6个月	112	
131	模块测试	2个月	121、122、123	
132	系统测试	2个月	131	
141	人员培训	1个月	132	
142	运行及功能优化	4个月	141	
151	验收评审	1个月	142	
152	资料归档	1个月	151	

2. 项目进度计划编制

本项目的单代号网络图(单代号网络图又称节点法)如图 13-5 所示，甘特图如图 13-6 所示。

13.2.2　项目人力资源规划

人力资源规划的目的是为了实现项目目标而对所需人力资源进行预测，以便安排项目团队和进行人力资源估算。

1. 人力资源需求预测

根据项目的工作分解结构和项目进度计划安排，与公司各方协商下，项目组编制了人力资源计划，在整个项目中需要的人力资源主要包括技术人员和管理人员两种。

计划的编制依据包括：

(1) 工作分解结构 WBS；项目进度计划。

(2) 本公司现有人力资源状况。

(3) 历史资料，即类似项目工作对人力资源的需求情况。

运用的具体方法：类比法和经验判断法。

项目组对每项工作需要的资源种类和数量进行了估算，经过商论制定人力资源计划，如表 13-5 所示。

表 13-5　人力资源计划表

编码	任 务 名 称	工期/月	人员类别	工作量估计/h	平均每月工作时间/h	人数	备注
111	总体系统设计	1	管理人员	960	960	6	
112	模块设计	1	技术人员	640	640	4	
121	权限自动切换模块开发	2	技术人员	1280	640	4	
122	数据计算模块开发	4	技术人员	2560	640	4	
123	数据传输模块开发	6	技术人员	3840	640	4	
131	模块测试	2	技术人员	1280	640	4	
132	系统测试	2	技术人员	1280	640	4	
141	人员培训	1	管理人员	960	960	6	
142	运行及功能优化	4	技术人员	2560	640	4	
151	验收评审	1	管理人员	960	960	6	
152	资料归档	1	管理人员	960	960	6	
160	项目管理	19	技术人员	18240	960	6	
	合计			35520			

注：每月按 20 个工作日(每天工作 8h)计算。

0 0 1
总体系统设计
0 0 1
1 0 2
模块设计
1 0 2
2 0 8
数据传输模块开发
2 0 8
2 2 6
数据计算模块开发
4 2 8
2 4 4
权限自动切换模块开发
6 4 8
8 0 10
模块测试
8 0 10
10 0 12
系统测试
10 0 12
12 0 13
人员培训
12 0 13
13 0 17
运行及功能优化
13 0 17
17 0 18
验收评审
17 0 18
18 0 19
资料归档
18 0 19
图例：
ES TF EF
名称
LS FF LF
ES:工作最早开放时间
EF:工作最早完成时间
LS:工作最迟开放时间
LF:工作最迟完成时间
TF:工作的总时差
FF:工作的自由时差

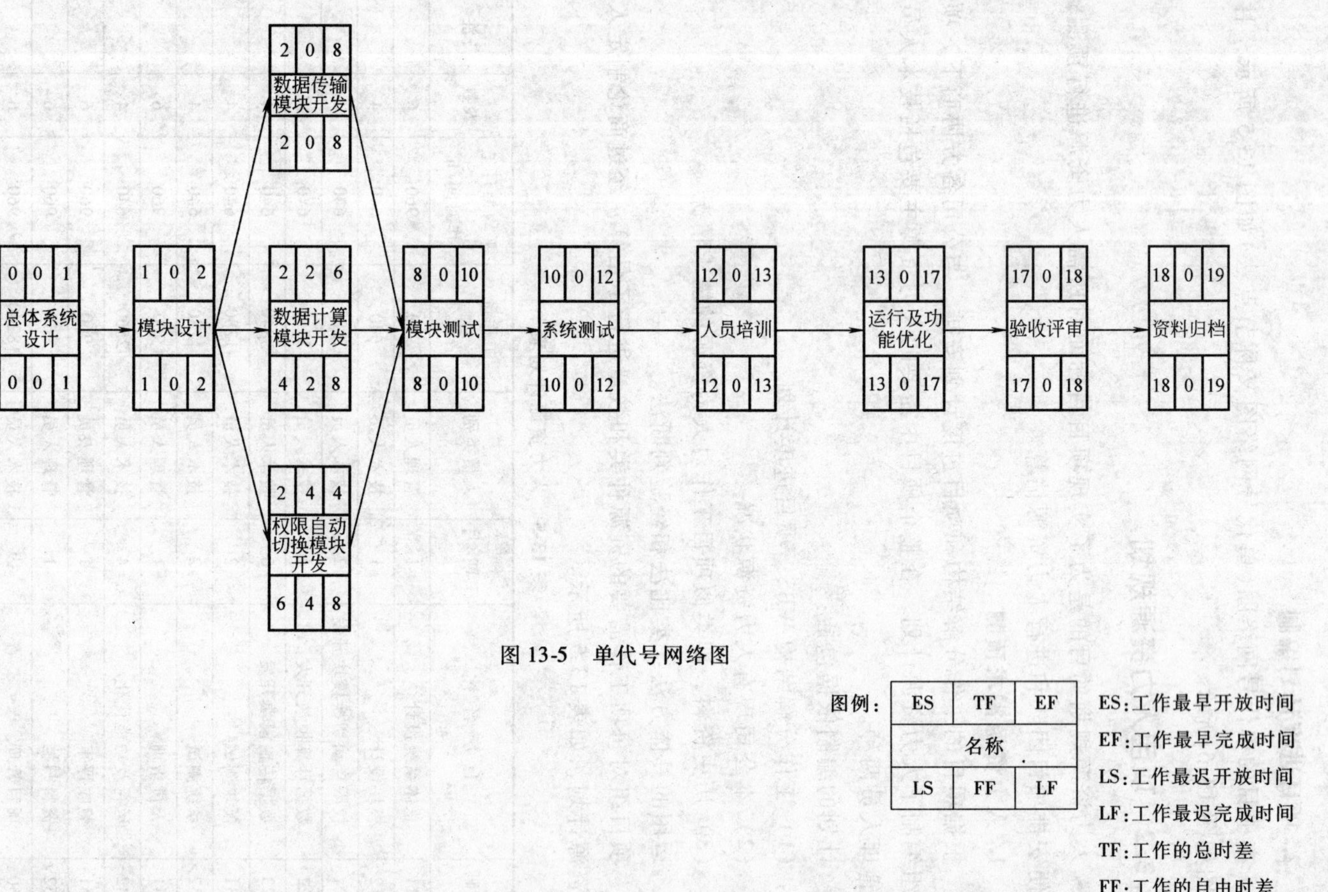

图13-5 单代号网络图

标识号	任务名称	工期	开始时间	完成时间
1	总体系统设计	1月	2005-6-1	2005-7-1
2	模块设计	1月	2005-7-2	2005-8-1
3	权限自动切换模块开发	2月	2005-8-1	2005-9-30
4	数据计算模块开发	4月	2005-8-1	2005-11-29
5	数据传输模块开发	6月	2005-8-1	2006-1-28
6	模块测试	2月	2006-1-30	2006-3-31
7	系统测试	2月	2006-4-1	2006-5-31
8	人员培训	1月	2006-5-31	2006-6-30
9	运行及功能优化	4月	2006-7-1	2006-12-29
10	验收评审	1月	2006-11-1	2006-12-1
11	资料归档	1月	2006-12-1	2006-12-31

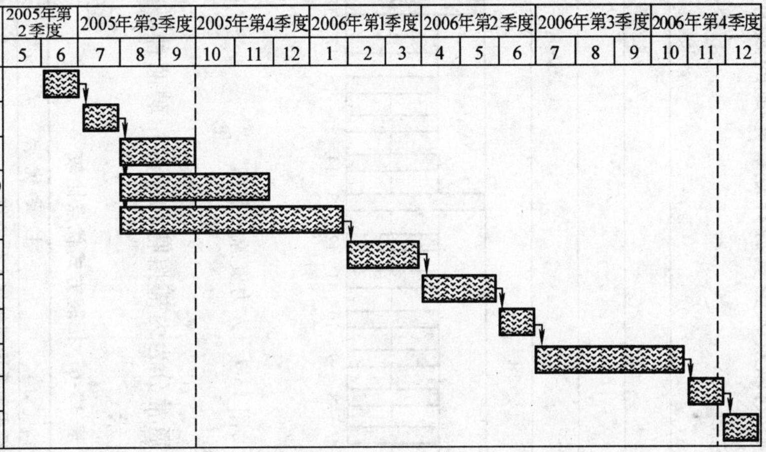

2005年第2季度：5 6 | 2005年第3季度：7 8 9 | 2005年第4季度：10 11 12 | 2006年第1季度：1 2 3 | 2006年第2季度：4 5 6 | 2006年第3季度：7 8 9 | 2006年第4季度：10 11 12

图 13-6 甘特图

2. 人力资源负荷预测

根据输入的项目进度计划以及人力资源计划，形成的人力资源负荷图如图 13-7 所示。

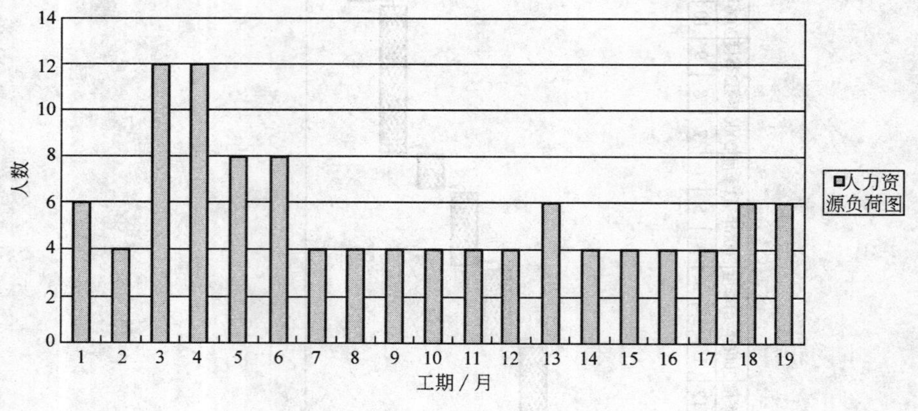

图 13-7　人力资源负荷图

3. 人力资源来源选择

人力资源的招聘方式通常分为内部招聘和外部招聘两种。这两种招聘方式的主要优点如表 13-6 所示。

表 13-6　招聘方式优点比较

招 聘 方 式	主 要 优 点
内部招聘	企业已经很熟悉内部候选人的资格 内部招聘花费较少 内部招聘能更快地填补工作空缺 内部候选人更熟悉组织的政策和结构，因此只需要较少的培训
外部招聘	可以为组织带来新的项目管理理念和创新

综合考虑该项目的情况，集团公司目前有较充裕的技术人员、管理人员，技术力量雄厚，通过科学合理的计划调配，完全可以满足该项目的人力资源需求，不需要进行外部招聘。因此，本项目拟采用内部招聘的方式选择项目组成员。

13.2.3　项目费用规划

1. 资源需求计划

资源需求计划是依据人员、设备、材料等资源需求所编制的计划，为项目费用估算做必要的资料准备。本项目中，资源需求计划主要根据项目的范围定义、工作分解结构 WBS、历史数据、资源数量和组织策略等，采用专家判断的方法来制定。

2. 项目费用估算

项目费用估算是指预计完成项目所需的各种资源费用的近似值，它主要依赖于工作分解结构 WBS、资源需求计划、价格、工作延续时间、历史数据和会计表格等来制定。

一般来说，项目费用估算方法有类比估计法、参数模型法、自下向上估计法。本项目中，我们综合采用类比估计法和成本分析法两种方法进行项目费用估算。

在本项目中，项目总费用包括固定费用和人力资源费用。首先，根据以往项目经验估算固定费用，对于软件开发项目，因其对固定资源占用较少，费用预算也较少，主要包括办公场所占用费用、仪器设备费用分摊、文件归档材料费用和评审费；人力资源费用预算较多，主要包括方案设计、软件开发、软件测试和项目验收费用（本项目没有估算管理人员的管理费用）。人力资源费用估算主要根据项目中不同的任务角色而确定不同的小时费，项目费用估算如表 13-7 所示。

表 13-7　项目费用估算表

编码	任务名称	人员类别	工期/月	人数	工作量/h	人员费用/元	固定费用/元	总费用/元	月平均费用/元	费用率(%)
111	总体系统设计	管理人员	1	6	960	9600	2000	11600	11600	10
112	模块设计	技术人员	1	4	640	12800	1500	14300	14300	20
121	权限自动切换模块开发	技术人员	2	4	1280	25600	1500	27100	13550	20
122	数据计算模块开发	技术人员	4	4	2560	51200	1500	52700	13175	20
123	数据传输模块开发	技术人员	6	4	3840	76800	1500	78300	13050	20
131	模块测试	技术人员	2	4	1280	25600	1500	27100	13550	20
132	系统测试	技术人员	2	4	1280	25600	1500	27100	13550	20

（续）

编码	任务名称	人员类别	工期/月	人数	工作量/h	人员费用/元	固定费用/元	总费用/元	月平均费用/元	费用率（%）
141	人员培训	管理人员	1	6	960	9600	2000	11600	11600	10
142	运行及功能优化	技术人员	4	4	2560	12800	1500	14300	3575	5①
151	验收评审	管理人员	1	6	960	9600	8000	17600	17600	10
152	资料归档	管理人员	1	6	960	9600	8700	18300	18300	10
	合计				17280	268800	31200	300000		

注：1. 每月按20个工作日（每天工作8h）计算。

2. 技术人员工资20元/h，管理人员工资10元/h。预留不可预见费12000元，不超过总费用的5%。项目总费用为30万元。

① 在运行及功能优化阶段，技术人员的工资为5元/h。

3. 项目成本费用分析

项目成本费用分析需绘制出资源负荷图、项目累积费用曲线，根据这些图形可以合理分配资源，同时对费用的支付情况事先作出安排。通过费用估算表和进度计划得出费用预算负荷表（见表13-8）、负荷图（见图13-8）、费用预算累积表（见表13-9）和累计曲线图（见图13-9）。

表13-8　费用预算负荷表

时间/月	1	2	3	4	5	6	7	8	9	10
费用/万元	1.16	1.43	3.9775	3.9775	2.6225	2.6225	1.305	1.305	1.355	1.355

时间/月	11	12	13	14	15	16	17	18	19
费用/万元	1.355	1.355	1.16	0.3575	0.3575	0.3575	0.3575	1.76	1.83

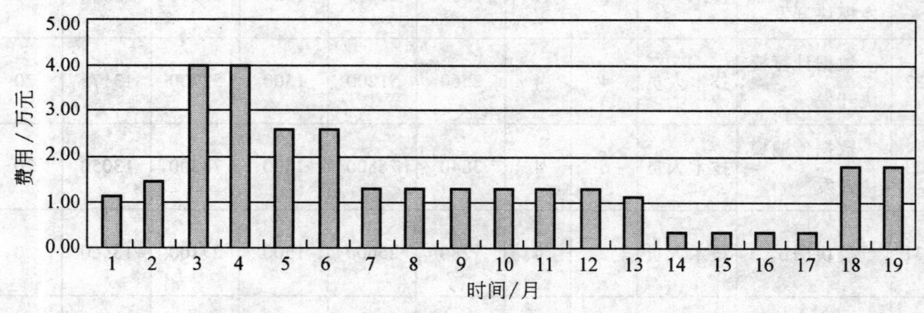

图13-8　费用预算负荷图

表 13-9 费用预算累积表

时间/月	1	2	3	4	5	6	7	8	9	10
费用累计/万元	1.16	2.59	6.57	10.55	13.17	15.79	17.10	18.40	19.76	21.11

时间/月	11	12	13	14	15	16	17	18	19
费用累计/万元	22.47	23.82	24.98	25.34	25.70	26.05	26.41	28.17	30.00

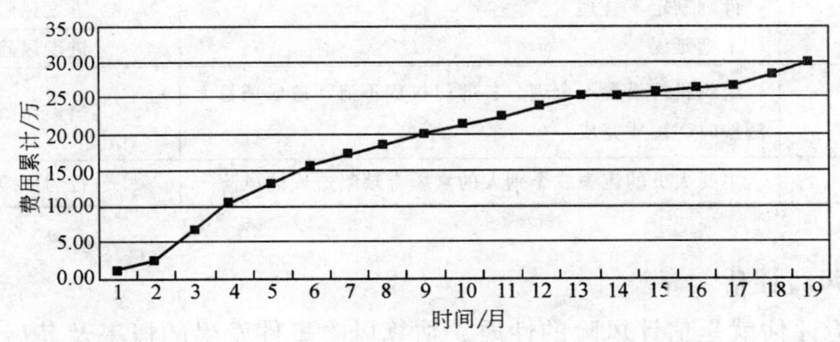

图 13-9 费用预算累计曲线

如图 13-9 所示，由于项目自身特点，对设计要求较为严格，因此在初期的设计和开发阶段费用较高，中期费用区间平稳，项目后期在较高费用的基础上缓慢增长，最终逐渐接近最高极限。

13.2.4 项目风险管理规划

1. 风险管理组织

本项目的风险管理组织如表 13-10 所示。

表 13-10 生产技术信息管理系统项目风险管理组织

	人 员	职 责
组长	刘鹏飞	组织风险识别、风险估计、风险评价、风险措施制定、监视、技术风险措施落实
成员	刘凯	风险处理措施审定、决策
	施功	参与风险管理，负责计划、进度风险处理措施的落实
	赵军	参与风险管理，负责人力资源风险处理措施的落实
	李婵君	参与风险管理，负责费用风险处理措施的落实
	付红彬	参与风险管理，负责保障风险和处理措施的落实

2. 风险识别

风险管理小组依据项目规划、风险管理规划、风险种类、历史资料、制约因素等信息，采用头脑风暴法、专家访问法、类推比较法等多种方法相结合的方法，总结出本项目可能有的风险因子，即主要风险事件，如表13-11所示。

表13-11　风险因子识别表

序　号	风险事件	种　类
1	总体方案不合理	技术风险
2	业务流程设置不合理	技术风险
3	软件无法实现功能	技术风险
4	计划制定不合理	进度风险
5	工期延误	进度风险
6	组织机构设置不合理、各部门权责不清、造成项目无法按时、按质完成	组织风险
7	主要人员的流失或个别人的素质有缺陷造成的风险	行为风险

3. 风险评估

风险评估就是估计风险的性质、估算风险事件发生的概率及其后果的大小，以减少项目计量的不确定性。本项目的风险因子评价如表13-12所示。

表13-12　风险因子评价表

风险名称	风险事件	风险影响值	风险概率	风险值	级别	排序
技术风险	总体方案不合理	0.5	0.5	0.25	B	2
	业务流程设置不合理	0.9	0.9	0.81	A	1
	软件无法实现功能	0.5	0.1	0.05	D	5
进度风险	计划制定不合理	0.3	0.3	0.09	D	4
	工期延误	0.2	0.7	0.14	C	3
费用风险	因费用分配不合理、不适当导致成本控制不好	0.2	0.2	0.04	D	7
组织风险	组织机构设置不合理、各部门权责不清，造成项目无法按时、按质完成	0.5	0.1	0.05	D	5
行为风险	主要人员的流失或个别人的素质有缺陷造成的风险	0.1	0.2	0.02	D	8

注：风险值大于0.7定为强级（A），风险值大于0.2小于0.7定级为较强（B），风险值大于0.1小于0.2定为低级（C），小于0.1定为弱级（D）。

风险评估的依据：项目类型、风险管理规划、风险识别的结果、项目进展状况、风险出现的概率和影响的程度。

风险评估的工具：定性评估、矩阵图分析、风险发展趋势评价法、专家判断。

风险值=风险概率×风险影响值，计算出风险值并评级。

4. 风险应对计划

风险应对计划的依据：风险管理计划、风险识别、风险排序、风险主体和一般风险。

根据项目特点主要采取的应对措施有：减轻、转移、回避和接受的方法。本项目的风险应对计划如表13-13所示。

表13-13 风险应对计划表

排序	风险事件及来源	风险应对措施	处置方法
1	总体方案不合理	对总体方案进行充分研讨并评审	预防、减轻
2	业务流程设置不合理	对业务流程设置进行充分研讨，尽量沿用原有的业务流程，确定下的业务流程由相关使用部门组成的评审组进行确认	预防、转移
3	软件无法实现功能	选择优秀的软件开发人员，并采用成熟的软件技术	接受
4	计划制定不合理	对计划评审	接受
5	工期延误	定期召开计划协调会，重点问题重点协调	预防、转移
6	费用分配可能存在不合理、不适当造成的成本控制不好	加强监管力度，预留不可预见费	预防、减轻、转移
7	组织机构设置不合理、各部门权责不清，造成项目无法按时、按质完成	调整人员分工，细化责任分配与考核	预防
8	主要人员的流失或个别人的素质有缺陷造成的风险	加强人员管理和合同签订	预防

13.3 项目执行

13.3.1 项目进度执行与控制

项目在实施过程中，由于多项因素的干扰，会逐渐暴露出各种问题，实际进度与计划进度就会出现不一致，因此要定期检查实际进度与计划进度的偏差，分析可能对项目进度产生影响的因素。为了保证项目的顺利实施，主要采用的措施有：

(1) 组织措施。成立项目进度管理领导小组，由项目经理负责牵头，计划部和财务部落实任务和责任，建立控制体系及控制制度。

(2) 技术措施。在项目实施过程中尽量采用加快进度的技术方法。

(3) 资源措施。加强资源管理，合理调配资源，保证关键工作的资源到位。

(4) 经济措施。保证进度计划资金落实。

(5) 管理措施。工程技术部设一名调度员负责日常进度信息的控制管理。

为了及时反映项目进展情况和内外部环境变化状况，发现存在的问题，分析潜在的风险和预测发展趋势，以便管理人员作出正确的判断和决策，实现项目管理的有效控制，需要对项目的进展情况进行动态监测。动态监测方法如下：

1. 项目信息收集

(1) 收集的内容

1) 进展。列出上次状态报告或更新之后获取的成绩和进展，说明日程表中的依赖关系，强调对所取得进展起推动作用的事件，明确导致推迟或阻碍进展的原因。

2) 日期。列出最重要的宏观日期，即在生物技术信息管理系统开发项目过程中每项工作的完成时间。

3) 交付。列出关键的交付日期，说明每个交付日期实现的可信程度。

4) 成本。列出新的成本估算，如果有超出预算的成本，要分析原因，列出所要采取的纠正或防范措施，计算出未来支出的切实成本。

5) 技术。列出已解决的和急需解决的技术问题，同时还要指出不稳定的技术，包括其疑问的来源、采取的措施和后备计划。

6) 人力资源。如果因为人力资源缺乏使项目进度受阻，一定要提出可能的解决方案。表彰先进分子，因为项目成功是每一个项目工作者辛苦努力、乐于奉献的结果。

(2) 收集的方式

1) 原始数据记录法。

2) 指标法。

3) 口头询问方式。

2. 项目监测报告

在项目实施的整个过程中，通过日常观测和定期观测的方法，以进度计划执行情况报告、项目关键点检查报告、项目执行状态报告、任务完成报告、重大突发事件报告、项目进度报告和项目管理报告等形式，及时、连续、系统地记录、报告项目进展情况，反馈项目变化情况，提供有关信息。

本项目中，采取了三种不同形式的报告：

- 日常报告，包括周报、月报和里程碑(定期)任务完成报告。
- 例外报告。
- 特别分析报告。

由综合计划部门负责，每周收集进度情况以及影响进度的主要原因，编制进度快报，每月末进行一次月度统计，并编制月报。同时按照里程碑计划设置2个定期观测点，进行定期观测，并编制任务完成报告。

3. 调查与统计

由于本工程工作量大，各专业平面和垂直交叉作业较多，为了及时地收集信息，由计划财务部调度员每日收集施工进度情况，编制统计报表，绘出实际网络进度图，在每周末和月末进行汇总统计，作为进度控制分析的原始资料。

4. 工程进度分析

每周召开调度例会和工程进度分析会，汇报项目进展情况，说明项目存在的问题，针对施工进度存在的问题采取相应措施，并将责任落实到各部门及部门责任人。通过适当方法(如横道图比较法、实际进度前锋线法、S型曲线比较法、“香蕉”型曲线比较法、列表比较法)，将实际进度与计划进度进行比较，若出现偏差，评判其对工期的影响，确定实际进度与计划进度不相符合的原因。

本项目根据进度快报、月报和定期任务完成报告，由综合计划部牵头，召开周、月和定期计划执行和调度会，会议的主题包括：①项目进度是否符合计划；②能否按期完成；③估算最终成本；④与其他高层计划相冲突的事件。

2006年5月31日的里程碑任务完成报告如表13-14所示，项目任务月报如表13-15所示。

表13-14　里程碑任务完成报告

<table>
<tr><td colspan="2">任务名称及编码：132 系统测试</td><td>任务完成日期2006年5月31日</td></tr>
<tr><td rowspan="6">已完成任务基本情况
紧后工作情况</td><td>交付物的性能特点</td><td>完成系统测试</td></tr>
<tr><td>实际工时与计划工时比较</td><td>实际　14.5个月　计划　14个月</td></tr>
<tr><td>实际成本与计划成本比较</td><td>实际　204354元　计划　238200元</td></tr>
<tr><td>遇到的重大问题及解决办法</td><td>无</td></tr>
<tr><td>紧后工作名称及编码</td><td>141 人员培训</td></tr>
<tr><td>紧后工作计划及措施</td><td>抽调精干人员/设备赶工期</td></tr>
<tr><td>评审意见：同意</td><td>评审人：</td><td>评审日期：2006年5月31日</td></tr>
<tr><td>项目负责人审核意见：同意</td><td>签名：</td><td>日期：2006年5月31日</td></tr>
</table>

表 13-15 项目任务月报

项目名称：生产技术信息管理系统		报告日期：2006 年 5 月 31 日	
关键问题	任务范围变化情况	大部分按原计划执行，系统测试完成 80%	
	进度状况	已完成 80%（计划应该完成 100%）	
	费用状况	实际发生 6504 元	
	技术状况	良好	
	评审状况	完成	
对跟踪项目的解释：系统测试工作内容较多，前期工期估计不足			
未来设想	任务计划：下个月完成剩余的 20% 工作		
	问题和办法：增加资源投入，组织加班，抢回进度		
完成人：	日期：2006 年 5 月 31 日	评审人：	日期：2006 年 5 月 31 日

5. 纠偏措施制定

采用组织措施或技术措施，如通过缩短后续关键工作持续时间、改变某些工作的逻辑关系、重新编制计划、调整非关键工作、增减项目工作、资源调整等进行进度调整控制。

针对本项目进展情况（如上），需要在 2006 年 5 月 31 日采取措施抢回进度。可采用下述措施：①调整部分工程师充实设计队伍；②压缩后续工作持续时间；③开展目标管理，进行绩效分析，奖励对研制工作有贡献的设计人员，激发全体人员工作积极性；④部分任务外包。

6. 比较分析与项目进度更新

根据实际进度与计划进度比较分析结果，以保持工期不变、保证项目质量和所耗费用最少为目标，采取有效对策，进行项目进度更新。这是进行进度控制和进度管理的宗旨。项目进度更新主要包括两方面工作，即分析影响进度更新的原因进行项目进度计划的调整。

本项目中，计划部和财务部把实际进度和实际成本支出与计划指标和计划预算费用进行比较，通过挣值法计算出费用偏差和进度偏差，分析出项目进度好坏和费用的节超情况。

例如，通过对 2006 年 5 月 31 日的关键里程碑进度、费用执行情况分析（见表 13-15、16、17 及图 13-10）。可以发现：

已完工程实际费用 ACWP = 204354 元

计划完成预算费用 BCWS = 238200 元

实际完成预算费用 BCWP = 232780 元

$$BCWS > BCWP > ACWP$$

费用偏差 CV = BCWP − ACWP = 232780 元 − 204354 元 = 28426 元 > 0

进度偏差 SV = BCWP − BCWS = 232780 元 − 238200 元 = −5420 元 < 0

表 13-16 第二个里程碑(2006 年 5 月 31 日)节点考核情况表

编码	任务名称	预算费用/元	实际完成(%)	实际费用/元	计划完成任务费用/元	挣得值/元	CV/元	SV/元
111	总体系统设计	11600	100	17400	11600	11600	−5800	0
112	模块设计	14300	100	21450	14300	14300	−7150	0
121	权限自动切换模块开发	27100	100	21680	27100	27100	5420	0
122	数据计算模块	52700	100	42160	52700	52700	10540	0
123	数据传输模块	78300	100	62640	78300	78300	15660	0
131	模块测试	27100	100	21680	27100	27100	5420	0
132	系统测试	27100	80	17344	27100	21680	4336	−5420
141	人员培训							
142	运行及功能优化							
151	验收评审							
152	系统测试							
	合计	238200		204354	238200	232780	28426	−5420

表 13-17 按月统计的费用数据表 (单位:元)

月	1	2	3	4	5	6	7	8	9	10	11	12
每月预算费用	11600	14300	39775	39775	26225	26225	13050	13050	13550	13550	13550	13550
每月完成工作的计划费用	11600	14300	39775	39775	26225	26225	13050	13050	13550	13550	13550	8130
每月实际费用	17400	21450	31820	31820	20980	20980	10440	10440	10840	10840	10840	6504
累计预算 BCWS	11600	25900	65675	105450	131675	157900	170950	184000	197550	211100	224650	238200
累计完成预算 BCWP	11600	25900	65675	105450	131675	157900	170950	184000	197550	211100	224650	232780
累计实际费用 ACWP	17400	38850	70670	102490	123470	144450	154890	165330	176170	187010	197850	204354

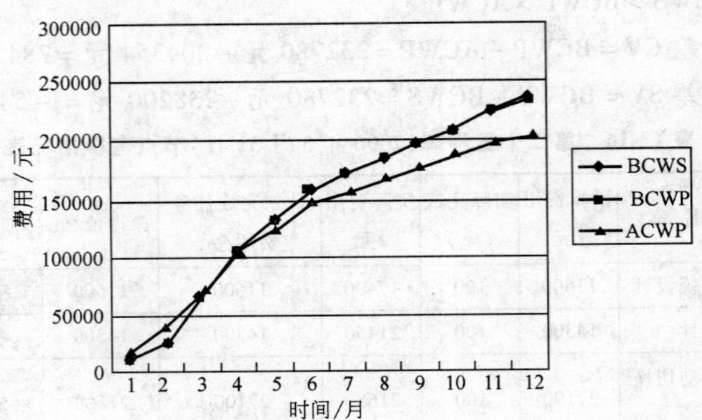

图 13-10　挣值评价曲线

分析：项目经费节余，进度延后。其主要原因是项目第二个里程碑——系统测试工作比较复杂，未能按时完成。

措施：迅速增加资源投入，增加人员或者组织加班，抢回进度。

未来项目按照预算严格执行，预计项目完成的总费用为：

EAC = ACWP + 剩余预算 = 204354 元 + 67220 元 = 271574 元，预计节余 28426 元。

13.3.2　项目人力资源控制

1. 项目人力资源责任分配

为了更好地明确各部门在项目管理过程中的责任，充分发挥项目团队的作用，清楚地反映出各部门或个人之间的工作责任和相互关系，便于项目各部门在实施过程中进行有效的协调，成功地完成项目的总体目标，根据各部门的专业特点，本着“分工明确、责任到人”的原则，本项目通过责任分配矩阵将对项目组织进行责任分配，责任分配矩阵如表 13-18 所示。

表 13-18　责任分配矩阵

编码	任 务 名 称	项目经理	技术开发部	人力资源部	财务部	质量安全部	综合计划部
110	方案设计						
111	总体系统设计	S	F	C	C	J	C
112	模块设计	S	F	C	C	J	C
120	软件开发						

（续）

编码	任 务 名 称	项目经理	技术开发部	人力资源部	财务部	质量安全部	综合计划部
121	权限自动切换模块开发	S	F	C	C	J	C
122	数据计算模块开发	S	F	C	C	J	C
123	数据传输模块开发	S	F	C	C	J	C
130	软件测试						
131	模块测试	S	F	C	C	J	C
132	系统测试	S	F	C	C	J	C
140	试运行						
141	人员培训	S	C	F	C	J	C
142	运行及功能优化	S	F	C	C	J	C
150	项目验收						
151	验收评审	S	C	C	C	F	C
152	系统测试	S	F	C	C	J	C

注：分工以字符形式表示：S——审批；F——负责；C——参与；J——监督。

以组织单位为行，工作单元为列，矩阵中的符号表示各部门和个人在每个单元中的责任。

2. 项目人力资源绩效评估

绩效评估程序：建立业绩标准，明确员工期望值，测量实际业绩，实际业绩与标准相比较，组织员工讨论、修订，并以此作为激励机制的基础。

3. 项目人力资源的激励

本项目中主要采用的激励机制包括：①个人表扬；②团队表扬；③物质奖励。

13.3.3　项目费用控制

1. 费用控制的目标

（1）财务管理目标。确保整个项目成本控制目标为 31.2 万元。

（2）财务管理方针。加强计划、严格控制、系统管理、优质高效。

2. 费用控制措施

费用控制的主要措施包括：成立财务牵头、有关部门参加的协调小组，加强技术经济的分析与评价；采用价值工程、定费用设计、全寿命费用管理等先进的成本管理技术，严格设计阶段的成本控制。

3. 费用控制结果

本项目在实施过程中由于前期讨论充分、对风险进行了识别和防范，在项目执行过程中，团队人员充分沟通，使得项目按计划顺利实施，未发生大的返工，项目的经费也按计划支出。

13.3.4　项目风险控制

1. 风险控制目标

本项目的风险控制目标包括：识别充分、措施有效，将风险管理贯穿整个项目过程；同布置、同检查，在规定时间和规定经费下，确保质量和工期。

2. 风险监控

在项目的进行过程中，设计了项目风险状态报告处置表，便于在项目的进行中对于项目的风险及时监控与处置，起到了很好的效果。风险状态报告处置表如表 13-19 所示。

表 13-19　项目风险状态报告处置表

任务名称		报告日期	
出现的问题 报告人： 日期			
建议解决措施 报告人： 日期			
认定的解决措施 批准： 日期			
措施落实情况及效果检查 检查人： 日期：			

3. 风险应对措施的再评价

在项目实施一段时间后，对项目的风险进行了再评价，详见表 13-20。从表中数据可以明显看出，通过采取措施，项目的风险得到了有效控制，达到了预期的目标。

表 13-20　项目风险再评价表

风险名称	风险事件	采取措施前					采取措施后				
		风险影响值	风险概率	风险值	级别	排序	风险影响值	风险概率	风险值	级别	排序
技术风险	总体方案不合理	0.5	0.5	0.25	B	2	0.5	0.2	0.10	D	2
	业务流程设置不合理	0.9	0.9	0.81	A	1	0.9	0.3	0.27	B	1
	软件无法实现功能	0.5	0.1	0.05	D	5	0.5	0.1	0.05	D	5
进度风险	计划制定不合理	0.3	0.3	0.09	D	4	0.3	0.1	0.03	D	4
	工期延误	0.2	0.7	0.14	C	3	0.2	0.4	0.08	D	3
费用风险	因费用分配不合理、不适当导致成本控制不好	0.2	0.2	0.04	D	7	0.2	0.1	0.02	D	6
组织风险	组织机构设置不合理、各部门权责不清、造成项目无法按时、按质完成	0.5	0.1	0.05	D	5	0.5	0.05	0.02	D	6
行为风险	主要人员的流失或个别人的素质有缺陷造成的风险	0.1	0.2	0.02	D	8	0.1	0.1	0.01	D	8

注：风险值大于 0.7 定为强级(A)，风险值大于 0.2 小于 0.7 定级为较强(B)，风险值大于 0.1 小于 0.2 定为低级(C)，小于 0.1 定为弱级(D)。

13.4　项目收尾

项目收尾时要撰写项目总结报告或收尾报告，本案例的收尾报告如下。

收 尾 报 告

项目名称　生产技术信息管理系统开发项目

项目经理　刘凯

发 起 人　某集团公司

项目目标　可交付成果：开发生产技术信息管理系统

工期：19 个月(2005 年 6 月 1 日 ~2006 年 12 月 31 日)

项目总投资：30 万元

项目目的和结果

工作描述所提出的目的：方案设计、软件开发、软件测试、试运行、项目验收交付使用。

结果：项目在超出预算 4474 元和超出工期一个月内完成，但符合规定的工作规范和质量要求。

范围比较

额外范围：系统测试阶段，完成计划的 80%，最终工期延误 15 天；人员培训经费超支 15300 元；运行及功能优化阶段经费超支 17600 元。

减少范围：系统测试阶段，经费节余 28426 元

成本绩效

项目成本：预计成本　　实际成本

300000 元　　304474 元

成本超支额：4474 元

成本偏差解释：由于系统测试阶段未能按时完成，导致整个工期延误 15 天，人员培训和运行及功能优化阶段成本均超出预算成本，使得总成本最终增加了 4474 元。

进度绩效

项目完成日期：批准的时间　　实际的时间

2006 年 12 月 31 日　　2007 年 1 月 16 日

时间偏差解释：项目第二个里程碑——系统测试工作比较复杂，未能按时完成。

项目过程中遇到的主要障碍

系统测速工作比较复杂，未能按时完成；人员培训时由于技术工人不熟练，增加培训强度而增加了成本；运行及功能优化阶段出现了系统设计方案不匹配等技术问题，增加了人力资源成本。

在其他相关项目中学到的教训

迅速增加资源投入，增加人员或者组织加班，抢回进度；集中培训，使技术工人能够及早上岗；协调配合，增加技术人员的投入解决方案设计不匹配等问题。

案例思考

1. 结合你所学的项目管理知识，你认为在项目收尾阶段，项目组还有哪些工作要做？

2. 在本案例的项目管理过程中，你认为各管理部门之间该如何协调、沟通？

3. 当项目进度发生变更时，是否会对项目其他方面产生影响，项目组该如何协调这些变更？

4. 在本案例的项目管理过程中你认为还存在哪些问题，该如何完善？

自测题答案

第1章　自测题答案

一、判断题

1. √　2. √　3. ×　4. ×　5. √　6. ×　7. ×　8. ×

二、单选题

1. B　2. B　3. B

三、多选题

1. AB　2. ABCD　3. ABC　4. ABCD　5. AB　6. ABD　7. ABD
8. ABCD

第2章　自测题答案

一、判断题

1. √　2. √　3. ×　4. √　5. √　6. ×

二、单选题

1. B　2. D　3. A　4. D　5. C　6. B　7. C　8. D　9. B　10. D

三、多选题

1. ABD　2. AC　3. ABC　4. BD　5. ABC　6. AC

第3章　自测题答案

一、判断题

1. ×　2. ×　3. ×　4. √　5. √　6. ×　7. ×

二、单选题

1. C　2. A　3. D　4. D　5. A

三、多选题

1. BCD　2. BCD　3. ACD　4. ABCD　5. ACD

第4章　自测题答案

一、判断题

1. × 2. × 3. √ 4. √ 5. √ 6. √ 7. √ 8. √ 9. ×
10. √ 11. ×

二、单选题

1. C 2. A 3. C 4. A 5. C 6. B 7. A 8. B 9. C 10. C
11. A 12. B 13. A 14. C

三、多选题

1. ABC 2. BD 3. ABD 4. BCD 5. ABC 6. AC 7. ACD
8. ABCD 9. BC 10. AC 11. AB

第5章 自测题答案

一、判断题

1. × 2. × 3. × 4. √ 5. × 6. √ 7. × 8. ×

二、单选题

1. B 2. A 3. C 4. A 5. A 6. B 7. D

三、多选题

1. ABC 2. ABCD 3. ABC 4. ABD 5. AC

第6章 自测题答案

一、判断题

1. √ 2. √ 3. × 4. √ 5. × 6. × 7. ×

二、单选题

1. B 2. B 3. A 4. A 5. B 6. C 7. D 8. B

三、多选题

1. BC 2. ABCD 3. BCD 4. AC 5. BCD

四、计算题

1. BCWS = 5×120×400 万元 = 24 万元

BCWP = 500×400 万元 = 20 万元

ACWP = 35 万元

（1） CV = BCWP − ACWP = −15 万元

说明此时项目已经超支。

SV = BCWP − BCWS = −4 万元

说明此时项目进度已经拖延。

（2） SPI = BCWP/BCWS = 5/6

说明项目实际完成工作量少于计划工作量。

CPI = BCWP/ACWP = 4/7

说明项目实际成本多于计划成本。

第 7 章　自测题答案

一、判断题

1. × 2. √ 3. √ 4. √ 5. √

二、单选题

1. D 2. C 3. A 4. A 5. B 6. D 7. D 8. C 9. B 10. B 11. A 12. D 13. B

三、多选题

1. AC 2. BCD 3. BD 4. ABCD 5. ABCD 6. ABCD 7. ABC

第 8 章　自测题答案

一、判断题

1. × 2. √ 3. × 4. √ 5. ×

二、单选题

1. C 2. D 3. C 4. D 5. C 6. D

三、多选题

1. ABD 2. AC 3. ABC 4. CD 5. ABC 6. ABCD

四、计算题

1.（1）6.5 万元 （2）4 万元 （3）-10 万元

2. 2000 件

第 9 章　自测题答案

一、判断题

1. √ 2. × 3. × 4. √ 5. √

二、单选题

1. D 2. B 3. D 4. A 5. C 6. B 7. A 8. C

三、多选题

1. AC 2. ABCD 3. ABC 4. BCD 5. ABCD 6. ABD 7. ABCD

第10章　自测题答案

一、判断题

1. √　2. ×　3. √　4. √　5. ×

二、单选题

1. C　2. C　3. A　4. C　5. A　6. D　7. D　8. C　9. C　10. B
11. C　12. D

三、多选题

1. ACD　2. ABC　3. ABD　4. ABC　5. AB　6. ABCD　7. ACD
8. AB　9. ACD

第11章　自测题答案

一、判断题

1. ×　2. ×　3. √

二、单选题

1. D　2. B　3. A

三、多选题

1. ABCD　2. ABCD　3. ABC

参考文献

[1] PMI Standard. A Guide To The Project Management Body of Knowledge[M], Third Edition. PMI, 2004.

[2] Harold Kerzner. Project Management: A systems Approach to Planning, Scheduling, and Controlling[M]. John Wiley & sons, Inc., 2001.

[3] 骆珣. 项目管理[M]. 北京：北京理工大学出版社，2006.

[4] 骆珣，等. 项目管理核心教程[M]. 北京：机械工业出版社，2003.

[5] 戚安邦. 现代项目管理[M]. 北京：对外经济贸易大学出版社，2001.

[6] 戚安邦. 项目管理学[M]. 天津：南开大学出版社，2003.

[7] 白思俊. 现代项目管理(上)[M]. 北京：机械工业出版社，2002.

[8] 白思俊. 现代项目管理(中)[M]. 北京：机械工业出版社，2002.

[9] 白思俊. 现代项目管理(下)[M]. 北京：机械工业出版社，2002.

[10] 邱菀华，等. 现代项目管理导论[M]. 北京：机械工业出版社，2002.

[11] 毕星，等. 项目管理[M]. 上海：复旦大学出版社，2000.

[12] 邱菀华，等. 项目管理学——工程管理理论、方法与实践[M]. 北京：科学出版社，2001.

[13] 甘华鸣. 项目管理[M]. 北京：中国国际广播出版社，2002.

[14] 傲姿时代项目管理教材开发项目组. 项目管理基础[M]. 北京：清华大学出版社，2001.

[15] 池建明. 项目风险管理[M]. 北京：机械工业出版社，2003.

[16] 朱宏亮. 项目进度管理[M]. 北京：清华大学出版社，2002.

[17] 梁世连. 工程项目管理[M]. 大连：东北财经大学出版社，2001.

[18] 杰克·吉多，等. 成功的项目管理[M]. 张金成，等译. 北京：机械工业出版社，1999.

[19] 罗德尼·特纳. 项目管理手册[M]. 任伟，等译. 北京：清华大学出版社，2002.

[20] 袁义才，等. 项目管理手册[M]. 北京：中信出版社，2001.

[21] 毕星，等. 项目管理精要[M]. 北京：化学工业出版社，2002.

[22] 冯之楹，等. 项目采购管理[M]. 北京：清华大学出版社，2000.

[23] 纪燕萍，等. 21世纪项目管理教程[M]. 北京：人民邮电出版社，2002.

[24] 白思俊. 项目管理案例教程[M]. 北京：机械工业出版社，2004.

[25] 张立友，等. 项目管理实战剖析与PMP攻略[M]. 北京：机械工业出版社，2007.